R.CHASSAING 1979

EDMOND BONNAFFÉ

LE
MEUBLE EN FRANCE
AU XVIᵉ SIÈCLE

OUVRAGE ORNÉ DE CENT VINGT DESSINS

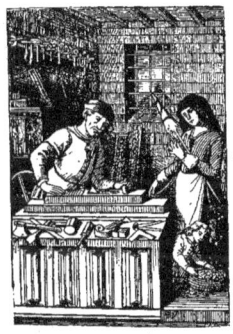

LIBRAIRIE DE L'ART

PARIS	LONDRES
J. ROUAM, ÉDITEUR	GILBERT WOOD & Cº
29, Cité d'Antin, 29.	175, Strand, 175.

1887

LE

MEUBLE EN FRANCE

AU XVIᵉ SIÈCLE

IL A ÉTÉ TIRÉ

25 EXEMPLAIRES NUMÉROTÉS A LA PRESSE

SUR PAPIER JAPON IMPÉRIAL

EDMOND BONNAFFÉ

LE

MEUBLE EN FRANCE

AU XVIᴱ SIÈCLE

OUVRAGE ORNÉ DE CENT VINGT DESSINS

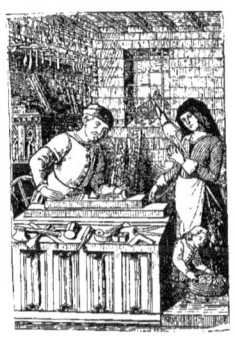

LIBRAIRIE DE L'ART

PARIS
J. ROUAM, ÉDITEUR
29, Cité d'Antin, 29.

LONDRES
GILBERT WOOD & Cⁱᵉ
175, Strand, 175.

1887

SONNETS A L'AUTEUR

LE HUCHIER
DE NAZARETH

Le bon maître huchier, pour finir un dressoir,
Courbé sur l'établi depuis l'aurore, ahane,
Maniant tour à tour le rabot, le becdane
Et la râpe grinçante ou le dur polissoir.

Aussi, non sans plaisir, a-t-il vu, vers le soir,
S'allonger jusqu'au seuil l'ombre du grand platane
Où Madame la Vierge et sa mère Sainte Anne
Et Monseigneur Jésus près de lui vont s'asseoir.

L'air est brûlant et pas une feuille ne bouge;
Et Saint Joseph, très las, a laissé choir la gouge
En s'essuyant le front avec son tablier;

Mais l'Apprenti divin, qu'une gloire enveloppe,
Fait toujours, dans le fond obscur de l'atelier,
Voler des copeaux d'or au fil de sa varlope.

José-Maria de HEREDIA.

Avril 1887.

LE LIT

Qu'il soit encourtiné de brocart ou de serge,
Triste comme une tombe ou joyeux comme un nid,
C'est là que l'homme naît, se repose et s'unit,
Enfant, époux, vieillard, aïeule, femme ou vierge.

Funèbre ou nuptial, que l'eau sainte l'asperge
Sous le noir crucifix ou le rameau bénit,
C'est là que tout commence et là que tout finit,
De la première aurore au feu du dernier cierge.

Humble, rustique et clos, ou fier du pavillon
Triomphalement peint d'or et de vermillon,
Qu'il soit de chêne brut, de cyprès ou d'érable;

Heureux qui peut dormir sans peur et sans remords
Dans le Lit paternel, massif et vénérable,
Où tous les siens sont nés aussi bien qu'ils sont morts.

José-Maria de HEREDIA.

Avril 1887.

LE

MEUBLE EN FRANCE

AU XVIe SIÈCLE

INTRODUCTION

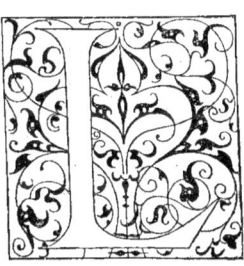'art du bois n'a pas encore trouvé son historien. A vrai dire, la tâche est laborieuse et demande un homme aux fortes épaules, patient et convaincu, *tenacem propositi virum*. Raconter l'histoire du bois, c'est-à-dire l'imagerie, la charpenterie, la menuiserie, l'ébénisterie, la tabletterie dans toutes leurs variétés, depuis les étonnantes créations des premières dynasties égyptiennes jusqu'aux boiseries des petits maîtres du dernier siècle; étudier en chemin les clôtures en sandal de la pagode de Perour et les portes de Somnath, la *Diane* d'Éphèse, qui était d'ébène, et la *Juno Regina*, qui était de cyprès, l'*opus intestinum* des Romains et la chaire de Saint-Pierre, les charpentes de Westminster et les marqueteries de Fra Giovanni de Vérone, les portes de l'Alhambra, les stalles d'Amiens et celles de Gaillon, les meubles de Du Cerceau et la chapelle d'Urfé, les *Grâces* de Germain Pillon et le *Saint François* d'Alonso Cano,

l'ébénisterie de Boulle et de Riesener, les décorations de Lepautre, d'Oppenordt et de Toro; montrer, en un mot, les applications du bois au bâtiment, au meuble, à la statuaire chez tous les peuples et dans tous les siècles; voilà, certes, un programme d'une belle envergure, et nos contemporains à courte haleine, grands amateurs de monographies, ont quelque raison de s'en effrayer.

Nous nous souvenons que jadis, dans les temps fabuleux où nous avions encore des illusions, la pensée nous était venue d'écrire un chapitre de la grande histoire, *l'Histoire d'un morceau de bois*. Issu d'un chêne druidique, dans une des vieilles forêts de la Gaule, nous le faisions tailler par un de nos ancêtres, charpentier de la grande cognée, pour garnir des palissades et défendre la patrie contre César. La poutre, grossièrement équarrie, passait ensuite dans une villa gallo-romaine, de là, dans un palais mérovingien, enfin, dans les combles d'une cathédrale romane. Bientôt, à demi consumée par un incendie, elle était débitée en poutrelles et servait à décorer la salle d'une riche maison bourgeoise. Au XIIIe siècle, la poutrelle, brisée par le temps, devenait panneau, se couvrait de peintures et rentrait toute pimpante à l'église, pour former une belle armoire de sacristie. Deux siècles plus tard, le panneau démoli, remanié, taillé par un sculpteur habile, était enclavé dans un coffre d'où, après de longues aventures, passant du coffre dans une chaire, de la chaire dans une armoire, il arrivait enfin au règne de Louis XIII. Là, dépouillé de ses ornements, raboté et plané, il servait à supporter un brillant placage en ébène. Plus tard, il entrait dans l'atelier de Boulle, passait dans celui de Riesener, enfin chez Jacob, tour à tour revêtu d'écaille et de cuivre, de bois colorés et d'acajou. En dernier lieu, l'infortuné débris, rogné, aminci, vermoulu, allait échouer chez un fabricant de vieux meubles, enchanté de l'incorporer dans un fauteuil moderne, qu'il pourrait ainsi faire passer pour ancien.

Chemin faisant, notre héros racontait les belles choses qu'il avait vues, la corporation, le cloître, l'atelier, les procédés de chacun; admis dans la maison, il nous montrait sa place, son rôle, son voisinage, sa vie intime, celle de ses maîtres :

Il disait : J'étois là, telle chose m'avint.

Et le jour où, vendu à un amateur à la mode, il se retrouvait parmi ses vieux camarades, le glorieux invalide chantait encore les beaux souvenirs de la jeunesse et les triomphes du passé.

Ce petit roman archéologique n'était pas né viable ; il avait un certain parfum littéraire assez compromettant, tranchons le mot, il n'était pas sérieux. On est devenu très solennel en archéologie ; les jeunes pontifes veulent qu'on célèbre avec majesté les augustes mystères et ne tolèrent pas les causeries dans le temple. Si Monteil ou Nodier revenaient au monde, on les engagerait poliment à faire des articles pour les demoiselles et des livres de jour de l'an. Nous étions prévenu, et *l'Histoire d'un morceau de bois* est prudemment restée dans les limbes. Dieu nous préserve de le regretter ! La science fait chaque jour des pas de géant, et les programmes de la veille sont distancés le lendemain. L'histoire ne tient plus dans un cadre de chevalet ; elle veut de l'espace et des grandes toiles. Les expositions rétrospectives ont mis au jour des trésors dont nos pères ne soupçonnaient pas l'existence ; on a trouvé des filons inexploités, tracé des voies nouvelles, révélé des filiations inconnues. Une armée de collectionneurs, troupe jeune, remuante, passionnée, s'est lancée à la découverte ; les uns, bataillon sacré du bois sculpté, ont envahi la Renaissance ; les autres, voltigeurs du xviiie siècle, se sont jetés à la poursuite de Marie-Antoinette et de la Pompadour, pendant que les burgraves, fidèles au poste, colligeaient en silence et dans l'ombre les moindres reliques de leur cher Moyen-Age, et récoltaient pour la science un regain inespéré.

Ainsi les matériaux sont arrivés sur le chantier, plus abondants de jour en jour, et l'histoire du bois a pris des proportions imprévues. Il a fallu diviser la besogne, attaquer chaque partie en détail, la charpenterie, la statuaire, la décoration intérieure, le meuble. On s'est partagé les siècles, les pays ; tous ont apporté leur pierre : celui-ci un compte rendu, celui-là une monographie, l'autre une conférence ; on a dessiné, gravé, photographié ; chacun a fait sa page, en attendant le volume.

Un des chapitres les plus attrayants et les moins connus de

cette étude est assurément l'histoire du bois *appliqué au meuble,* ou, pour mieux dire, l'*histoire du meuble lui-même.*

Le meuble est une des manifestations les plus sûres et les plus significatives de la vie privée. On ne connaît bien un peuple qu'en l'étudiant chez lui, dans sa maison, dans son costume et dans son mobilier. Ces trois expressions de la vie usuelle, différentes en apparence, ont des traits communs qui les rattachent l'une à l'autre. La maison est le vêtement extérieur et collectif de la famille, le costume est la maison personnelle de l'individu. Le mobilier participe de ces deux éléments : le *gros meuble* dérive de la maison par sa construction, son emplacement, son poids matériel; un lit, une armoire, un buffet sont, à certains égards, des *immeubles par destination.* Le *menu meuble,* au contraire, tient du costume, en ce sens qu'il nous touche de plus près par le maniement quotidien, le contact plus fréquent, plus immédiat.

Cette double nature prête au mobilier une physionomie plus expressive. La maison et le costume, étant l'enveloppe extérieure, ne remplissent qu'une fonction, ne représentent qu'un aspect de la vie privée. Le meuble a des destinations multiples, il se fractionne en une foule de variétés répondant à toutes les circonstances de la vie; les indications sont donc plus diverses, partant plus complètes. Les convenances personnelles, le goût, l'accointance journalière lui ont donné sa forme, sa couleur, sa place, son rôle; il s'élargit, se rétrécit, s'élève, s'abaisse, se fait souple ou résistant, solide ou délicat, suivant les attitudes familières, la toilette à la mode. Ainsi s'établit à la longue une affinité frappante entre le meuble et l'individu. Entrez pour la première fois dans un de ces intérieurs monotones et impersonnels de la maison moderne, un coup d'œil jeté sur les meubles vous laissera deviner les goûts, les habitudes, la vie familière du maître de la maison. Ces témoins de tous les jours portent son empreinte, ils ont tout vu, tout entendu, ils savent son secret. Il suffit de les faire parler.

Si l'on obtient ces inductions de l'ameublement moderne, composé d'un petit nombre de patrons se répétant à l'infini, quel parti la science ne doit-elle pas tirer des anciens meubles, d'autant mieux que la plupart constituaient des objets isolés, d'une forme particulière et spéciale à chaque possesseur! A coup sûr la recherche vaut la peine d'être tentée; n'est-ce pas un charme d'entrer ainsi dans ces vieux logis d'autrefois, de s'asseoir au foyer, d'interroger ces meubles encore pleins de la poussière des aïeux, de leur faire raconter la vie au jour le jour, le roman de l'intimité?

On nous dit que le meuble n'a rien de commun avec l'art, que c'est une œuvre industrielle qui relève du manuel de l'ébénisterie, pas davantage. — Nous n'aurons pas l'indiscrétion de demander ce qui distingue une œuvre d'art d'une œuvre d'industrie, si tant est que l'on se soit jamais mis d'accord sur ce point; mais, en admettant que le meuble moderne ne soit pas une œuvre d'artt comme l'entendent certaines gens, jadis il en était autrement.

Dans ces siècles privilégiés où l'on ne connaissait ni les beaux-arts, ni l'art industriel, ni l'art décoratif, mais l'art tout seul, sans épithète, on estimait que l'industrie, en se mêlant à nos usages de tous les jours, exerce une action directe et constante sur le goût, et que l'art, dans son propre intérêt, doit y avoir la main. Nous l'avons dit ailleurs, « la foule n'est pas assez riche pour s'instruire en achetant des tableaux et des statues. Si l'on veut faire son éducation, il faut nécessairement compter avec l'industrie; elle seule a ses entrées partout et nous enveloppe par les mille petits objets de la vie privée. Pour pénétrer jusqu'au public, l'art est donc obligé de se glisser avec elle, sinon il court le risque de rester à la porte; il devient une exception, et voilà précisément l'écueil que les anciens maîtres voulaient éviter à tout prix. » Ils fournissaient libéralement des patrons aux huchiers, aux orfèvres, aux ferronniers, etc.; l'objet le plus simple sortant du même atelier que le plus riche échantillon dérivait de la même inspiration, portait la même signature, ce qu'on appelle aujourd'hui le *cachet d'une bonne maison*. Les meubles étaient donc des objets d'art dans leur genre, et leur histoire est le complément d'une histoire de l'art. On ne juge pas une école seulement sur les chefs-d'œuvre achevés de ses architectes, de ses peintres, de ses sculpteurs; de même que nous étudions ces grands génies dans le moindre croquis échappé de leurs mains, il faut encore les suivre dans ces ateliers où se fabriquaient, sur leur initiative et d'après leurs dessins, tant d'ouvrages excellents.

Ainsi le meuble est un témoignage historique et un témoignage artiste d'une valeur incontestable, mais pour en tirer parti, pour voir clair dans cette innombrable variété de documents provenant de tous les siècles et de tous les pays, il importe de les grouper méthodiquement, d'établir la chronologie, en un mot de faire l'histoire du meuble.

L'histoire du meuble suppose tout d'abord un choix de types originaux photographiés ou dessinés d'après nature. Les anciens dessins, les peintures des manuscrits, les estampes des petits maîtres ne remplacent jamais le monument lui-même. Prenez le plus réaliste parmi les enlumineurs du Moyen-Age, il a son tempérament, ses préoccupations d'école, et les garde; soyez sûr qu'à un moment donné l'artiste montrera le bout de l'oreille et se laissera tenter par la folle du logis. Sa naïveté même, son ignorance ou son dédain de la perspective prêteront aux malentendus, soit qu'on veuille rectifier son dessin, soit qu'on le prenne au pied de la lettre. Quant aux vignettes du XVIe siècle, elles représentent des meubles héroïques, semi-romains, qui n'ont sans doute jamais vu le jour, et dont quelques-uns, tout au moins, sont inexécutables. Sans doute Du Cerceau et ses successeurs, Berain, Marot, Lepautre, etc., sont plus pratiques, ils gravent spécialement pour l'industrie; mais leur pensée, leur *dessein,* a besoin de passer par l'atelier du sculpteur ou de l'ébéniste pour y prendre corps. Jusque-là c'est un projet très arrêté, très précis, nous en convenons, mais destiné à des ouvriers libres, intelligents, comprenant les sous-entendus et sachant ce qui leur reste à faire pour mettre en œuvre la conception du maître, lui donner sa forme définitive. Nous qui vivons deux ou trois siècles plus tard, qui n'avons plus le mot, la tradition d'école, sommes-nous certains de notre interprétation?

Ce n'est pas qu'il faille dédaigner de parti pris les dessins du temps, ils sont utiles à leur heure et l'historien qui voudrait s'en dispenser rendrait sa tâche impossible. Les données sont si obscures à l'origine, les bois des premiers siècles tellement rares, qu'il faut bien s'accommoder des seuls témoignages contemporains qui nous restent : les miniatures, les sceaux, les bas-reliefs. Mais du jour où commence l'histoire certaine, l'histoire par les monuments, les anciennes images ne sont plus qu'un commentaire, un appoint; encore faut-il en user discrètement, à l'appui des textes, et les reproduire telles quelles. A tout prendre, nous préférons une lacune à une hypothèse dessinée.

Les amateurs du bois, tous ceux qui s'intéressent à cette histoire que chacun voudrait lire et que personne n'a faite, avaient compté sur l'Exposition de 1878 au Trocadéro ; chacun espérait y trouver un ensemble de matériaux présentés d'une façon méthodique. En France, nous connaissons à peine nos richesses ; malgré les injures du temps et des hommes, malgré les hécatombes périodiques de l'incurie, de l'ignorance, de la mode et des révolutions, malgré cette rage de destruction qui est la maladie séculaire du peuple français, Paris et la province ont encore sauvé des trésors incalculables. Le vieux sol gaulois produit en abondance le collectionneur à côté du ravageur, comme, en certains pays, l'antidote pousse à côté du poison. L'occasion était donc toute trouvée de mettre en lumière une partie des merveilles emmagasinées, depuis un demi-siècle, dans les collections privées. On avait annoncé que le Trocadéro serait une *histoire de l'art,* rien n'était plus facile que de tenir la promesse et de montrer, au moins pour l'art du bois, une suite chronologique des plus beaux spécimens connus. Est-ce à dire que l'amateur fût rempli d'enthousiasme et prêt à jeter ses trésors à nos pieds, comme les ambassadeurs d'Artaxerce aux pieds d'Hippocrate? L'amateur n'est pas si empressé; c'est un personnage réservé, craintif, temporiseur, comme le bonhomme d'Horace,

Dilator, spe lentus, iners, pavidusque futuri.

La province surtout manque d'entrain pour les expositions parisiennes. Confier ses merveilles aux mains barbares des emballeurs! Livrer aux brutalités du chemin de fer ces précieux cadavres vermoulus, friables, souvent rajustés et maintenus par « ce je ne sais quoi qui tient en l'air un édifice ruiné ! » Quel crève-cœur, quel sacrifice ! Mais la province, comme Iphigénie, connaît ses devoirs,

> Elle sait, s'il le faut, victime obéissante,
> Tendre au fer de Calchas une tête innocente.

Pour peu qu'on insiste, elle capitule toujours ; et, du Nord au Midi, de l'Est à l'Ouest, les grandes et les petites villes attendaient, résignées, les émissaires du Trocadéro chargés de transmettre l'ordre fatal :

> Ma fille, il faut céder, votre heure est arrivée.

Explique qui voudra comment la province n'a reçu ni visites, ni émissaires, ni mot d'ordre, et naturellement s'est bien gardée de rien confier à l'emballeur ou au chemin de fer ; nous ne nous chargeons pas de pénétrer le mystère. La province n'ayant pas été convoquée, Paris jugeant inutile de marcher quand la province restait au poste, l'exposition mobilière s'est trouvée réduite à quelques échantillons disséminés au hasard dans les salles et, de cette *histoire de l'art* qui promettait tant de révélations nouvelles, rien n'a survécu, pas un livre, pas un document, non, pas même un catalogue.

Nous n'avons pas la prétention de combler cette lacune ; notre livre est une étude sur le meuble en France au xvie siècle, une suite de monographies, un recueil de matériaux pour l'historien de l'avenir. Le *Dictionnaire du mobilier français,* de Viollet-le-Duc, s'arrête au début de la Renaissance ; nous essayons, sous une autre forme, de le prolonger d'un siècle ; réduite à ces proportions, la tâche suffit à nos épaules.

Paris, décembre 1886.

L'ART DU MEUBLE

EN EUROPE

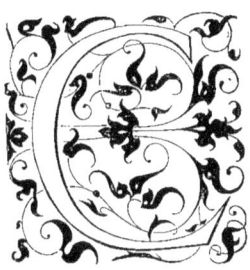« 'est une philosophie que, quand les chambrières y auront pensé, elles jugeront que, sans bois, il est impossible d'exercer aucun art. » Ainsi parle le vieux Palissy, et il a raison. Pour une foule d'industries, le bois est un élément indispensable; pour l'art du meuble en particulier, c'est la matière par excellence.

Plus souple et moins fragile que le marbre et la pierre, plus chaud, plus élastique, d'une exploitation plus facile, plus tendre à l'outil; susceptible, par sa nature fibreuse, de soutenir de longues portées et de se jeter dans le vide sans tenons ni supports, le bois a encore l'avantage de multiplier ses surfaces et de se prêter à toutes les formes par son affinité pour la colle et l'extrême cohésion de ses assemblages.

Certaines essences d'un grain serré, fin, compact, admettent toutes les délicatesses de la ciselure et rivalisent avec le bronze; d'autres ont l'éclat et le poli du marbre, l'élégance de ses veines et de ses taches, la variété de ses nuances, depuis le noir profond de l'ébène jusqu'au blanc laiteux de l'érable. Les bois les plus communs, le chêne et le noyer mêmes, prennent en vieillissant ces belles patines brunes ou blondes, chères aux délicats. On teinte le bois comme la laine ou la soie, on le damasquine comme le fer, on le débite en lames ou en mosaïques comme le marbre. Aucune substance ne tient mieux la feuille d'or à froid et ne se laisse pénétrer aussi bien par la peinture.

Quant à la durée du bois qui paraît de prime abord bien compromise par l'eau, le feu et les vers, nous n'en dirons qu'un mot : les statuettes, les panneaux et les meubles du musée de Boulacq comptent pour le moins soixante siècles d'existence.

L'art du bois, bien qu'il s'accommode de toutes les latitudes, fleurit de préférence chez les peuples de coin du feu. L'amour du chez soi, de l'intimité, suppose un matériel spécial et très perfectionné, des meubles variés, commodes, à la main; des sièges à bras et à dossier qui enveloppent, des causeuses engageantes et moelleuses; des murs doublés de boiseries, des menuiseries bien ajustées, des portes bien closes. Au contraire, l'homme des climats chauds veut des intérieurs frais, garnis de marbres, de stucs ou de carrelages, des larges divans bien dégagés, des tapis jetés sur le sol et des courants d'air; il reçoit peu et vit au dehors. C'est pourquoi la Providence, qui fait bien toutes choses, a pris soin de prodiguer aux premiers les essences communes, pratiques et peu coûteuses, laissant aux autres les bois de luxe et d'exception.

De ce premier principe découle le second, à savoir que les peuples traitent différemment l'art du bois, suivant leur situation géographique.

Au XVIe siècle, on peut compter six régions principales : l'Angleterre, les Flandres, la France, l'Allemagne, l'Espagne et l'Italie. Chacune de ces régions a son caractère qui persiste, avec un entêtement singulier, en dépit des changements politiques, des variations de la mode, des pénétrations étrangères. La Renaissance a beau renverser de fond en comble la tradition de la veille, imposer son formulaire classique, son ordonnance uniforme; chaque école accepte le nouveau programme avec plus ou moins de conviction, mais à la condition de l'interpréter à sa guise, de l'adapter à son tempérament, de le traduire dans sa langue.

Quelles sont ces interprétations diverses? A quel signe les

reconnaître ? En d'autres termes, quelle est, au xviᵉ siècle, la géographie du meuble en Europe ? Il importe de le rechercher tout d'abord pour fixer la nationalité de chaque échantillon et faire la part légitime de la France.

En Angleterre, la Renaissance fut tardive. Malgré l'absolutisme indomptable de Henri VIII, jaloux de son rival de France et voulant à tout prix le surpasser, malgré le crédit d'Holbein, qui vécut treize ans en Angleterre, malgré l'influence des Italiens Torrigiano, Girolamo da Trevigi, Benedetto da Rovezzano, chargés de la décoration des maisons royales, le nouvel art resta cantonné dans la cour, sans prendre racine dans le pays. L'Anglais a le chêne sous la main et le travaille à perfection ; les charpentes de ses *halls* sont renommées. Il est resté gothique de cœur; il en a l'esprit pratique, substantiel, amoureux du confort large et solide. La Renaissance est un caprice de grand seigneur, une mode qu'il subit sans enthousiasme, avec esprit de retour; elle ne pénètre pas, elle se juxtapose. L'école anglaise n'a pas l'unité, l'assimilation des écoles en pleine possession d'elles-mêmes, qui savent choisir à point dans les éléments nouveaux, les combiner savamment, pour en former un art neuf, rajeuni et pourtant national. Son caractère est tantôt de l'italien germanisé, tantôt du flamand bâtard, avec une pointe d'anglicisme dans les costumes et dans les têtes; car, suivant une remarque de M. de Laborde, l'Anglais, qui est un insulaire, copie exclusivement les types et les physionomies de son pays.

A la fin du xviᵉ siècle, à l'apogée de ce que nos voisins appellent *Elisabethan style*, il est encore assez difficile de distinguer les boiseries sortant des ateliers indigènes de celles fabriquées par les Flamands réfugiés en Angleterre. L'école anglaise est plus rude, plus matérielle; très inférieure dans le dessin des figures, elle affectionne les attitudes grotesques, les compositions bizarres, l'ornementation excessive, surabondante. Pourtant l'ensemble a de la tenue, un certain air de grandeur somptueuse qu'on ne peut méconnaître. Le chêne est son bois favori; elle emploie quelquefois le poirier, l'ébène et la marqueterie.

Les vieux inventaires mentionnent parfois des meubles en bois de cyprès.

Les Flandres accueillirent la Renaissance à bras ouverts. Le Flamand est très artiste et très commerçant, à la façon des Vénitiens. Il sait par expérience ce que rapporte la culture bien entendue de l'art, et s'arrange pour battre monnaie le mieux possible avec son talent. Qu'une mode nouvelle se montre à l'étranger, il la guette, s'en empare, se l'assimile, d'abord pour ne pas se laisser distancer par la concurrence, ensuite pour racheter, par le style et l'idéal qu'il emprunte au dehors, ce que son génie livré à lui-même peut avoir d'un peu trivial. La Renaissance trouvait en Flandre un sol préparé de longue main par les princes de la maison de Bourgogne, élevés à la cour de France, passionnés pour le luxe et pour les belles élégances. Marguerite d'Autriche continua ces traditions intelligentes et favorisa le mouvement par son exemple, son goût et ses libéralités. Corneille Floris introduit l'ornementation italienne à grotesques et à broderies ; Pierre Coeck, architecte et peintre de Charles-Quint, traduit et popularise les œuvres de Vitruve et de Serlio ; des graveurs habiles approvisionnent les ateliers de modèles nouveaux, et les sculpteurs en bois se multiplient pour embellir le palais et l'église, la maison de corporation et la maison de ville, le château du seigneur et le logis du bourgeois.

Gothique de race, charpentier par excellence, le Flamand reste fidèle au chêne. Il sait en tirer parti, sauver son aspect un peu rude et sévère par l'abondance et la variété de l'imagination, l'appropriation ingénieuse des formes, l'entrain de l'outil et la correction du dessin. Ses figures, un peu courtes et trapues, n'ont pas le réalisme allemand, la distinction française, la grande allure italienne ; elles sont pleines, bien nourries, souriantes, expressives, d'un naturalisme exquis. La Renaissance flamande parle espagnol, allemand ou français, suivant la mode, et si couramment qu'on ne distingue pas toujours de prime abord l'accent du pays. Mais, aux mauvais jours de la décadence, le tempérament national reprend ses droits : l'école, pleine de vie et de sève à ses débuts, large et plantureuse dans sa maturité, s'alourdit en vieillissant. Vriese imite pesamment les délicatesses de Du Cerceau; Goltzius le suit de près avec ses figures ronflantes, boursouflées. L'artiste travaille de pratique; la décoration est monotone, partout des cuirs échancrés, recroquevillés, des imitations de bois découpé. Bientôt l'ébène et les essences de couleur, importées des Indes, arrivent sur le marché, et le commerce fabrique ces meubles immenses, monuments de menuiserie massive, encombrés de pointes de diamant et de moulures guillochées. Le xvie siècle a dit son dernier mot.

Le Flamand est le commis voyageur le plus affairé de la Renaissance; on le rencontre partout, en Angleterre, en Italie, en Allemagne, en France, en Savoie; mais l'Espagne est sa terre de prédilection. Singulière affinité entre deux peuples si opposés de race, de génie, de climat. Depuis Van Eyck, qui fut envoyé en Portugal par Philippe le Bon pour faire le portrait de la fille du roi Jean, les Pays-Bas n'ont cessé d'exporter dans la péninsule des peintres, des sculpteurs, des tapissiers, des livres d'art, des recueils d'ornements gravés; et Juan de Arphe gourmande ses confrères qui copient les *papeles y estampas flamencas y francesas;* car la France figure pour une bonne part dans l'invasion étrangère.

L'Espagnol a reçu la Renaissance après coup et de seconde main. Isolé dans sa péninsule, séparé de l'Italie par la mer, casanier de sa nature, il ne s'est point pressé de l'aller chercher à la source, et les Italiens ne sont venus que plus tard l'importer chez lui. C'est en 1520 seulement que Berruguete, le premier, rapporta dans sa patrie l'art nouveau qu'il avait appris, dit-on, dans l'atelier de Michel-Ange. Jusque-là l'école, menée par un Bourguignon, Philippe Vigarny, le meilleur sculpteur en bois de l'Espagne, reste franchement gothique. A Berruguete succède Nicolas Bachelier, de Toulouse, « grand et fier sculpteur en sa manière, dit un ancien, architecte et ingénieur si habile, qu'un roy d'Espagne le demanda au roy de France ». Malgré l'influence de ces deux maîtres, l'art indigène conserve une saveur de terroir bien prononcée. Depuis que notre ami le baron Davillier a publié sur l'art industriel en Espagne ces belles recherches que la mort est venue interrompre avant l'heure, une nuée de collectionneurs et de marchands s'est jetée de l'autre côté des Pyrénées. Les fouilles ont été brillantes, des quantités de meubles, de boiseries, de stalles et de retables sont entrées dans les collections parisiennes ; on a pu reconstituer la physionomie de cette école si peu connue, marquer ses traits et lui faire sa place. Si les attitudes tourmentées, l'anatomie excessive, les effets musculaires rappellent la manière florentine, les types restent franchement espagnols ; l'œil est fouillé d'un coup profond et sûr qui fait ressortir l'arcade sourcilière, les jambes et les bras se terminent en feuilles ou en volutes d'un tour particulier. Les bois peints et dorés sont traités avec une grande recherche et des raffinements de décoration qui dénotent un art achevé. Le noyer espagnol, d'un grain serré, a l'épiderme singulièrement poli et lustré. Le cèdre, le cyprès et le pin servent principalement pour les figures. Quant au chêne, que l'Espagne produit en très petite quantité, le peu que l'on emploie par exception se tire de Flandre ou d'Angleterre.

La Renaissance allemande débute sous le patronage d'Albert Dürer. « Par l'influence puissante, par l'exemple fécond de ce grand artiste, dit M. de Laborde, l'Allemagne renouvela ses ateliers de peintres, de sculpteurs, de graveurs, qui répandirent dans les œuvres d'art et d'industrie de toute nature, depuis le tableau et la statue associés à l'architecture jusqu'aux moindres ustensiles de la vie privée, les mille combinaisons, les idées ingénieuses dont son enseignement et ses ouvrages étaient la source. Déjà l'influence des Flandres avait répandu dans l'industrie allemande cette disposition artiste ; mais il était réservé à Albert Dürer de la développer au plus haut degré. La gravure sur bois et sur cuivre fut, pour lui et pour ses élèves, un puissant moyen de propagation, et ils en usèrent tous largement pour défrayer les ateliers de toutes les industries des modèles variés de leur inspiration ingénieuse. » .

L'Allemand trouvait, chez lui ou chez ses voisins, le chêne abondant et d'excellente qualité. Ses huchiers étaient habiles, ses ateliers florissants; ils ont produit une quantité considérable de meubles, de charpentes, et de décorations intérieures. L'étude de ces modèles, complétée par les estampes des ornemanistes contemporains, permet de suivre l'histoire de l'art du bois en Allemagne, depuis les beaux jours de la Renaissance jusqu'aux excès de la dernière heure, depuis Albert Dürer jusqu'à Dietterlin.

L'Allemand est un gothique impénitent; la Renaissance ne l'a pas touché de sa grâce. Il l'accepte à contre-cœur, la rudoie, la disloque, alourdit ses profils, dénature et surcharge ses proportions. La facture allemande a des traits qui sautent aux yeux tout d'abord; des figures crispées, des laideurs de parti pris, un luxe d'ornements compliqués, travaillés jusqu'au tour de force, les feuillages recroquevillés, les draperies fouillées, cassées à outrance. Les mains s'allongent noueuses et maigres, les cariatides se déhanchent, les figures se jettent violemment hors du cadre. L'ensemble est tourmenté, laborieux, touffu, tumultueux. Point de goût, mais une verve intarissable; point de grâce et d'abandon, mais l'allure mâle, robuste, passionnée; une recherche extrême de l'effet, du caractère, de l'expression; une puissance indiscutable.

Ce réalisme exubérant, contenu par le génie d'Albert Dürer, tempéré par l'infiltration italienne, a produit des œuvres pleines de saveur et, pendant plus d'un demi-siècle, l'école, entraînée par l'impulsion première du maître, marche encore grâce à la vitesse acquise. Mais le jour où sans élan, sans chef et sans contrepoids, l'art n'a plus à compter que sur lui-même, il s'abandonne à la remorque des Flamands et des Italiens de la décadence. L'Allemagne a fini son rôle; elle garde encore son accent, elle n'a plus ni école, ni artistes.

L'Italie est bien pourvue; rien ne lui manque pour se faire reconnaître, une physionomie expressive, une grande famille, une renommée universelle, des preuves historiques et un archiviste inappréciable, Vasari, qui a tout recueilli et ne vous laisse jamais à court.

L'Italien — nous parlons de l'Italien du Centre et du Midi — n'est pas comme l'Espagnol, un gothique de la veille qui se laisse transfuser du sang flamand dans les veines. Il a vu passer le gothique sans lui faire d'avances et l'accepte faute de mieux, mais pour un temps et sous bénéfice d'inventaire. Il ne possède ni chêne, ni maisons de bois, ni combles en pointe, partant point de charpentes ouvragées. Ses bois habituels sont le noyer, le châtaignier, avec le sapin pour les bâtis et pour les fonds ; l'ébène, le cyprès et le cèdre pour le mobilier de luxe. Homme extérieur, recevant peu et n'ayant guère besoin de cheminées, il laisse aux gens du Nord les sièges hospitaliers pour la causerie au coin du feu ; chez lui, le dressoir et la table à rallonges sont des exceptions. Son matériel sera plus décoratif que pratique : des rangées de *cassoni* somptueux, recouverts de tapis et servant de sièges, des tables et des cabinets délicatement ouvragés, des buffets provisoires installés sur tréteaux et par étages, pour mettre en valeur l'éclat de ses majoliques et la splendeur de son orfèvrerie, un mobilier *da pompa* enrichi de marqueteries, de peintures et de dorures, avec un étalage de velours et de damas, de courtines, de tentures et de coussins, pour accompagner ses fêtes brillantes et meubler ses longues galeries.

Au xvie siècle, comme au siècle précédent, l'arc de triomphe et le sarcophage romains continuent à servir de types pour la construction du meuble. L'ordonnance antique est plus que jamais de rigueur avec les arabesques et le pilastre *à candélabre* introduits depuis longtemps dans la décoration, mais renouvelés et popularisés par le grand nom de Raphael. A l'ancienne marqueterie composée de petits cubes de bois naturel, taillés géométriquement, succède la marqueterie de bois colorés formant des tableaux de perspectives et des personnages. Les meubles sculptés sont peints ou dorés au bruni et en plein.

Mais « à force de subtiliser, *assotigliandosi gl' ingegni,* suivant le mot de Vasari, on en est venu à imaginer de nouveaux enrichissements ; on sculpte le noyer que l'on rechampit d'or, ce qui produit une décoration d'une grande opulence, ou bien on peint à l'huile, sur les meubles, de belles histoires qui font connaître la magnificence du propriétaire et l'excellence du peintre ». L'Italie a fabriqué de la sorte, en quantité prodigieuse, des lits, sièges, cadres, soufflets, torchères et surtout des coffres que le commerce parisien ne cesse d'importer depuis une trentaine d'années, sans que la provision paraisse épuisée. La plupart de ces meubles sont taillés vivement, à l'effet, d'un ciseau large, souple, expéditif, sûr de lui-même et rompu à toutes les roueries du métier.

La décadence italienne est rapide. Vers la fin du siècle, les formes deviennent bizarres, maniérées, recherchées. L'artiste pousse à l'extrême l'imitation des temples et des arcs de triomphe; il néglige la menuiserie, abuse des bois tendres qui permettent les méthodes sommaires et la sculpture de pacotille, et prodigue la décoration jusqu'à ne laisser aucun repos à l'œil. L'ancienne marqueterie de bois fait place aux incrustations d'ivoire, de nacre et d'écaille, de pierres précieuses et de marbre de couleur, chargées d'applications ciselées d'argent ou de bronze doré.

En somme, chez nos voisins, on peint le bois, on le dore, on le déguise de mille manières; on le revêt de marqueterie, de placages, d'ivoire et de pierres dures; au pis aller, on le sculpte sur toutes les faces plutôt que de le laisser apparent. Il faut bien l'habiller un peu, ce plébéien; quelle mine ferait-il sans toilette parmi les marbres et les bronzes, les pièces d'orfèvrerie et les cristaux de roche, les verres de Venise, les jaspes et les porphyres? Chacun s'évertue à le dénaturer, à lui faire dire plus qu'il n'en sait : Florence le couvre de mosaïques, ou lui donne des poses héroïques; Venise le contourne en crossettes, en cuirs, en volutes, rehaussés d'or; Milan l'enveloppe d'ébène et d'ivoire; Sienne le découpe à perfection, mais d'un outil sec, mince, froid, tranchant, l'outil d'un ciseleur qui veut montrer son savoir-faire.

Les Italiens ont excellé dans l'art du bois, comme en tout; mais ils l'ont compris à leur manière. Chez eux, l'art du bois consiste à le dissimuler, chez nous à le faire valoir.

L'ART DU MEUBLE

EN FRANCE

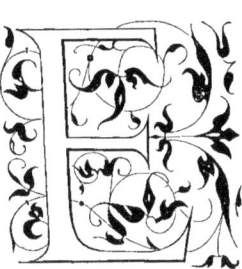

E<small>N</small> France, le bois est une matière de prédilection. Nous pratiquons à merveille l'art de *recevoir;* nous aimons le *home* plus que l'Anglais lui-même, bien que le mot lui appartienne; dès lors notre école s'est appliquée d'une façon spéciale à perfectionner l'outillage de la vie privée. Favorisés par une situation géographique exceptionnelle, recevant des Flandres la bise du nord déjà tempérée, de l'Italie les rayons de l'orient déjà attiédis; prompts à l'assimilation, empruntant avec mesure aux uns l'habileté de l'outil et les ressources de la pratique, aux autres le fini des ajustages et la solidité du travail, nos maîtres ont combiné discrètement toutes choses avec le goût traditionnel et le génie du terroir. D'une matière commune, ingrate, exposée à tous les agents de destruction, ils ont tiré un art très raffiné, très personnel, et doté la France d'une école sans rivale. On a dit que nous ne savions pas être riches, cela est vrai : notre langue est pauvre, sans accent; nos matières premières communes, sans éclat et sans valeur; mais nous avons le savoir-faire, l'ingéniosité, le goût et l'esprit des ajustements; peu de capital en somme, mais le talent de le faire valoir. Si bien que cette langue, maniée par nos écrivains, a créé des chefs-d'œuvre qui sont l'honneur de la littérature universelle, et que ces matériaux vulgaires, incolores, travaillés par nos artistes, ont produit l'émaillerie limousine, les porcelaines de Sèvres, les faïences de Palissy, les meubles de la Renaissance, l'ébénisterie métallique de Boulle, et les incomparables boiseries du XVIIIe siècle.

Un jour que M. de Laborde comparait deux boiseries sculptées, l'une française et l'autre italienne : « Elles ressemblent, disait-il, aux langues des deux pays. L'italien n'a que des syllabes sonores, le français est tempéré, adouci par son adorable *e muet;* voyez cette sculpture française, elle est toute remplie d'*e muets.* » La comparaison ne manque pas de justesse. Chez nous, l'architecture est comme les mœurs, avenante, mesurée, intime, élégante et polie; elle est pleine de nuances et de sous-entendus; elle a, elle avait du moins, de l'esprit. Au XIIIe siècle comme au XVIIIe, sous les Valois comme sous la Régence, elle cause ; les arabesques font des confidences aux modillons, les chapiteaux et les consoles se disent mille choses dans leur langue, les colonnes bavardent avec les corniches, sans éclats, sans fanfares, comme entre gens bien élevés. La sculpture italienne fait des monologues et parle haut.

L'histoire du meuble en France comprend deux grandes périodes.

Au Moyen-Age, la vie est aventureuse et guerrière, la société nomade, le meuble essentiellement *mobile*. Quand le maître du logis abandonne sa résidence, il emporte avec lui la maison tout entière, meubles, tentures, ustensiles. Chaque objet, placé dans son enveloppe spéciale, voyage sur des chariots ou des sommiers. Ces usages déterminent la forme et la construction du meuble : tout devra se replier, se démonter, tenir peu de place. De là le petit nombre de gros meubles et l'abondance des coffres, des coussins pour garnir les sièges, etc.

A partir du XVIIe siècle, au contraire, la société s'est définitivement consolidée, le meuble devient *fixe*. Par suite, les grands coffres seront plus rares, la menuiserie plus délicate, les garnitures adhérentes. Le règne de l'ébéniste et du tapissier commence.

Le XVIe siècle est le trait d'union entre ces deux périodes;

il marque la fin de l'une et les débuts de l'autre, et participe de toutes les deux. Il convient donc de l'étudier sous ce double aspect.

La tâche n'est pas toujours facile. On rencontre en chemin des variétés intermédiaires, des espèces hybrides qui forment la transition d'un style à l'autre, et ne présentent pas les caractères distinctifs de leur famille. D'autre part, les ateliers contemporains ne marchent pas toujours du même pas : les uns sont en retard sur les autres. De là des défauts de concordance qui déroutent les classifications les mieux ordonnées. Un classement rigoureux, des catégories bien définies sont donc impossibles ; il faut, quoi qu'il en coûte, négliger les sous-genres, ne pas chercher une précision introuvable et s'accommoder d'un type moyen. Ces réserves faites à l'adresse des critiques pointilleux, nous serons plus à l'aise pour aller de l'avant et retrouver notre chemin.

Le meuble du Moyen-Age est un ouvrage de charpente solidement bâti en chêne. La construction se compose d'ais massifs et de larges panneaux assemblés sans encadrement, les surfaces restant planes pour recevoir des peintures, des cuirs gaufrés, des ornements légèrement champlevés.

Une première révolution se produit au xve siècle. Par suite de l'activité imprimée aux constructions civiles, les huchiers, qui correspondent à nos menuisiers de bâtiment, se sont détachés du corps des charpentiers pour former une communauté distincte. Le meuble sort de l'atelier du charpentier pour devenir exclusivement un ouvrage de hucherie, et sa construction se modifie en conséquence. L'aspect sera moins massif, moins robuste. Le maître huchier divise la surface en petits panneaux de largeur uniforme, qu'il encadre par des montants et des traverses à chanfrein, formant saillie et assemblés carrément. Le sculpteur commence à prendre une part importante dans la décoration ; les panneaux sont ornés de nervures ogivales ou de parchemins plissés, les montants terminés par des bouquets ou revêtus de piliers à pyramides, la frise supérieure surmontée d'une crête à jour. Sous l'influence de la cour de Bourgogne, l'art du mobilier se perfectionne rapidement : le meuble devient un objet de grand luxe, couvert de sculptures, d'or et de couleurs. Français et Flamands réunis dans les ateliers de l'Ile-de-France, du Nord et de la Bourgogne, rivalisent de talent, d'adresse et d'ingéniosité. L'influence flamande se fait sentir dans le naturalisme des figures, les attitudes expressives, la tendance prononcée pour la satire et la caricature. Pendant un demi-siècle, l'école française, dont la destinée semble être d'osciller sans cesse entre les Flandres et l'Italie, penche du côté des Flandres. La réaction est proche, la Renaissance va entrer en scène.

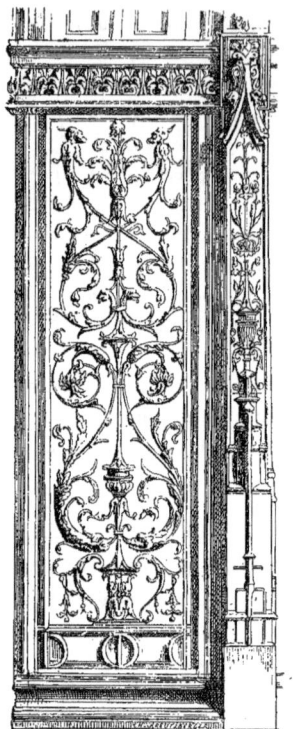

LOUIS XII.
PANNEAU DE PORTE DE GAILLON.
(Musée du Louvre.)

La Renaissance se partage en deux périodes distinctes. La première présente ce caractère original que les deux écoles, l'ancienne et la nouvelle, se juxtaposent, se donnent la main, sans se confondre. L'ogive et le plein-cintre, la nervure flamboyante et l'arabesque, le balustre à fuseau et le pilier à pyramide, la frise à rubans et l'entablement romain se coudoient, s'entremêlent et s'entendent à merveille. Par quel artifice, par quels ménagements, quelles combinaisons ingénieuses, nos vieux maîtres sont-ils parvenus à concilier ces deux principes opposés, pour en tirer sans effort un art imprévu, pittoresque, plein de saveur et de jeunesse? nous n'avons pas à l'examiner ici, mais le problème vaut la peine d'être médité par nos contemporains en quête d'une formule nouvelle qu'ils cherchent encore sans la trouver.

L'arabesque et le pilastre sont les deux innovations caractéristiques de la première Renaissance. L'arabesque, empruntée aux Romains, consiste en un motif central, — tige de fleur, fût de candélabre, nœud de ruban, — d'où s'échappent symétriquement, de droite et de gauche, des cordons ou rameaux chargés de vases, de trophées, de figures, d'animaux, variés suivant le goût et le

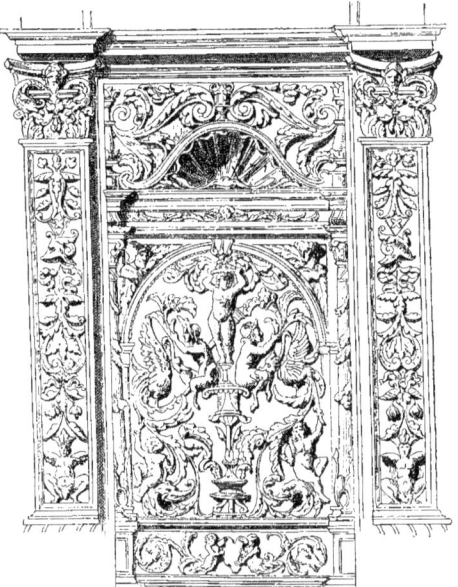

FRANÇOIS 1er. — DOSSIER DE CHAIRE.
(Collection de M. Chabrières-Arlès.)

caprice de l'artiste. Ces délicates broderies grimpent le long des pilastres, s'épanouissent sur les panneaux, se mêlent aux cornes d'abondance, aux sirènes affrontées, aux médaillons de guerriers, d'empereurs ou de personnages à haut-relief qui semblent regarder curieusement dans la salle.

Le pilastre est la décoration obligée du montant. Orné d'arabesques ou de balustres rapportés, élégi de moulures en losange ou en demi-cercle, couronné d'un chapiteau très particulier et plein de grâce, le pilastre marque la division des façades et accuse les montants sur les coffres, les chaires et les dressoirs. C'est un ornement commode que la Renaissance allonge, diminue, élargit ou superpose à volonté.

En somme, l'art du meuble suit pas à pas les allures de l'architecture civile son aînée, d'autant mieux que celle-ci dérive du même principe, c'est-à-dire de la construction en bois, et que le meuble relève de la menuiserie de bâtiment. Tel meuble de cette époque, un dressoir par exemple, avec son coffre supérieur, sa ceinture formant tiroirs et ses piliers à jour, est l'image réduite d'une travée de la maison contemporaine à un étage, portant sur une galerie servant de promenoir.

Les dernières années du règne de François Ier marquent la fin de la Renaissance; l'ogive et ses accessoires ont disparu. Le gothique conserve pour un temps la structure générale, les pans coupés, la division par petits panneaux, les pénétrations, les bases multiples; mais ces derniers souvenirs du passé s'effacent rapidement. Seule, l'Église reste fidèle aux vieilles traditions du Moyen-Age; le mobilier religieux garde encore le caractère gothique fort avant dans le xvie siècle.

La deuxième période de la Renaissance débute avec l'école de Fontainebleau (1530), mais ne se propage en France que depuis Henri II. Nous avons raconté jadis[1] cette page de notre histoire; nous avons montré l'art national aux prises avec les Italiens, défendu par l'opposition de la province, sauvé par le génie de nos artistes, maître enfin de lui-même et s'épanouissant dans sa glorieuse maturité. La nouvelle école amenait en France l'ordonnance antique avec tout un bagage de cartouches, de guirlandes, de mascarons, de dieux et de héros, de nymphes et de saisons aux belles poses et aux grandes allures. C'était une révolution complète, non seulement dans les formes, mais dans l'art même du meuble.

En effet, pour soumettre le meuble aux règles de l'architecture antique, pour lui faire reproduire ses profils, ses frontons, ses colonnes, ses combinaisons et ses détails, il fallait nécessairement multiplier et subdiviser les parties, compliquer les coupes,

---

[1]. *Causeries sur l'art et la curiosité*, p. 23.

traiter les ajustages et les assemblages avec une extrême précision, inventer une technique, des outils, des procédés nouveaux et perfectionnés ; en un mot rompre avec le passé, détacher l'art du

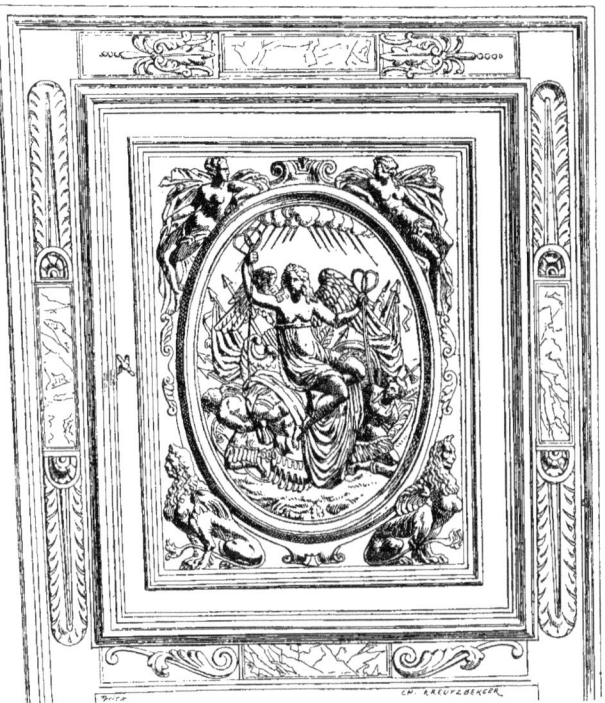

HENRI II. — PORTE D'ARMOIRE.
(Collection de M. Bonnaffé.)

meuble de la menuiserie de bâtiment, pour en faire un art spécial, tel que nous le pratiquons aujourd'hui.

De même, l'ornementation nouvelle avec ses bas-reliefs, ses figures nues et ses poses académiques, exigeait des aptitudes, un apprentissage particuliers, une éducation tout autre que celle des anciens imagiers, un talent moins naïf, moins sincère à coup sûr, mais plus délicat, plus raffiné, plus cherché. D'ailleurs, la polychromie disparaissant, le bois restait seul apparent, le sculpteur prenait une place prépondérante, au premier plan, et n'avait plus à compter que sur lui-même pour se faire valoir.

Ces modifications devaient avoir une autre conséquence. Déjà, depuis François Ier, l'ouvrier employait le noyer de préférence au chêne, pour certains meubles de prix. A partir de Henri II, les

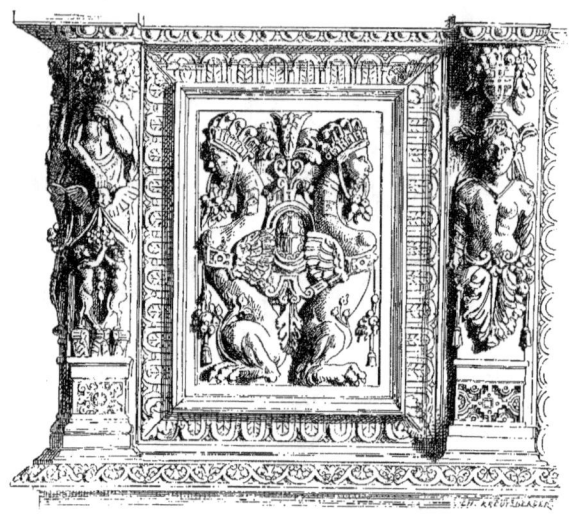

HENRI III. — PORTE D'UN DRESSOIR.
(Musée du Louvre.)

grands ateliers de l'Ile-de-France, de la Touraine, de la Bourgogne, du Lyonnais, de l'Auvergne et du Midi, remplacent, d'une façon presque générale, le chêne par le noyer. Son grain plus fin, ses pores plus serrés, se prêtent mieux aux délicatesses de l'outil; son épiderme est plus riche, plus coloré; il prend un poli supérieur, et le temps lui donne une patine chaude et profonde qui s'harmonise à merveille avec les rehauts d'or.

Le meuble français du temps de Henri II est un modèle d'élégance et de correction. Il relève de Pierre Lescot par la distinction de la forme, la pureté des profils, l'équilibre et l'harmonie des parties; de Jean Goujon, par la grâce allongée des figures, le goût et l'esprit des ajustements. Originaire de Fontainebleau, remanié, refondu, transformé par nos maîtres, il nous appartient en propre et l'on chercherait en vain son rival en Italie ou ailleurs. Les bas-reliefs sont méplats, les arêtes nettement tranchées, les profils sobres et généralement vierges de tout

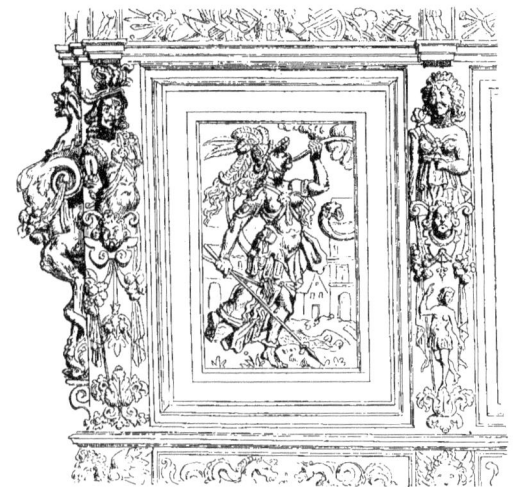

HENRI IV. — PORTE D'UNE ARMOIRE.
(Musée du Louvre.)

ornement, les colonnes fines, unies ou légèrement cannelées; peu ou point de cariatides; les panneaux maintenus par des cadres à moulures, les bâtis assemblés d'onglet, les coupes traitées à perfection. Çà et là des touches d'or, des incrustations de pâte ou de marbre, égayent discrètement la tonalité un peu sévère du noyer.

Avec Charles IX et Henri III, le type reste excellent, mais plus riche, plus à l'effet. La sculpture est abondante, les moulures gravées, les ornements brettelés, les reliefs ont plus d'accent.

C'est le règne des cariatides, des termes, des satyres et des chimères, que l'artiste multiplie avec une aisance, une imagination inépuisables. Du Cerceau dessine pour les ateliers des arrangements nouveaux, des combinaisons parfois singulières, mais toujours d'une grande ingéniosité. On prodigue la dorure et l'argenture : « Quant aux meubles de bois, écrit un contemporain [1], nous voulons qu'ils soient tous dorés, argentés et marquetés. »

L'industrie du meuble, arrêtée dans son essor par les guerres civiles et religieuses, reprend haleine sous Henri IV. Les échantillons sont un peu lourds et chargés, mais d'une grande tournure encore et d'une belle exécution. Les colonnes trop longues, unies ou entourées de feuillage et montant jusque sous la corniche, les panneaux à cavaliers, les termes à moustaches, les incrustations de nacre et de minces filets de cuivre appartiennent à cette période.

Au début du XVIIe siècle, Marie de Médicis nous amène les Italiens de la décadence, avec leur goût bizarre, leur abus des décorations théâtrales et compliquées, leur passion de l'ébène et des bois de couleur. Le mérite de l'ouvrage ne consistera plus dans le modelé des reliefs, la variété des plans et le jeu des ombres, mais dans la nuance et la rareté de la matière. L'art du meuble change complètement de physionomie : on renonce aux panneaux d'assemblage pour revenir aux surfaces planes qui permettent le placage en feuilles minces, ménagent les bois de prix et font valoir leur coloration. Délaissé par la mode, le meuble de noyer décline rapidement. Les profils s'empâtent, les beaux cuirs que la Renaissance découpait en agrafes solides, s'étalent détrempés, ramollis ; la colonne antique, droite, ferme, élancée, se contourne et devient torse ; le décor usé, banal, n'a plus ni nerf, ni jeunesse. Le sculpteur cède la première place au marqueteur, le menuisier devient ébéniste.

Nous venons d'accompagner la Renaissance depuis ses origines jusqu'à sa décadence, marquant le long du chemin chacune de ses étapes. Singulier rapprochement ! c'est l'Italie qui nous apporte la Renaissance avec Charles VIII, c'est elle qui risque une première fois de la compromettre avec François Ier, et c'est encore

---

[1]. *Isle des Hermaphrodites.*

elle qui mène son enterrement avec Marie de Médicis. La question de l'influence italienne sur l'école française du xvie siècle a été souvent débattue et nous avons nous-même, dans le temps, dit notre mot à ce sujet[1]. Mais quelles ont été ses conséquences au point de vue spécial qui nous occupe? En d'autres termes et pour préciser davantage, nos maîtres ont-ils commis une faute en appliquant au meuble les formes de l'architecture antique importée par les Italiens?

Interrogez les partisans du Moyen-Age à outrance, ils vous diront qu'une des maximes fondamentales de l'ancienne école était d'utiliser invariablement la matière en raison de ses qualités. Or, l'architecture est un système de construction et de décoration dérivant de la nature de la pierre et commandé par elle; plier le meuble, monument de bois, à des formes réservées aux monuments de pierre; lui faire parler une langue qui n'est pas créée pour lui, pour laquelle il n'est point fait; voilà, dit-on, un non-sens impardonnable que les têtes carrées du Moyen-Age se seraient bien gardées de commettre. D'ailleurs, que viennent faire dans l'intérieur du logis ces diminutifs d'arcs de triomphe, ces temples en miniatures, avec leurs frontons à deux égouts, leurs denticules qui supposent des chevrons absents, leurs frontispices et leurs portiques? Profusion inutile que tout cela, ornements déplacés, anguleux, incommodes. En renonçant aux vieilles traditions nationales, à l'harmonie logique entre la matière, la forme et la destination, la Renaissance préparait sa ruine irrémédiable et faisait courir l'école française à sa perte.

Ces critiques sont-elles fondées?

On nous dit que la forme architecturale, créée pour la pierre, doit être réservée exclusivement à la pierre. Mais alors appliquez le même principe à l'architecture du xiiie et du xive siècle qui est essentiellement l'art de la pierre, et proscrivez, comme autant d'hérésies, les châsses, reliquaires, tabernacles, grilles, armoires, sièges, dressoirs, lutrins, qui reproduisent exactement en cuivre, en fer, en argent et en bois, les toits à double pente, les crêtes, les gâbles, les galeries, les colonnettes et les contreforts des

[1]. *Causeries sur l'art et la curiosité*, p. 23.

monuments de pierre. Condamnez les stalles, les chaires et les boiseries du xv⁰ siècle, avec leurs panneaux et leur décoration à jour imitant à s'y méprendre les fenêtres et les lucarnes à la mode, ou sinon admettez que l'architecture de cette époque dérivant des constructions de bois, le meuble contemporain a le droit légitime de lui emprunter des types qui sont aussi les siens.

Mais faut-il croire que les gens de la Renaissance, en transformant la technique du Moyen-Age, en aient répudié les sages principes?

Jadis l'ouvrier construisait son meuble avec du chêne. Préoccupé d'employer la matière en raison de ses qualités, il s'en tenait rigoureusement à son programme et faisait une œuvre de charpente ou de grosse menuiserie. Il utilisait le bois tel que le fournissait le débitage, les madriers pour former le bâtis, et les planches plus minces et plus larges pour remplir les vides. De là tout un système de décoration rationnelle, l'équarrissage du madrier motivant des chanfreins ou des moulures qui abattent les arêtes et adoucissent les angles, et la planche développant une surface tout indiquée pour une décoration peinte ou légèrement champlevée. Rien de mieux tant que l'ouvrier se servait du chêne. Mais du jour où la marche de la civilisation, le progrès des mœurs, le besoin de stabilité nécessitent des meubles plus légers, plus décoratifs, on remplace le chêne par le noyer qui répond mieux aux besoins de la société nouvelle. Dès lors, adieu l'ancien programme : le chêne disparaissant entraîne avec lui le charpentier et toute sa logique; c'est au tour du menuisier d'entrer en scène avec son bois et sa logique à lui, qui comportent le fractionnement des parties, la variété des coupes, la précision des assemblages, la délicatesse des ornements.

De même au xvii⁰ siècle, l'invasion de l'ébène et des bois de couleur amène encore un autre programme, le placage en feuilles minces, et un autre personnel, l'ébéniste et le marqueteur. En résumé, faire de la menuiserie fine avec du noyer ou faire de l'ébénisterie avec des bois précieux est tout aussi rationnel que faire de la charpente avec du chêne. Dans un cas comme dans l'autre, l'ouvrier utilise la matière suivant ses aptitudes et sa destination.

On dit encore que les meubles de la Renaissance sont incommodes. Sur ce point, notre opinion est faite depuis longtemps ; nous restons convaincu que chaque siècle est le meilleur juge du confort qui lui convient. Les meubles sont faits pour les gens qui s'en servent et non pour les générations suivantes, qui ont d'autres poses familières, d'autres manières de s'asseoir, d'autres toilettes à loger dans les armoires et dans les coffres, d'autres tournures à faire tenir dans les profondeurs d'un fauteuil. L'armoire de Noyon remplit aussi bien ses fonctions de convenance que le cabinet de Henri II et le bonheur-du-jour de Marie-Antoinette. Ils ont tous leur raison d'être logique et sont en parfaite harmonie avec les mœurs des contemporains qui les ont fait faire. Sont-ils confortables? Pour eux, assurément, pour leurs usages, leurs modes, leurs goûts ; sans quoi, ils les auraient commandés autrement.

Quant à chercher la formule du meuble-type, autant vaut chercher la formule de la maison-type. Comme la maison, le meuble échappe à toute réglementation, il ne relève que du goût et de la convenance, convenance de ceux qui doivent s'en servir, bien entendu. Il est l'expression des mœurs, « ondoyant et divers » comme elles ; il sera robuste et puissant pour le Moyen-Age, élégant et païen pour la Renaissance, sombre et grave pour Louis XIII, magnifique et solennel pour Louis XIV, arrondi, sensuel et ventru pour la Régence, et ainsi de suite, chacun taillant son meuble à sa mesure, sur son patron, chacun comprenant le confort à sa manière.

Ne mesurons pas les anciens à notre aune. Que leurs meubles soient fort incommodes pour nous, c'est entendu ; mais convenons humblement que nos meubles seraient fort incommodes pour eux.

III

GÉOGRAPHIE DU MEUBLE

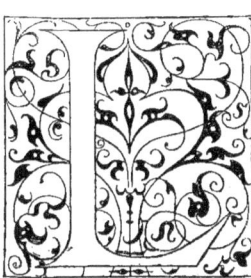

La géographie du meuble en France est une étude entièrement neuve; elle est encore hérissée de points d'interrogation et demande beaucoup de tâtonnements, une grande réserve. Est-ce à dire que le problème soit insoluble? Quelques-uns l'ont pensé; ils n'admettent pas que l'on puisse distinguer des régions, des écoles pour l'art du meuble : « Passe encore, disent-ils, pour certaines industries, la céramique et la tapisserie, par exemple; du moment qu'il faut monter à grands frais un atelier, un outillage spécial, fonder une colonie d'ouvriers pour exploiter un procédé, le genre de fabrication a un caractère permanent, saisissable; il ne change pas, ne se déplace pas du jour au lendemain sans dépenses considérables et sans chômages. Mais le sculpteur en bois! donnez-lui une gouge, un maillet et un établi, le voilà installé. Il va ainsi de Lyon à Toulouse, de Paris à Lille, de Rouen à Dijon, faisant son tour de France, pratiquant dans chaque ville le même art avec les mêmes outils, colportant dans chaque province le style de l'école tourangelle ou bourguignonne, limousine, lyonnaise ou normande, où il a fait son apprentissage, reproduisant indistinctement les dessins gravés par le maître à la mode, que ce maître soit du Nord ou du Midi, de l'Est ou de l'Ouest. D'ailleurs, la science moderne ne s'accommode pas d'empirisme; il lui faut des signatures, des marques de fabrique, des preuves, et les meubles ne peuvent en fournir, ils sont anonymes. »

Ces objections ne sont pas nouvelles ; nous y avons répondu dans le temps [1], lorsque nous avons le premier posé le problème. Si le sculpteur en bois est souvent un nomade, le céramiste et le tapissier ne le sont pas moins ; au XVIe siècle, ces migrations d'ouvriers, voyageant isolément ou par bandes, sont communes à tous les corps de métiers. Mais à quoi bon comparer des procédés aussi différents ? A coup sûr, l'ouvrier qui tisse une tenture, celui qui modèle une faïence, n'impriment pas à leur œuvre un caractère aussi individuel que le sculpteur qui taille les panneaux d'une chaire ou d'un dressoir. Regardez-le faire ; il a dessiné en gros le sujet, et le voilà penché sur l'établi, enlevant, fouillant, découpant sans poncif et sans effort. La décoration est vivante, remuante, trouvée au bout de l'outil ; parfois des gaucheries, toujours de l'entrain et du feu. C'est un art de prime-saut, de premier mouvement et, par cela même, très personnel. L'exécution, plus ou moins sommaire, ne comporte ni mise au point, ni praticien ; la matière est donc en communication directe et constante avec la main de l'artiste, qui en fait son œuvre et la frappe de son estampille. Élevés sous l'œil du maître, ses apprentis pratiquent les mêmes errements, travaillent sur ses modèles, ses plâtres, ses dessins conservés à l'atelier ; et l'ouvrier qui fait son tour de France, qu'on embauche au passage, n'a rien à changer à ces méthodes ; s'il séjourne à l'atelier, il en prendra les habitudes ; s'il ne fait que le traverser, à quoi se réduit son influence ?

On allègue que les meubles sont anonymes ; c'est aller un peu vite. Quelques pièces historiques, en très petit nombre, il est vrai, ont une généalogie correcte, d'autant plus précieuse que ces échantillons, composés par de véritables artistes, sont des meubles-types, des chefs de famille qui font souche, engendrent l'école et caractérisent l'espèce. D'ailleurs, on trouve encore, dans les églises et les maisons, des stalles, des jubés, des retables, des portes, des boiseries dont la provenance est certaine. Sans compter

1. Voir l'Art, 5e année, t. IV, p. 265.

que parfois, en fouillant les vieilles archives, on découvre dans un registre, sur une quittance, dans un inventaire, le nom d'un maître huchier dont les œuvres ont survécu et deviennent ainsi de nouveaux points de repère, des éléments indiscutables de comparaison.

A cette réunion de témoignages, il convient d'ajouter le contingent des meubles courants, de fabrication ordinaire. Le meuble de musée, de grande collection, est presque toujours un spécimen de luxe et de grand seigneur, c'est-à-dire l'exception, le petit nombre; mais d'où vient-il? Depuis quarante ou cinquante ans, il s'est expatrié sans emporter ses passeports. Promené de main en main, obligé de subir souvent des restaurations compromettantes, n'a-t-il rien perdu de sa virginité en route? On ne le sait qu'après des recherches attentives et de longs interrogatoires. C'est un voyageur cosmopolite qui habite indifféremment telle ou telle grande ville.

Autre chose est le meuble courant. Fabriqué sur place d'après un patron uniforme, protégé contre les convoitises et les restaurations par son peu de valeur et sa banalité mêmes, il ne voyage guère en dehors de sa province. On le trouve à peu près intact chez le paysan, ou dans les petites collections locales. Rapproché du meuble de luxe, il lui donne une signification, lui sert de commentaire, et devient ainsi le point de départ d'une classification sérieuse.

Ce n'est pas tout; aux sources d'information directe viennent se joindre les preuves indirectes tirées de l'architecture locale; telles sont, par exemple, les cheminées, immenses dressoirs de bois ou de pierre, traités avec une délicatesse relative pour être vus de près, pour s'harmoniser avec le mobilier, avec la décoration intérieure, et possédant, pour la plupart, un état civil régulier.

La céramique et la tapisserie sont-elles en mesure de produire des titres de meilleur aloi?

En comparant ces témoignages, en interrogeant les centres de production les plus abondants, on finit par entrevoir certains groupes homogènes; on établit des parentés, des familles, des régions. Nous ne prétendons pas tracer la topographie rigoureuse de chaque école, reconnaître les provenances de chaque ville, ni poser à coup sûr des étiquettes définitives; ces facultés extra-lucides ne sont pas les nôtres, tant s'en faut. Mais nous estimons que les documents sont nombreux, probants, qu'ils permettent de planter au moins les premiers jalons, et que l'on peut, sans courir trop de risques, esquisser la carte mobilière de la France au xvie siècle.

NORD

La famille du Nord comprend deux groupes principaux : le groupe flamand, c'est-à-dire la Flandre française, le Hainaut et l'Artois, et le groupe picard. Le premier a trop longtemps fait partie de l'ancienne Flandre et subi son infiltration permanente, pour avoir une école bien individuelle; ses puissants maîtres l'ont pénétré jusqu'au cœur. Tous les spécimens recueillis dans la région lilloise et fabriqués sur place, comme la grande armoire de l'hôpital Comtesse, à Lille, et les meubles conservés dans les collections privées, pourraient aussi bien sortir des fabriques d'Oudenarde ou de Gand.

Au xvie siècle, on cite, parmi les maîtres lillois, Jacques Hallevin (1505), les Mollet (1523-1558), qui fabriquent les meubles de l'hôtel de ville; Pierre de Monchy et François Sprale (1549). Les anciens comptes mentionnent encore, à Arras, Huchon et Nys Massin (1497), qui travaillent aux stalles de l'abbaye de Saint-Bertin; Nicolas de Roisnel (1522); — à Béthune, Florent et Mathieu Barisel (vers 1500), et Guillaume Quennefietz, chargé de la chaire à prêcher de la cathédrale (1565); — à Valenciennes, Baudouin Hanin (1513), Balthazar Rambourg (1510), Dupréau (1582), Chauvin et Fryon (1550-1556), occupés aux boiseries de la cathédrale; Pierre Guyot de Donchin (1542), renommé pour ses beaux meubles; — à Saint-Omer, Berquin, l'auteur du retable de l'abbaye de Saint-Bertin (1572); — à Rue, Jehan, qui sculpte les stalles de l'église (1540); — à Douai, Mathieu Hallet, qui fait

(1542) un banc d'œuvre admirable pour la cathédrale, etc.[1] Un des monuments les plus remarquables de cette région est un coffre de chêne qui provient d'une abbaye voisine de Cambray et fait partie du cabinet de M. Gavet; nous en reparlerons ailleurs[2]. L'église Sainte-Élisabeth, à Paris, conserve une suite de panneaux

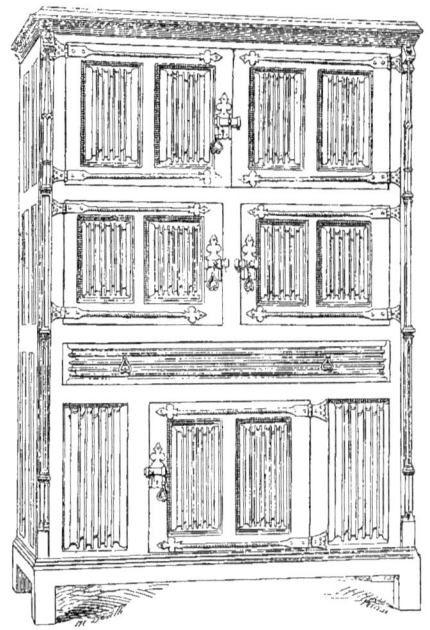

NORD. — ARMOIRE LILLOISE.
(Collection de M. Desmottes.)

rectangulaires provenant de l'ancienne abbaye de Saint-Waast, d'Arras, encastrés dans la clôture extérieure du chœur[3].

La Picardie, dans laquelle nous comprenons le Beauvaisis, renferme plusieurs centres de production renommés, Abbeville,

---

1. Le lecteur trouvera plus de noms et de détails dans l'ouvrage de M. de la Fons-Mélicocq sur *les Artistes du Nord de la France*. Nous ne citons que les principaux.
2. Voir ci-après l'article du *Coffre*.
3. De Champeaux, *le Meuble*, p. 150.

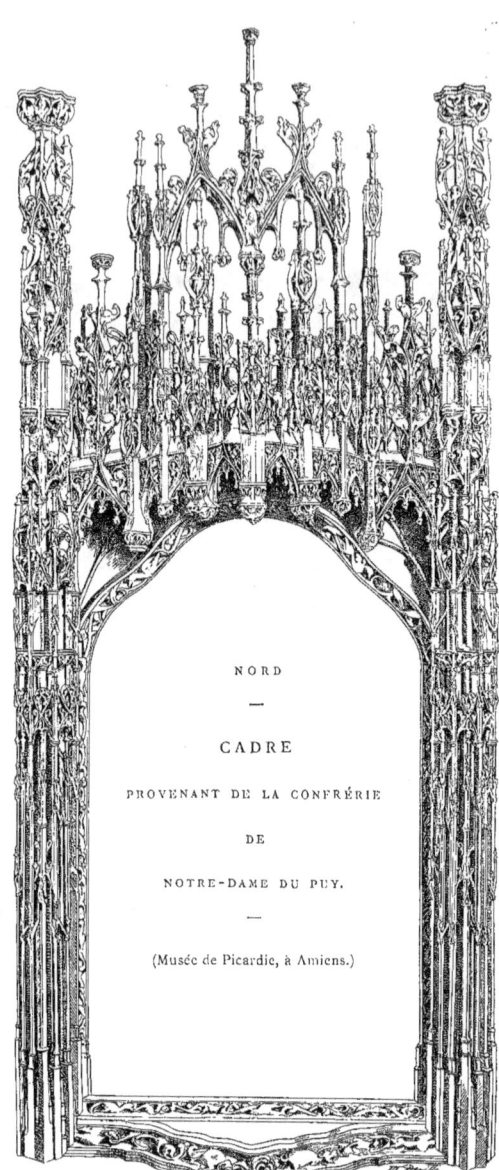

NORD

CADRE

PROVENANT DE LA CONFRÉRIE

DE

NOTRE-DAME DU PUY.

(Musée de Picardie, à Amiens.)

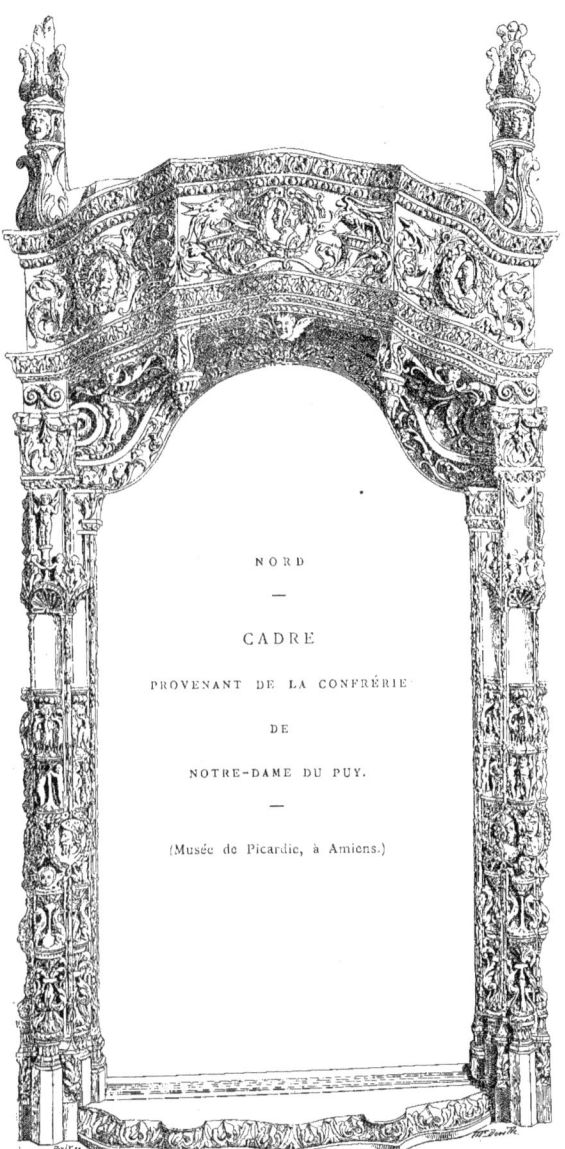

NORD

CADRE

PROVENANT DE LA CONFRÉRIE

DE

NOTRE-DAME DU PUY.

(Musée de Picardie, à Amiens.)

Noyon, Amiens, Beauvais. Les remarquables boiseries de Saint-Wulfran d'Abbeville sont dues au ciseau de Claude Petit (1503); une des portes de l'église, exécutée par Jean Mourette en 1548, existe encore; elle représente des sujets tirés de l'histoire de la sainte Vierge. De la même région proviennent deux portes et quatre volets d'un retable qui faisait partie de l'abbaye de Saint-Riquier (musée de Cluny); les volets, datés de 1587 et d'un travail semi-flamand assez vulgaire, sont la mise en action des versets du *Credo*. A Noyon, M. de la Fons-Mélicocq [1] a retrouvé dans les archives une liste nombreuse de huchiers, qui atteste l'activité de l'industrie noyonnaise au XVIe siècle; un de ces huchiers, Jehan Boullard, qui vivait en 1561, avait exécuté des dressoirs d'un travail remarquable. En 1594, pour l'entrée d'Henri IV à Péronne, Brulart, maître menuisier de la ville, est chargé d'ériger sur la place du Marché une porte et un magnifique château de bois.

Le triomphe de l'école française du Nord est la célèbre boiserie des stalles d'Amiens [2]. Ce chef-d'œuvre de l'art du bois, aussi remarquable par la variété des détails, l'extrême élégance de la composition, le nombre prodigieux des figures, que par la délicatesse achevée du travail et la perfection des assemblages, dont pas un ne s'est démenti, fut commencé en 1508 et terminé en 1521. Jehan Turpin avait la haute direction de l'œuvre; il était secondé par Alexandre Huet et Arnoul Boullin, maîtres menuisiers d'Amiens, chargés, l'un des stalles du côté droit, l'autre de celles du côté gauche; « quant aux sculptures et histoires des stalles, le marché en fut fait à part avec Antoine Avernier, tailleur d'images à Amiens, moyennant trente-deux sols la pièce » [3]. Nous n'avons pas à faire ici la description de ce vaste ensemble que tout le monde connaît, et dont une travée, admirablement surmoulée, figure au Trocadéro.

Le musée de Picardie conserve un autre spécimen de l'art

---

1. *Les Artistes du Nord de la France.*
2. Voir la *Description de la cathédrale d'Amiens*, par Gilbert, et les *Stalles de la cathédrale d'Amiens*, par Jourdain et Duval.
3. Les bas-reliefs sont en bois de chêne de Hollande, la menuiserie en bois de chêne et de châtaignier.

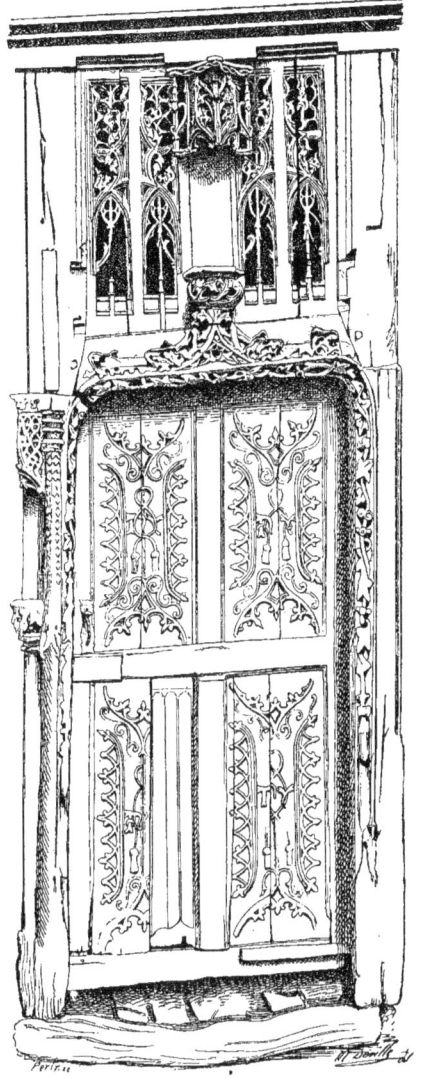

NORD. — PORTE D'UNE MAISON, A ABBEVILLE.

contemporain d'une qualité exceptionnelle : ce sont quatre bordures encadrant des peintures françaises du commencement du siècle. Ces rares monuments, dont les uns, menuisés de nervures à jour et flamboyantes, sont encore gothiques, tandis que les autres appartiennent aux débuts de la Renaissance par leurs pilastres, leurs arabesques et leurs médaillons, proviennent de la confrérie de Notre-Dame du Puy d'Amiens. Ces cadres étaient au nombre de cinq; sauvés pendant la Révolution, ils furent offerts en 1825 par l'évêché à la duchesse de Berry, qui eut le bon esprit d'en rendre trois; un quatrième fut acheté à Venise, lors de la vente de la duchesse. Le cinquième existe, dit-on, dans une commune des environs d'Amiens [1].

Les portes de la cathédrale de Beauvais, dont la plus belle, celle de la Renaissance, est reproduite en surmoulage au musée du Trocadéro, sont encore des morceaux admirables qui font le plus grand honneur à l'école française du Nord. Ces portes furent exécutées par Jehan le Pot, « très habile sculpteur », né à Bailleulval, près d'Arras, et mort en 1563. Parmi les successeurs de le Pot à la cathédrale, on signale les Hardouin, qui entreprirent, de 1540 à 1556, divers travaux de mobilier pour le trésor, ainsi que la balustrade de la chapelle Saint-Léonard. Ce sont eux qui furent chargés de dresser les théâtres pour l'entrée de Henri II à Beauvais en 1555. En 1563, Thibaut, maître menuisier, travaille à la cathédrale; en 1576, Gilles Petit refait les portes du jubé.

A ces monuments de premier ordre qui donnent la mesure de notre école du Nord et permettent d'en préciser le caractère, il convient d'ajouter une quantité de maisons de bois, les portes et les boiseries d'églises disséminées dans la région, les meubles et les fragments réunis par les amateurs et par les musées, enfin la série remarquable recueillie par M. Delaherche dans le Beauvaisis. Ces échantillons sont de bois de chêne pour la plupart,

1. Nous devons la photographie de ces précieux monuments à l'extrême obligeance de M. Herbert, un amateur doublé d'un artiste, et de M. Feragu, conservateur du musée de Picardie. L'un de ces cadres, celui que nous avons fait reproduire page 39, renferme une peinture allégorique avec la devise : *Du juste pois veritable balance*. Ce tableau, contenant un grand nombre de personnages d'une excellente exécution, fut offert, en 1518, à la confrérie de Notre-Dame du Puy d'Amiens, par Anthoine Picquet, conseiller, puis, procureur du roi.

d'un fort bon dessin, enlevés d'un outil rapide, sûr de lui-même et d'une expérience consommée.

Du reste, le talent des artistes du Nord était apprécié dans tous les ateliers de France et de l'étranger. Déjà, en 1465, le chapitre de Rouen envoie « à Apville (Abbeville), à Montreuil sur la mer, à Hedin, à Lisle en Flandre, à Arras, à Amyens et en plusieurs lieux, pour trouver et avoir des ouvriers de hucherie, pour abregier l'œuvre des chaires de la cathédrale »[1]. Au commencement du xvie siècle, Amé le Picard est choisi pour sculpter les figures des stalles de Brou. En 1534-1538, Doublet d'Amiens travaille aux boiseries de Saint-Martin de Troyes. Un des artistes les plus considérables et les moins connus de l'école de Fontainebleau s'appelait Jehan le Roux, dit Picard[2], que Vasari nomme Lorenzo Piccardo et qu'il donne comme un des sculpteurs les plus aimés du Rosso, *da lui sopra tutti gli altri amato*[3]. Enfin le sculpteur en bois Juan Piccardo, qui travaille à Tolède en 1535[4], ne serait-il pas un Picard? Son confrère Philippe Vigarny, que les Espagnols appellent Felipe Borgognone, était bien un Bourguignon.

Dans la seconde moitié du siècle, le Beauvaisis a fabriqué un nombre prodigieux de coffres communs, d'une facture généralement sommaire, hâtive et commerciale, bien connus sous le nom de *coffres picards*[5]. Suivant une tradition, ces meubles seraient originaires de Saint-Germer, aux environs de Beauvais; les recherches que M. l'archiviste de l'Oise a bien voulu faire à notre demande n'ont fourni aucune indication sur ce prétendu centre de production et, jusqu'à nouvel ordre, l'atelier de Saint-Germer, comme l'atelier de Saint-André dont nous parlerons plus loin[6], doit être relégué parmi les légendes qui circulent dans le commerce sans aucune autorité.

1. Langlois, *Stalles de la cathédrale de Rouen*.
2. On disait aussi Picard, dit le Roux.
3. Le *Mausolée de Claude de Lorraine*. (*Gazette des Beaux-Arts*, octobre 1884.)
4. Baron Davillier, *les Arts industriels en Espagne*.
5. Le musée de Beauvais possède plusieurs coffres et fragments de coffres picards, d'une exécution assez médiocre, et quelques morceaux intéressants provenant d'anciennes maisons aujourd'hui démolies.
6. Voir page 47.

NORMANDIE

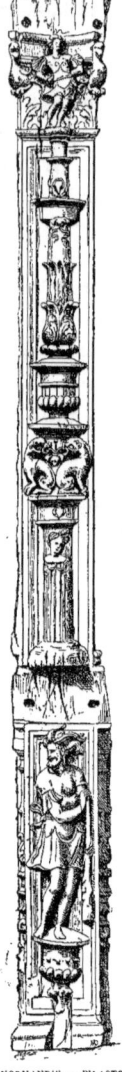

NORMANDIE. — PILASTRE D'UNE MAISON A ROUEN.

Claude de Seyssel, écrivant en 1508 l'*Histoire de Louis XII,* observe que « pour un gros et riche négociant que l'on trouvoit à Rouen du temps du roy Louis XI, on en trouve aujourd'hui cinquante », et il ajoute : « L'on void généralement par tout le royaume bâtir de grands édifices, tant publics que particuliers, et sont plains de dorures, non pas les planchers tant seulement et les murailles qui sont par le dedans, mais les couvertures, les toits, les tours et les statues qui sont au dehors. Et si sont les maisons meublées de toutes choses plus somptueusement que jamais ne furent. »

Dans cet épanouissement de la Renaissance, la Normandie a une part exceptionnelle. La découverte de l'Amérique, en imprimant une activité nouvelle au trafic d'outre-mer, décuplait la fortune de la province. Les armateurs de Rouen et de Dieppe se faisaient bâtir des logis superbes et menaient train de princes ; partout s'élevaient à grands frais des églises, des abbayes, des manoirs, des fontaines magnifiques. Et telle était la renommée des huchiers normands, que les plus riches bourgeois faisaient faire leurs maisons en pans de bois garnis de panneaux de menuiserie sculptés. Le millionnaire Ango lui-même, qui voulait que sa demeure fût la plus belle du royaume, se fit bâtir à Dieppe une maison de bois avec une façade de chêne couverte de sculptures depuis le soubassement jusqu'au sommet des lucarnes ; à l'intérieur, les salles étaient revêtues de plafonds et de boiseries dorés encadrant les peintures des plus grands maîtres. Cent ans plus tard, le cardinal Barberini, visitant l'ancien logis du grand armateur, s'écriait avec enthousiasme : *Nunquam vidi domum ligneam pulchriorem.*

La mode des constructions de bois persista jusqu'à l'ordonnance de Blois (1579); mais sa période la plus brillante commence avec Louis XII pour finir avec François Ier. Il y a soixante ans, les villes de Rouen, de Caen, de Lisieux renfermaient encore un grand nombre de maisons curieusement travaillées; ces beaux restes de la menuiserie normande avaient survécu malgré les guerres, les incendies et l'invasion des amateurs anglais, qui s'étaient abattus sur la Normandie aussitôt après la Révolution, enlevant les meubles, tentures, vitraux, statues et boiseries. Aujourd'hui la plupart de ces maisons ont disparu, grâce aux percements et aux alignements de la civilisation moderne.

Secondée par une prospérité commerciale sans exemple, la Renaissance normande eut encore le privilège d'être patronnée par un archevêque passionné pour les arts et puissamment riche. L'illustre George d'Amboise connaissait l'Italie pour y avoir longtemps séjourné; en confiant à des Français les embellissements de son palais de Rouen et la construction de son château de Gaillon, il atteste une fois de plus le talent et la vogue de nos vieux maîtres. Parmi les vingt et un menuisiers du château, on ne trouve pas un Italien [1]; le plus en évidence est un Rouennais, Colin Castille, maître menuisier de la cathédrale de Rouen et de l'abbaye de Saint-Ouen. Après lui, figurent Richart Guerpe, Pierre Cornedieu, qui avait travaillé au manoir archiépiscopal de Rouen, Jehan Dubois, Richart Delaplace, Racet Delance, Richart Lemaryé, Richart et Michellet Quesnon, *marquetiers,* qui exécutent des meubles de cèdre et décorent « les armoires du cabinet de monseigneur », Hance de Bony, Michellet Descombert, Pierre Le Masurier et Denis Le Rebours, ces quatre derniers tailleurs d'images en bois. Tous ces artistes sont Rouennais. Les magnifiques chaires de la chapelle, conservées à Saint-Denis, sont l'œuvre de Guerpe, Delaplace, Colin Castille et Cornedieu ; Thibault Roze reçoit « quinze sols pour VI peaux de parchemin velin pour faire les

---

1. Deville, *Comptes de Gaillon,* XIII.

pourtraits des chaires de la chapelle (1509) »[1]. M. Maillet du Boullay possède un panneau venant de Gaillon, et M. Spitzer un dressoir à deux médaillons qui pourrait bien avoir la même origine. Une autre épave de Gaillon, qui faisait partie de la collection Révoil, est placée au Louvre; c'est une porte de clôture de chœur, dont on a fait une armoire[2].

Les deux formes de l'abbaye d'Arques (collection Spitzer) et le lit d'Argentelles (Orne)[3], récemment exposé au Palais de l'Industrie, appartiennent aux premières années du XVIe siècle. La décoration, encore gothique et flamboyante, est taillée d'un ciseau mâle, franc et généreux, qui caractérise l'école normande. Dans les sculptures d'Argentelles, la main, toujours sûre d'elle-même, ne tâtonne jamais; « le coup de gouge descend du haut en bas de chaque figure, comme fait l'ébauchoir dans la terre glaise, accusant au passage les détails les plus délicats de la figure et du costume avec une franchise d'exécution admirable »[4]. Les boiseries de Saint-Vincent de Rouen et les stalles de Lonlay (Orne) sont contemporaines de François Ier; ces stalles, délicatement ouvrées, passent pour être de la main de Gervais, de Domfront, qui les aurait exécutées en 1535. Les fonts baptismaux de Bretagnolles, ceux de l'église de Saint-Romain, les portes de Gisors, un plafond de la cathédrale de Lisieux, les boiseries de la cathédrale d'Évreux, de l'église de Chavigny, des abbayes du Boc, du Breuil, de l'Estrée, etc., sont encore de la même époque.

La région d'Évreux et de Saint-André a fourni un grand nombre de boiseries supérieurement traitées et paraissant appartenir à une même famille; les rinceaux, formés de tiges extrêmement ténues, s'enroulent avec une impeccable sûreté de main et se terminent en feuilles courtes, ramassées, à haut relief, d'un aspect très personnel bien connu des amateurs. Ce même caractère se retrouve dans le plafond de la tribune des orgues d'Évreux. S'il faut en croire l'opinion reçue, les bois de cette

---

1. Deville, *Comptes de Gaillon*, LXXVIII.
2. Nous avons donné le dessin d'un panneau page 22.
3. Voir plus loin l'article du Lit.
4. *Magasin pittoresque*, t. XV, p. 286.

famille seraient originaires des ateliers de Saint-André de l'Eure, ateliers célèbres au xviᵉ siècle, et dirigés par des maîtres habiles dont les derniers successeurs existeraient encore au même endroit.

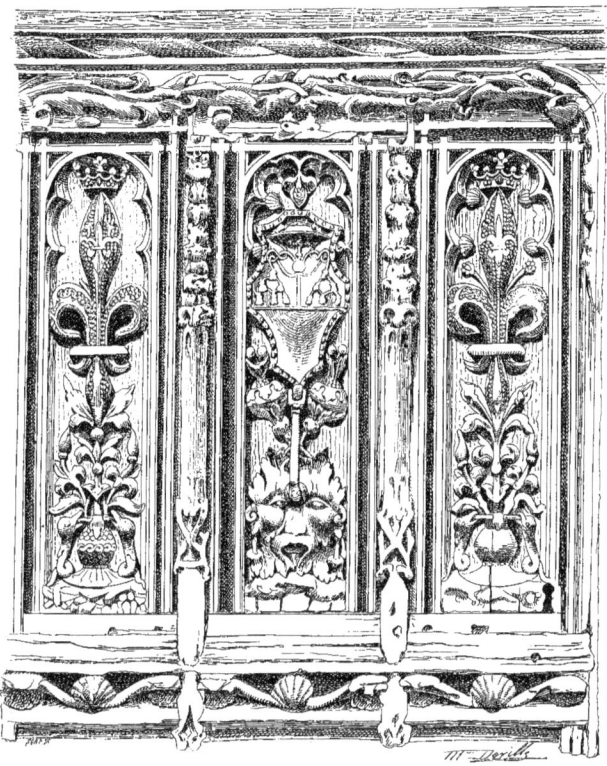

NORMANDIE. — PORTE DU CHATEAU DE GAILLON.
(Collection de M. Maillet du Boullay.)

Nous avons voulu savoir ce qu'il y avait de vrai dans cette opinion accréditée depuis longtemps dans le commerce et chez les amateurs parisiens; M. l'archiviste de l'Eure, après des recherches minutieuses, nous a informé qu'aucun document relatif à ces ateliers n'existait dans son dépôt; que, d'ailleurs, la prétendue tradition d'une fabrique de meubles au xvIe siècle n'existait pas dans le pays. D'autre part, M. le comte de Reiset, qui a réuni depuis quarante-cinq ans, dans son château du Breuil, une remarquable collection de bois sculptés provenant de la région et recueillis sur place, nous écrit que « nul document ancien ne signale l'existence d'un atelier dans le canton de Saint-André de l'Eure; mais que, depuis une quarantaine d'années, deux artistes distingués, MM. Cissey et Lesas, ce dernier un des anciens ouvriers menuisiers de M. de Reiset, ont fondé à Saint-André un atelier de sculpture qui a joui d'une assez grande renommée ».

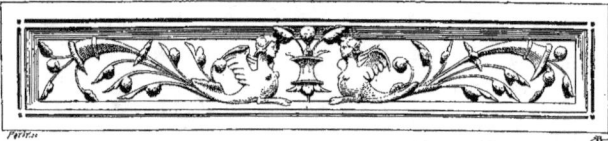

NORMANDIE. — ATELIER PRÉTENDU DE SAINT-ANDRÉ DE L'EURE.
(Collection de M. Recappé.)

De là est venue la confusion, qui s'est établie et qui persiste, entre l'atelier moderne de Saint-André, formé récemment, et l'atelier du xvIe siècle qui n'a jamais existé.

En 1540-1541, le nom de Jean Goujon apparaît à Rouen pour la première fois sur un document officiel; les comptes de la fabrique de Saint-Maclou mentionnent un payement fait à « maistre Jehan Gougon pour les portraictz du portail ». Nous n'en savons pas davantage; l'artiste a-t-il fourni le dessin et les maquettes des trois portes qui existent encore? A-t-il exécuté lui-même son dessin? La question a été souvent débattue et nous demandons la permission d'en dire un mot.

Tout d'abord les trois portes, notamment celle du transept,

nous semblent postérieures à 1541. Sans doute Jean Goujon est un précurseur, les portes sont une œuvre d'architecte, et notre chronologie est celle du meuble toujours en retard sur l'architecture ; mais l'exécution paraît bien recherchée pour dater de François Ier, et nous la rajeunirions volontiers de quelques années.

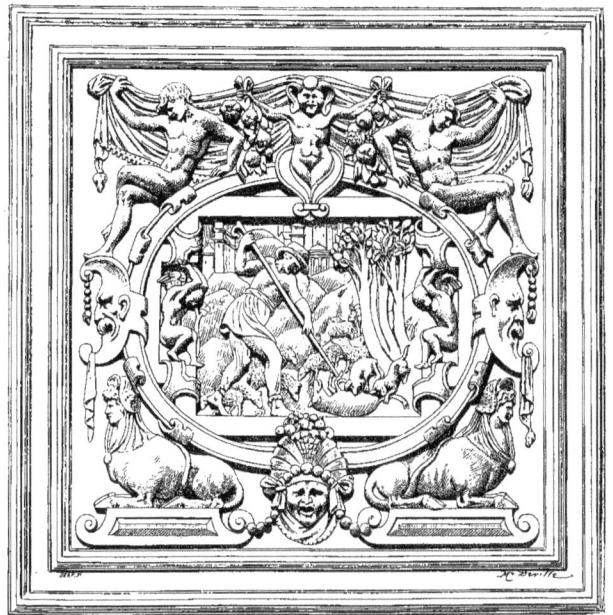

NORMANDIE. — REVERS DE LA PORTE DE SAINT-MACLOU DE ROUEN.

D'autre part, la nouveauté du plan, l'imprévu et la beauté de la composition sont d'un grand maître, et ce maître ne peut être que Jean Goujon qui fut en effet chargé des « portraictz du portail ». C'est bien lui qui a modelé la figure de la Vierge, aujourd'hui mutilée, debout sur la colonne centrale ; lui seul qui a pu trouver cette grâce allongée, souple et majestueuse à la fois, l'arrangement original du costume, la console élégante sur laquelle se tenait l'Enfant Jésus. Les cartouches à profils barbus.

les masques de théâtre placés aux quatre coins du cadre principal lui appartiennent sans conteste[1]. Un détail de la porte de gauche équivaut même à une signature : entre les quatre statuettes de la console, l'artiste a placé dans le fond, en arrière-plan, trois figures presque méplates, dont la silhouette est nettement découpée par l'outil pour donner des ombres. Ce procédé de bas-relief, inauguré par Jean Goujon, est sa marque et son estampille. Mais, si *l'esquisse* de la composition générale, si les maquettes des *détails principaux* nous paraissent de sa main, nous n'allons pas plus loin ; les panneaux de la porte du transept, les consoles et les figurines qui les surmontent, d'autres parties encore ne sont pas de lui. Quant à l'exécution, elle a pu commencer sous

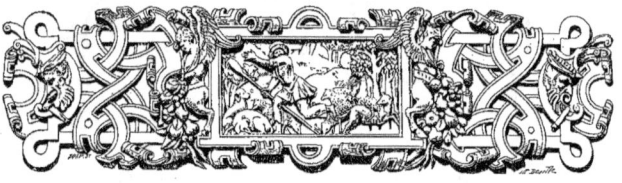

NORMANDIE. — REVERS DE LA PORTE DE SAINT-MACLOU DE ROUEN.

ses yeux, mais on l'a continuée pendant plusieurs années après son départ, ce qui expliquerait la date de 1552 qu'on lit au revers de la porte du Nord et qui paraît indiquer la fin des travaux. Dans l'intervalle, les détails complémentaires de l'esquisse primitive auront été fournis par quelque maître distingué de la ville. Il se pourrait même que les dessins et les maquettes originales aient subi quelques modifications ; au XVIe siècle, on laissait à l'ouvrier une grande liberté d'interprétation, et l'imagier chargé de reproduire le dessin du maître, qui n'était plus là depuis longtemps, a bien pu y mettre un peu du sien.

Les portes de Saint-Maclou sont l'œuvre capitale de Jean Goujon à Rouen ; mais, en 1541, il était déjà *maistre,* c'est-à-dire un homme fait et un artiste arrivé ; il a dû, pendant son séjour,

1. Les beaux cartouches de la parabole du Bon Pasteur, dont nous donnons le dessin et qui sont placés au revers de la porte de Saint-Maclou, sont encore du dessin du maître.

composer un grand nombre d'ouvrages aujourd'hui disparus. Son influence fut considérable, elle bouleversa de fond en comble l'ancienne école normande si profondément attachée à ses vieilles traditions ; nous en suivons la trace jusque sur les portes de l'église d'Harfleur, près du Havre, surmontées de deux petites figures couchées dans le goût du maître. La menuiserie s'empara de ses motifs favoris, profils, cartouches, figures, mascarons, etc., pour les appliquer aux meubles. On trouve encore en Normandie des coffres de chêne qui tous dérivent plus ou moins des portes de Saint-Maclou ; quelques-uns sont d'une qualité remarquable, comme le coffre appartenant à M. Roussel[1], dont le musée de Cluny possède une réplique très inférieure ; un autre meuble de ce genre, que nous avons découvert à Pont-Audemer, représente des nymphes couchées et des monstres marins d'une belle exécution. Ces coffres sont de fabrique rouennaise ; Rouen avait alors la spécialité des beaux meubles ; c'est là qu'on venait s'approvisionner de toutes les parties de la province, et le sire de Gouberville, qui habitait les environs de Caen, écrit dans son journal (1556)[2] : « Je baille à Pierre Corbeille qui m'avoyt apporté un petit bahur (bahut) de Rouen dedans son navire, 4 solz. »

Un curieux spécimen de l'école normande se trouve à Rouen, au premier étage de la tour de l'hôtel Bourgtheroulde ; c'est la boiserie intérieure d'une pièce dont les lambris, montant de fond, sont composés de panneaux *à draperye*. Le plafond, chargé d'arabesques, se divise en six parties qui se réunissent au centre pour aboutir à une magnifique clef pendante accostée de sirènes ; chaque arceau, en forme de volutes, est porté par une cariatide. Cette décoration somptueuse appartient aux dernières années du règne de Henri IV.

Parmi les artistes normands de la seconde moitié du siècle, nous citerons Jehan Dupont, les Leclerc et Nicolas Martin, maîtres menuisiers de Rouen, qui exécutent (1564-1568) les boiseries, les stalles, le grand-autel et le jubé de l'église Saint-Jean. En 1566-1578, Philippe Fortin et Nicolas Pelletier font le buffet

---

1. Voir, à l'article Coffre, un dessin de ce meuble.
2. Publié par M. l'abbé Tollemer, Rennes, 1880.

d'orgue et les portes de clôture du chœur de Saint-Gervais et Saint-Protais, de Gisors. En 1588, Jacques Lefèvre, maître huchier de Caen, achève les cent deux belles stalles du chœur de Bayeux. En 1611, Noël de Lêtre, de Caen, refait le plafond de menuiserie de l'église des Cordeliers.

Quelques menuisiers normands ont fait fortune à l'étranger. Jacques Lefèvre, dont on vient de parler, fut appelé en Angleterre et fort employé par la reine Élisabeth. D'autres sont allés jusqu'en Italie porter leurs traditions, leur talent et leur bonne renommée. L'un d'eux, fort obscur du reste, Grégoire de Normandie, travaillait à Florence en 1519 comme valet (*juvenis*) de Pierre Guillemard, imagier lyonnais [1]. L'autre est célèbre ; il se nommait Richard Taurin ; c'est à lui que l'on doit les stalles du chœur de Milan et celles de Sainte-Justine de Padoue [2] ; Lomazzo l'appelle « le sculpteur le plus rare qui soit au monde ». D'un caractère détestable d'ailleurs, Taurin était querelleur comme un vrai Normand, *Riccardo Taurino, di Normandia, intagliatore in legno, bravo e pronto maneggiatore di scarpello, ma feroce e subitaneo nell' ira* [3]. A défaut de menuisiers italiens en Normandie, il est piquant de trouver des menuisiers normands en Italie, un surtout qui n'est pas le premier venu et qui a fait parler de lui, même chez nos voisins.

En avançant dans le XVIe siècle, l'école normande décline de jour en jour. La fabrique devient commerciale, courante, banale ; elle travaille de pratique ; le souvenir du maître s'est affaibli, la tradition se perd. On attribue à la Normandie des armoires de noyer, d'une menuiserie très délicate, qui paraissent appartenir au règne de Henri IV et présentent cette particularité que les colonnes latérales sont de bois des îles et les ornements rapportés, avec quelques applications d'ébène travaillé au tour. Nous reviendrons sur cette fabrication dont l'origine est encore à déterminer [4].

1. *Arch. de l'Art français*, notice de M. Eug. Müntz.
2. Vers 1550.
3. *Rev. Univ.*, t. XII, p. 334, notice de M. Ph. de Chennevières.
4. Voir ci-après l'article de l'Armoire.

BRETAGNE

En Bretagne, la Renaissance ne s'est jamais complètement acclimatée. Séparé de la France par son éloignement géographique, par une hostilité séculaire, par un gouvernement, des institutions, des mœurs, un caractère différents, le Breton, qui disait naguère encore : « Je vais en France », quand il allait à Rennes, n'a pas été pénétré, comme ses voisins des autres provinces, par une infiltration lente et préparatoire. Au début du xvie siècle, il est à peine francisé de la veille. François Ier et sa cour pourront bien lui porter la Renaissance et la transplanter çà et là; elle vivra en serre chaude et ne prendra pas racine; le sol est trop maigre et trop résistant pour elle.

Nous avons raconté jadis [1] l'histoire de maître Pihourt, « maçon de Rennes », convoqué à Chateaubriant pour donner son avis sur la construction du château de Jean de Laval, et sa réponse burlesque aux « grands ouvriers de France, illec mandez et assemblez, qui n'avoient autres mots en bousche que frontispices, piedestals, obelisques, coulonnes, chapiteaux, frises, cornices, soubassemens, desquels il n'avoyt onc ouy parler ». Comme maître Pihourt, la Bretagne n'aime pas les nouveautés et tient à ses vieilles coutumes. D'ailleurs, l'ouvrier breton n'a pas la souplesse de main que demande la Renaissance; s'il manie adroitement l'outil du charpentier, s'il peut à l'occasion, comme à Morlaix, sculpter des maisons de bois et décorer de grandes surfaces, il ne sait pas se plier aux délicatesses de la menuiserie et taille ses meubles à grands coups, comme il ferait d'une façade. Le dressoir peint de l'ancienne collection Basilewski [2] est un des spécimens les mieux réussis de la fabrique bretonne. Quant au grand dressoir de Saint-Pol de Léon (musée de Cluny, n° 1403), il a subi des remaniements considérables; c'est un composé de panneaux d'un travail ordinaire et courant, qui paraissent bien d'origine

---

1. *Causeries sur l'Art et la Curiosité*, Paris, 1878.
2. Voir plus loin l'article du DRESSOIR.

bretonne, — les serrures et les vantaux portent les armes de France et de Bretagne, — mais le meuble n'est pas homogène et ne peut être cité comme exemple.

A part ces exceptions et quelques morceaux conservés dans les collections de Rennes, de Nantes, de Morlaix, de Quimper, etc., le meuble breton est une imitation assez grossière du meuble normand; il n'a pas le caractère d'une création indigène. Ce caractère, nous croyons le retrouver dans certains coffres, fort répandus dans la Basse-Bretagne, et dont nous donnons un modèle. Le décor, brutalement découpé dans le chêne, se compose

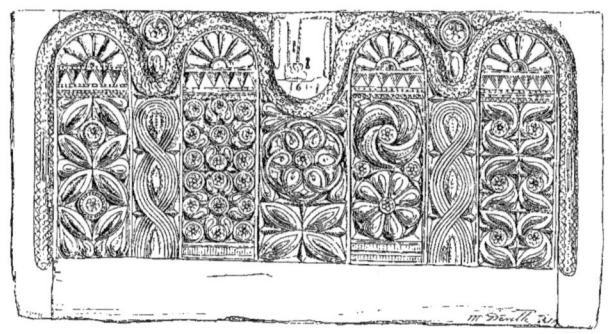

BRETAGNE. — COFFRE DE CHÊNE.
(Exposition de Quimper, 1876.)

de cercles, de dents de scie, de rosaces et d'ornements géométriques, dont l'origine romane et scandinave atteste combien le Breton reste obstinément fidèle à ses traditions primitives. Ce meuble est daté de 1601; mais rien ne ferait croire que la sculpture soit de cette époque, si l'ouvrier n'avait placé, dans le ruban qui s'enroule au-dessus des panneaux, un entrelacs courant familier au xvie siècle. Un coffre analogue, et qui figurait de même à l'Exposition de Quimper, porte la date de 1680.

Un second type, personnel à la Bretagne et bien caractéristique, est formé comme le précédent d'ornements géométriques; mais, au lieu d'être sculptés dans la masse, ces ornements se composent de petits balustres faits au tour et disposés à claire-voie ou sur un fond, de manière à produire des rosaces, des carrés, des arcades et des ressauts ingénieusement combinés. Cette décoration, spéciale aux lits bretons, s'est maintenue jusqu'à nos jours[1]. Nous n'hésitons pas à lui attribuer la même origine que les coffres dont nous venons de parler; Viollet-le-Duc a signalé[2] l'emploi fréquent de balustres tournés dans le mobilier du xiie siècle; les dessins qu'il donne ont une assez grande analogie avec le parti pris de nos lits bretons.

La Bretagne a produit peu de maîtres menuisiers célèbres; nous n'en connaissons que deux : Martin Thomas, « menusier, quel estoit homme sçavant et expert esdites choses et semblables », et Nicolas Deshourmes, « ymaginier, painctre et menusier, lequel vint de Fougères ». Tous les deux furent chargés par la ville de Rennes des travaux de décoration pour fêter le passage de la reine Anne en 1505.

ILE-DE-FRANCE

La grande école à laquelle nous donnons le nom d'Ile-de-France, faute d'une appellation plus rigoureusement géographique, comprend non seulement l'Ile-de-France proprement dite, mais encore l'Orléanais, l'Anjou, le Maine, la Touraine et le Berry. Elle débute à Amboise, se propage à Tours, Blois, Orléans, se transforme à Fontainebleau et s'achève à Paris. Patronnée par le souverain, dirigée par les meilleurs artistes, qu'ils s'appellent Michel Colomb ou Jean Perréal, le Rosso ou le Primatice, Philibert de l'Orme ou Pierre Lescot, Jean Goujon ou Du Cerceau, elle tient la tête de toutes les écoles provinciales, marque le pas en avant et conserve un caractère individuel de sobriété, de haute élégance et de correction.

Quand Charles VIII arriva d'Italie ramenant avec lui quelques artistes italiens, Bernardino de Brescia et Domenico de Cortone figuraient dans cette petite colonie, le premier comme « ouvrier

---

1. Ces lits sont ordinairement faits de bois de châtaignier.
2. *Dict. du Mobilier*, au mot CHAIRE.

de planchers et menuisier de toutes couleurs », le second comme
« faiseur de chasteaulx et menuisier de tous ouvrages de menuyserie ». Ils venaient en France pratiquer l'art nouveau, l'antiquité traduite en italien, que nos maîtres allaient traduire à leur
tour en français[1]. Dès le début du règne de Louis XII, nos
ateliers commencent à combiner ensemble les deux éléments, le
vieux style national et l'antiquité rajeunie : Du Hancy, « célèbre

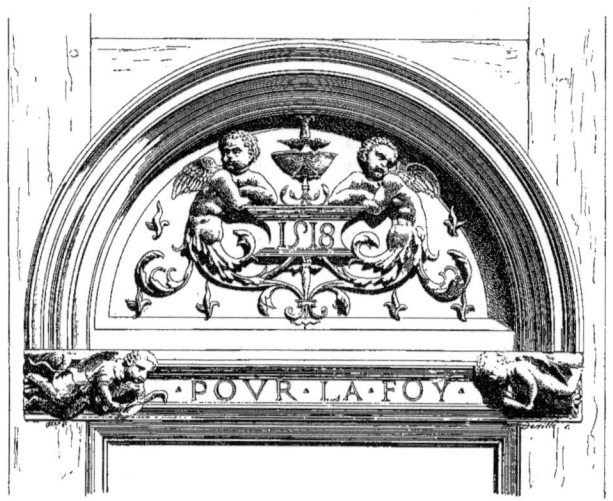

ILE-DE-FRANCE. — TYMPAN DE PORTE D'UNE MAISON, A PARIS.
(Collection de M. Foulc.)

menuisier », dit Sauval, exécute le plafond de la salle du Palais,
à Paris, « de bois de chesne, entrelassé d'ogives qui ne sont ni
ovales, ni de plein cintre, mais qui tiennent de l'un et de l'autre
et finissent en culs-de-lampe. Ce ne sont que placages ; le tout
ensemble, jonché de bas-reliefs travaillés fort délicatement,

[1]. Il convient d'observer que ces artistes étaient amenés en France pour fabriquer surtout les planchers de marqueterie, que les Italiens savaient combiner avec infiniment de goût. Charles VIII écrit d'Italie à Florimond Robertet en 1495 : « J'ay trouvé des peintres et euxdits vous envoyeray pour faire aussy beaulx planchiers qu'il est possible. Et ne sont les planchiers de Beaune, de Lyon et d'aultres lieux de France en rien approchans de beaulté et de richesse ceulx d'icy. Pourquoy je m'en fourniray et les mèneray avec moy pour en faire à Amboise. »

répandus avec tant d'art qu'ils couvrent les joints des ais et des placages ; si bien qu'il semble que chaque ogive soit taillée dans un seul ais ». Jehan Dore, Roulin Hamard, Helie Robin, Robert de Pucevillain, Pierre Lemaire, sont les menuisiers attachés à la cour, avec Domenico de Cortone qui fait en 1510 « six chaslictz de camp à quenouilles pour servir ès chambres du

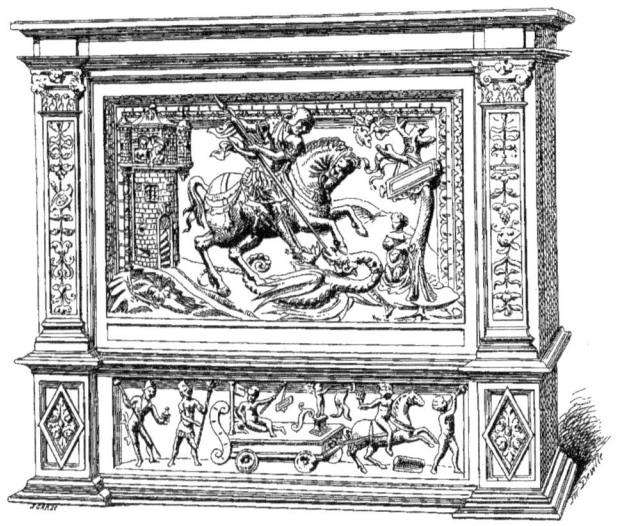

ILE-DE-FRANCE. — HAUT DE MEUBLE.
(Collection de Mme Pillon, à Orléans.)

château de Blois »[1]. Nous retrouvons cet artiste en 1512 avec le titre de « varlet de chambre et menuysier de la Reyne »[2].

A la même époque, un berrichon de grand talent, Guillaume de Bourges, était mandé à Gaillon par le cardinal d'Amboise pour les travaux de menuiserie du château. Ce sont les ouvriers de l'Ile-de-France qui ont sculpté les fines boiseries de Nantouillet et la stalle du cardinal Duprat, les lambris de Villeron dont le

---

1. Archives de Joursanvault.
2. Archives du Loir-et-Cher, note de M. l'abbé Develle.

musée de Cluny conserve un échantillon, le remarquable tympan de porte daté de 1518, qui appartient à M. Foulc; le buffet d'orgue de Gonesse (1508); celui de la Ferté-Bernard, commencé par Everard Baudot en 1501; les stalles de la collégiale de Saint-Pierre du Mans, exécutées probablement sous la direction du célèbre Symon de Hayeneuve, etc.

Quelques années plus tard, Jacques Bourdon, de Chartres, et son compatriote Denis Montaudoin achèvent les stalles de leur cathédrale (1531). A Bourges, on cite, parmi les menuisiers renommés, Jehan Sicart (1523), Jehan Devillage, Guyot, Pierre Jorlin, Gilbert et Tripier (1537); à Blois, Nicolas Moreau, « menuysier du Roy » (1519); à la Ferté-Bernard, Saincto-Chemin. Une des premières estampes attribuées à Du Cerceau porte la date de 1535 et représente un lit français de forme, de style et de travail [1].

On peut remarquer le très petit nombre de menuisiers italiens employés même à la cour. François Ier, si prévenu qu'il soit en faveur des italiens, semble avoir préféré les maîtres français pour l'exécution du somptueux mobilier destiné à ses palais de Fontainebleau, du Louvre, de Chambord, de Madrid, de Saint-Germain-en-Laye. Sauf Francesco de Carpi, l'un des plus occupés il est vrai, et un marqueteur, Jehan Michael de Pantaleon, qui ne paraît qu'une seule fois sur les états de paiement, on ne voit aucun menuisier italien dans les comptes des bâtiments royaux sous François Ier. C'est Jacques Lardant et Michel Bourdin, un Orléanais, qui reçoivent à diverses reprises la somme considérable de 15,700 livres pour « certain nombre de buffets de salles, tables garnies de leurs tréteaux, grands chassis à double croisillon, chandeliers de bois et petits chassis, et autres menus ouvrages de menuyserie par eux faits aux chateaux de Villers-Cotterets, de Fontainebleau, de la Muette et de Saint-Germain »[2]. Michel Bourdin est même chargé, de concert avec Joachim Raoulland, tous les deux « menuysiers des batiments et édifices du Roy »,

---
1. (Collection de M. Foulc.) Le charmant plafond de la Librairie de la Reine à Chenonceaux, gravé par M. Eug. Rouyer dans *l'Art architectural en France*, est encore du même temps.
2. *Comptes des Bâtiments du Roi*, t. Ier, p. 143 et suiv.

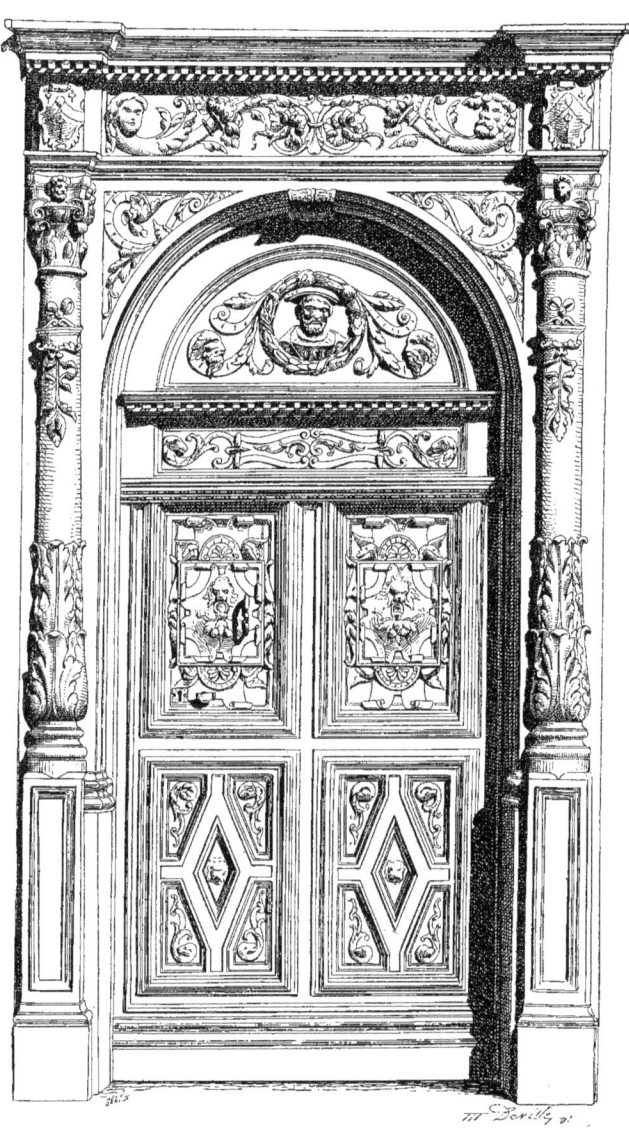

ILE-DE-FRANCE. — PORTE DU CHATEAU DE CHENONCEAUX.

de contrôler et de recevoir les ouvrages exécutés par Francesco de Carpi, ce qui indique une certaine suprématie hiérarchique assez significative. En 1530, Aman Lebrun, de Tours, travaille pour Fontainebleau. En 1536, Étienne Bourdin, probablement le frère du précédent, fait encore marché pour « les ouvrages de menuyserie qu'il convient de faire pour les édifices du chateau, offices et aultres lieux que le Roy veut et entend faire faire, réparer et édifier de neuf à Fontainebleau ».

Un article des comptes donnera une idée de la richesse de ce mobilier royal aujourd'hui disparu. Le Cabinet du Roy à Fontainebleau se composait de lambris de menuiserie « dorez et estoffez » dont les panneaux, s'ouvrant pour former des « aulmoires à quatre huissets (volets) », étaient décorés par le haut de « grandes figures peintes, et par le bas d'une petite histoire de blanc et noir et autres enrichissements », le tout exécuté par les peintres les plus célèbres de la cour [1].

Le goût des meubles et des décorations magnifiques avait rapidement gagné la province, principalement la Touraine et l'Orléanais, plus voisins de la cour. Chez les riches bourgeois, la salle était tendue de tapisseries brillantes, d'étoffes brodées d'or ou de cuirs dorés ; le lambris et la cheminée étaient peints et dorés. En 1549, Doucet, peintre tourangeau, fait marché avec le prévôt de Saint-Martin-de-Tours, pour « peindre les piliers tant hauts que bas de sa cheminée, les chapiteaux et leurs piliers, d'or fin et la frise d'azur ». Au « plat fond du manteau de la cheminée », Doucet sera tenu de peindre « des histoires, le fons demeurant d'azur, avec les devises en lettres d'or fin qu'il faudra » [2]. Pour accompagner des salles aussi brillamment décorées, les meubles étaient peints d'azur et d'or, quand ils n'étaient pas entièrement dorés ; on les garnissait de tapis d'Orient, de coussins ou de carreaux brodés d'or et d'argent.

Sous Henri II, Catherine de Médicis elle-même, qui ne se faisait pas faute de patronner ses compatriotes, choisit pour menuisier Jehan Liesse et pour sculpteur en bois Mathurin Cartoys,

1. *Comptes*, p. 202 et suiv.
2. Giraudet, *Artistes tourangeaux*.

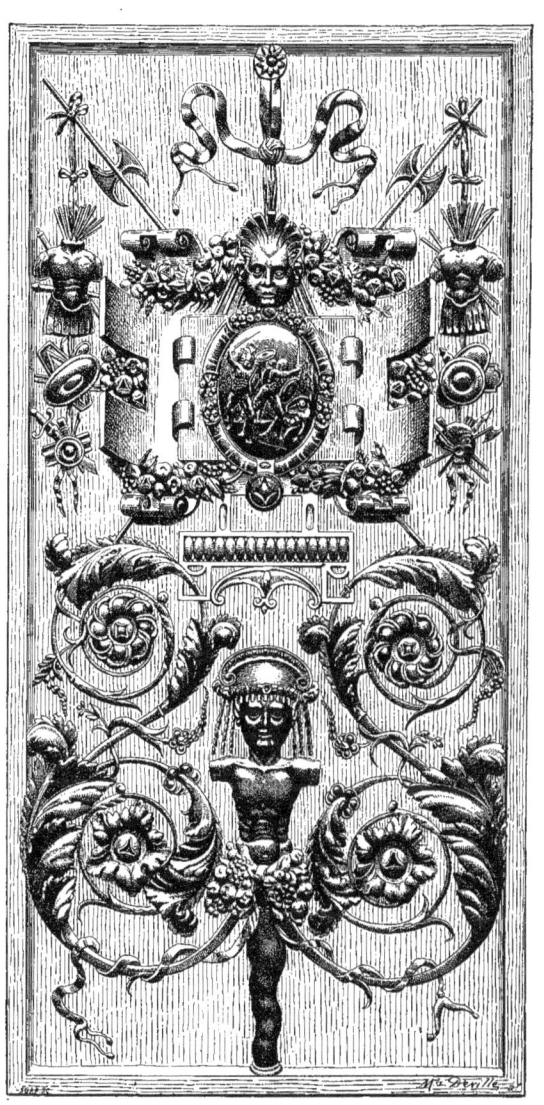

ILE-DE-FRANCE. — DOSSIER DE CHAIRE.
(Collection de M. Bonnaffé.)

de Tours. A la Muette et à Villers-Cotterets, nous retrouvons Jacques Lardant et Michel Bourdin. A Fontainebleau, Philibert de l'Orme a sous ses ordres Gilles Bauge, Riolle Richault, Nicolas Broulle, Francisque de Carpi, Ambroise Perret et Jacques Chanterel. Ces deux derniers figurent dans les Comptes sous le nom de « tailleurs en menuiserie », appellation nouvelle qui date du règne de François Ier, et montre l'importance que la sculpture allait prendre désormais dans l'ameublement [1]. C'est à ces maîtres qu'il faut sans doute attribuer la menuiserie de la galerie de Henri II avec son riche lambris de chêne et d'or et son plafond de noyer à caissons octogones, où le chiffre du roi, d'or et d'argent, se détache sur des fonds de couleur ou sur le bois lui-même.

Au Louvre, Raoulland Maillart, Riolle Richault, Francisque de Carpi (1557-1558-1559) et Noël Biart (1568), sont chargés, sous la direction personnelle de Pierre Lescot, de tous les travaux de décoration. Leur chef-d'œuvre est la chambre du Roi, monument sans rival de la sculpture en bois au XVIe siècle, que le Louvre conserve en entier. « Le bois en est si bien préparé, dit Sauval [2], que depuis un siècle il est encore aussi sain que s'il venait d'être mis en œuvre. Il est joint et enclavé avec tant d'industrie, qu'on le démonte et nettoie quand il est terni par la poussière..... On n'y a point fait entrer d'autre matière que du tillau et du noyer, peints avec du vernis et de la colle, et rehaussés avec de l'or moulu ; et cette colle et cet or ont été couchés d'une façon si ingénieuse et si extraordinaire, qu'il semble de prime abord que ce plafond soit une grande pièce de bronze..... Enfin, tous les ornements en sont recherchés avec tant d'amour et de peine, que l'esprit et les yeux s'égarent et se croyent enchantés d'y rencontrer tant de merveilles, si bien qu'une chambre si accomplie ne sauroit être comparée qu'à elle-même. Elle possède tout ce que les sculpteurs et les menuisiers ont jamais fait de plus admirable ; et c'est sans flatterie qu'on la

---

1. Joachim Raoulland figure déjà dans les comptes de 1538 comme « tailleur en pierre et en bois ». Un certain « Pierre de Pierleau, en son vivant tailleur de menuyserie », est cité dans une pièce de 1556 que nous a obligeamment communiquée M. le baron Pichon.
2. II, 35.

peut appeler le chef-d'œuvre de l'art et de l'adresse des hommes. » Les modèles étaient dus en partie à Estienne Cramoy, qui reçut, en 1578, « 17 livres pour avoir fait plusieurs enrichissements de figures et autres ornements de sculpture, par plusieurs et diverses fois, ès modèles des planchers et plafonds des antichambres et chambres du Roi audit chasteau du Louvre » [1].

A l'école de l'Ile-de-France appartiennent encore : les boiseries de la chapelle d'Anet et les portes conservées au château d'Anet et à l'École des Beaux-Arts ; le plafond du château de Beauregard, en Touraine, daté de 1559 ; le lambris de la chapelle d'Écouen en bois de rapport, placé à Chantilly ; une autre boiserie d'Écouen à nielle d'or sur fond de bois naturel, aujourd'hui disparue, mais dont les dessins ont été recueillis à la bibliothèque de Carnavalet ; enfin un grand nombre de panneaux conservés dans les musées et chez les amateurs, tels que les panneaux de noyer du musée de Cluny (n° 1445), etc. Toutes ces boiseries conservent ce cachet d'élégance correcte que nous avons déjà signalée. Un autre trait distingue la fabrique parisienne contemporaine : elle relève directement de Jean Goujon et porte son empreinte.

Jean Goujon était arrivé à Paris vers 1544. Deux ans plus tard, ses travaux au jubé de Saint-Germain-l'Auxerrois et au château d'Écouen le plaçaient au premier rang des maîtres français. Pierre Lescot l'avait jugé tout d'abord ; il s'empressa de le recommander à Henri II et le prince, en montant sur le trône, l'attacha au Louvre [2]. Dès lors commence entre l'architecte et le sculpteur une intimité de collaboration qui nous a valu les trois modèles les plus parfaits peut-être de l'architecture française : le Louvre, l'hôtel Carnavalet et la fontaine des Innocents. Mais la superintendance de Lescot [3] ne se bornait pas à la construction proprement dite du Louvre ; il devait diriger l'exécution de « tous les ameublements dudit chasteau qui y seront décents et requis ». Or il est permis de croire que Jean Goujon prit sa part de

---

1. *Comptes*, 1558. Cette salle ou *chambre de parade* occupait, dans l'origine une partie de l'emplacement de la salle dite des *Sept Cheminées*. En 1829, elle fut démontée et transportée à sa place actuelle. (Barbet de Jouy, *Musée des Souverains*, 1866.)
2. Préface du *Vitruve* de Jan Martin.
3. Depuis 1546.

collaboration dans ces travaux comme dans le reste. Est-ce lui qui eut l'idée d'introduire dans la décoration des meubles les nymphes et les déesses dont il avait si bien tiré parti à la fontaine des Innocents? Ces figures à faible relief, délicatement modelées, convenaient à merveille à l'art du meuble et au grain du noyer; elles remplissaient de la façon la plus heureuse les panneaux,

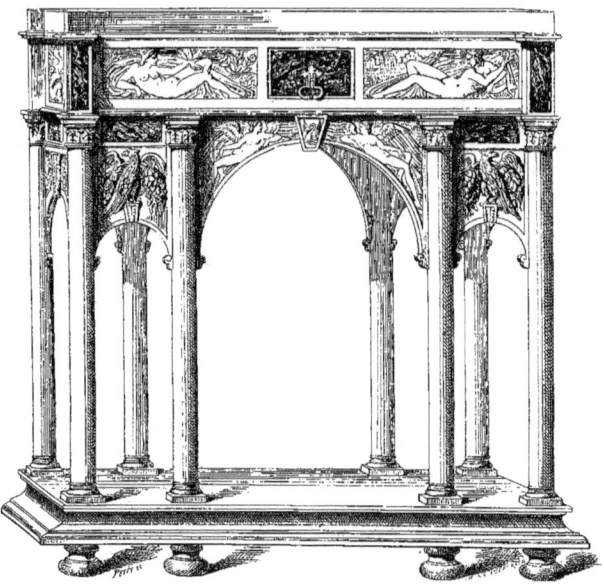

ILE-DE-FRANCE. — SUPPORT DE CABINET.
(Collection de M. Bligny.)

les frises et les tympans. L'école parisienne s'empressa de les adopter, et les nymphes de la Seine, debout ou couchées, les chimères et les cygnes au col allongé, légèrement dorés, se multiplièrent sur les armoires, les chaires et les cabinets, formant une décoration somptueuse et discrète à la fois, pleine de grâce, de jeunesse et de distinction.

Sous Charles IX, le personnel des maîtres menuisiers attachés aux bâtiments royaux s'augmente de quelques noms nouveaux,

Jean Huet, Balthazar de Poiron, Jehan Beguyn, Noël Millon, Pierre Moncigot, Raoulland Vaillant, Léonard Chastellain, Léon Sagoyne, Hely Selany, David Fournier, l'un des fournisseurs de

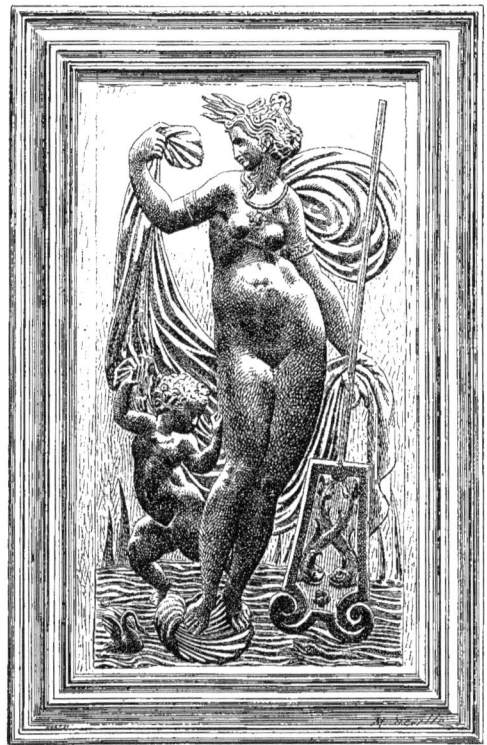

ILE-DE-FRANCE. — VANTAIL D'ARMOIRE.
(Collection de M. Bonnaffé.)

Catherine de Médicis. Parmi les sculpteurs, François Lheureux « taille en bois une grande armoirie pour être appliquée au ciel et plafond de la chambre de la Reyne (au Louvre) », et Jehan Tacet ou Tacquet fait « quatre chandeliers (lustres) de bois de noyer, ayant chacun cinq branches pour estre pendus à l'antichambre ». Firmin Roussel, Laurent Regnier et Germain Pilon exécutent des grandes figures de bois pour le jardin de Fontainebleau. C'est encore Germain Pilon qui est chargé des figures décoratives destinées à l'entrée de Charles IX à Paris et des quatre statues de chêne, primitivement dorées, représentant les quatre Vertus cardinales, qui portaient la châsse de sainte Geneviève (au musée du Louvre).

Parmi les parisiens, nous citerons Jacques Remard, maître menuisier, rue des Lavandières; Jehan Renoul, Claude Benoist, rue Saint-Martial (1577-1578); Symon Hardouyn (1579), rue Marivault.

A Amboise, Jehan de la Planchette (1566) fabrique pour la ville une armoire « à panneaux rustiques ». A Bourges, Jacques Chalineaux et Jehan Ducouldray, menuisiers (1576), travaillent aux arcades exécutées pour l'entrée du duc d'Alençon, frère de Henri III. A Chenonceaux, Louise de Lorraine, veuve de Henri III, confie les travaux du château à son menuisier, Hugues Boucher. A Blois on trouve, en 1587, François Papin, « menuysier », père de Jacques Papin et l'aïeul de Denis Papin [1].

Du Cerceau a gravé un recueil célèbre de meubles comprenant des cabinets, des dressoirs, des lits, des tables, etc. Ce recueil ne porte point de date, du moins une seule pièce isolée et fort rare, conservée à la bibliothèque de Turin et représentant une table à rallonges, est datée de 1550. L'ensemble du recueil, qui paraît avoir été fait à plusieurs époques, correspond à la période de Henri II à Henri III. Orléanais ou parisien, Du Cerceau appartient à l'Ile-de-France; il a l'imagination singulièrement inventive, ses modèles sont variés à l'infini ; l'ornementation est délicate, ingénieusement distribuée; la composition raffinée, souvent bizarre et d'un goût contestable ; mais le dessin conserve toujours la grâce et la suprême élégance de la grande école.

Les modèles imaginés par Du Cerceau ont-ils jamais été exécutés tels qu'il les donne ? On connaît quelques rares fragments dont la composition lui appartient : deux chimères accroupies (chez M. Foulc) ; le panneau supérieur d'une petite armoire à

1. Note de M. l'abbé Develle.

deux vantaux, qui représente la Victoire assise sur des trophées (chez M. Bonnaffé. — Nous avons donné le dessin page 25); le

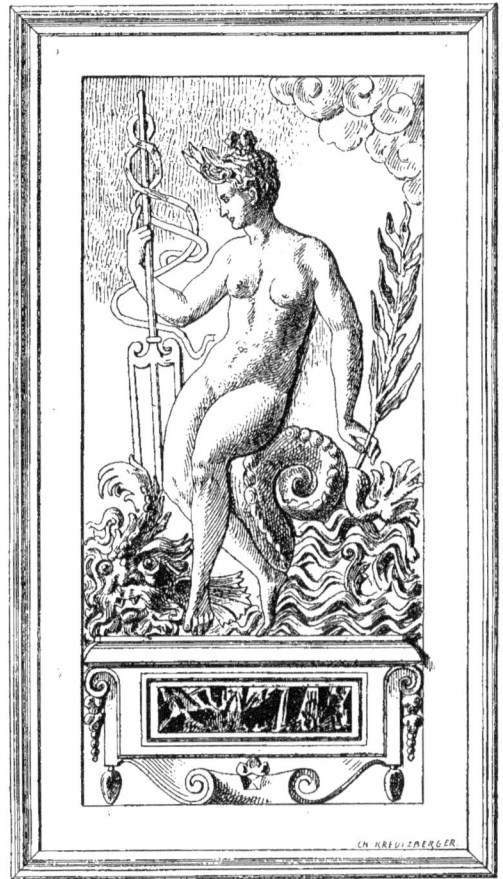

ILE-DE-FRANCE. — VANTAIL D'ARMOIRE.
(Collection de M. Foulc.)

corps supérieur d'un buffet à colonnettes fleuries qui faisait partie de la collection Étienne, vendue il y a quelques années.

M. Gavet possède un dressoir soutenu par des griffons, dont l'arrangement original se rapproche, dans une certaine mesure, des compositions du maître [1].

A vrai dire, Du Cerceau, comme tous les artistes qui dessinaient pour les ateliers, ne compose pas des meubles à exécuter, mais à interpréter. Il ouvre des voies nouvelles, imagine des combinaisons, accumule des matériaux, donne des idées; l'ouvrier saura bien choisir dans le nombre, détacher une figure, un arrangement piquant, un effet de décoration inédit, sauf à laisser le reste. Par exemple, tous les amateurs connaissent ce type singulier de dressoir imaginé par Du Cerceau, avec quatre longues colonnes latérales renfermant une table disposée à l'intérieur; on possède un assez grand nombre de meubles exécutés d'après ce modèle et cependant aucun d'eux n'est la reproduction du type original. De même pour les tables dites « à éventail », dont l'invention appartient à Du Cerceau et qui sont tellement recherchées par nos amateurs, l'ouvrier s'approprie tantôt la donnée générale, tantôt un détail, sans jamais copier exactement le modèle dessiné par l'artiste.

Jean Goujon avait disparu de la France en 1562 pour aller mourir à Bologne [2]; Du Cerceau s'exile à son tour en 1585, abandonnant sa jolie maison parisienne du Pré-aux-Clercs, pour ne pas abjurer [3]; Germain Pilon meurt en 1590. Dès lors la vieille école de l'Ile-de-France ne reconnaît plus de chef. Aussi bien les guerres civiles et religieuses ont jeté le désarroi parmi les artistes, les travaux des bâtiments royaux sont suspendus, les ateliers disloqués, l'industrie en ruine. Henri IV pourra bien ramener la paix et la prospérité, donner une impulsion nouvelle aux grands travaux publics, bâtir Saint-Germain, continuer le Louvre et Fontainebleau [4]; l'école ne se renouvelle plus, elle

---

1. Voir le dessin au chapitre du DRESSOIR. M. Récappé nous signale un lit en forme de nef, dont l'extrémité se terminait en proue et portait une colonne, dans le goût de Du Cerceau. Ce lit appartenait, il y a vingt-cinq ans, à Mme Legrand; on ignore ce qu'il est devenu.
2. Entre 1564 et 1568, voir dans la *Gazette des Beaux-Arts* (janvier 1885) une curieuse notice de M. A. de Montaiglon.
3. P. de l'Estoile.
4. L'escalier de chêne sculpté et doré de l'ancienne chambre des Comptes, transporté au musée de Cluny, est de cette époque.

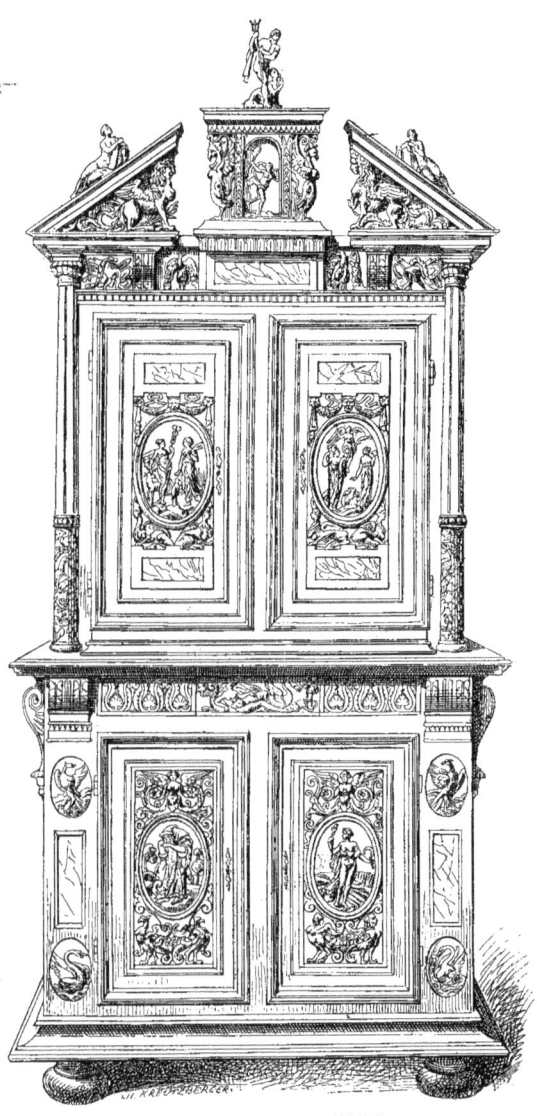

ILE-DE-FRANCE. — ARMOIRE.
(Collection de M. Chabrières-Arlès.)

répète les types du règne précédent avec moins de correction et de jeunesse. Un grand nombre d'armoires, qui rappellent encore la belle tradition de Jean Goujon, portent la date de 1600, même de 1610 [1]. L'ébéniste détrône l'ancien huchier, et Laurens Starbe, « menuisier en ébène et faiseur de cabinetz du Roy », est le seul de ses confrères qui ait l'honneur d'être choisi pour loger dans les galeries du Louvre [2]. L'ancienne école a vécu, l'art moderne entre en scène [3].

Il nous reste à dire un mot d'un atelier angevin qui florissait sous François Ier. On a pu voir, dans la collection Mordret d'Angers, vendue à Paris en 1881, plusieurs échantillons de cette fabrique, recueillis sur place. Le prince Soltykoff possédait deux dressoirs du même atelier, qui passaient, s'il faut en croire une tradition locale, pour provenir de la sacristie de Chinon ; un troisième faisait partie de la vente Mordret. Aujourd'hui, deux exemplaires sont conservés chez M. Gavet [4]; un autre appartient à M. Jameron, de Tours. Nous croyons pouvoir attribuer à la même fabrique la moitié supérieure d'un dressoir ou buffet de noyer, appartenant à Mme Pillon, d'Orléans, sur le vantail duquel est figuré saint Georges terrassant le dragon, avec la devise : *Contre Dieu nul ne peult rien faire;* ce meuble a figuré à l'Exposition rétrospective d'Orléans, en 1876 [5]. Enfin le musée d'Angers conserve un coffre de travail analogue qui vient de la chapelle de l'ancien palais des Marchands, et représente la Mort se préparant à combattre la Noblesse, le Clergé et le Peuple. On ne connaît aucun document sur cet atelier. Le seul menuisier angevin, contemporain de François Ier, dont le nom soit resté, s'appelait Jean Audusson et travaillait en 1518 aux stalles de l'église de Saint-Pierre.

1. Nous avons fait reproduire page 69 une de ces armoires qui appartient à M. Chabrières-Arlès et provient de chez M. Récappé.
2. Le logement de Laurens Starbe au Louvre fut occupé par sa veuve, puis par Jean Macé, ébéniste (1644), par André-Charles Boulle (1672), par J. Ph. Ch. Joseph Boulle (1725), enfin par Joseph et Carle Vernet (1790).
3. Il convient de remarquer l'analogie du dessin des frises de certains grands cabinets d'ébène contemporains de Louis XIII, avec les belles sculptures de la frise marine du Louvre, sur la façade du bord de l'eau, exécutée par les frères Lheureux sous Charles IX.
4. Voir le dessin à l'article du Dressoir.
5. Voir le dessin, page 57.

CHAMPAGNE, LORRAINE

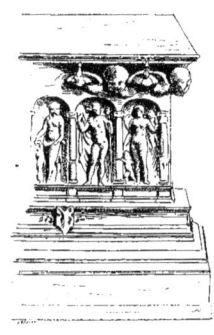

CHAMPAGNE.
COFFRE TIRÉ D'UN BAS-RELIEF
DE JACQUES JULIOT.
(Église Saint-Jean, de Troyes.)

L'Ile-de-France et la Champagne ont toujours fait bon voisinage. Au xiiie siècle, c'est un parisien qui bâtit, avec des matériaux parisiens, la salle synodale de Sens[1]; en 1508, c'est un autre parisien, Martin Cambiche, que le chapitre de Troyes fait venir pour les travaux de la cathédrale; de même, en 1522, Falaise de Paris[2] entreprend la sculpture des salles de la Collégiale de Champeaux, dont une partie a survécu. La Champagne à son tour fournit à sa voisine des huchiers, des verriers, des imagiers, des peintres, les Blancpignon, les Cordonnier, les Juliot, les Pothier[3], toute une colonie d'artistes indigènes, depuis les plus obscurs comme Jehan Cognet, maître maçon, qui travaille à Fontainebleau, jusqu'aux plus illustres comme Jean Cousin.

De ce va-et-vient continuel entre les deux provinces est sortie l'école de sculpture champenoise, une école mixte, empruntant aux parisiens les principes de la Renaissance qu'elle combine avec son originalité propre.

Troyes est le centre le plus actif de la région. Dès le commencement du xvie siècle, ses imagiers en bois et ses huchiers sont renommés. Pierre Prieur entreprend (1508-1511) les stalles de Saint-Jean de Troyes et la chaire à prêcher soutenue par les quatre Évangélistes, qui passait pour un chef-d'œuvre; Christophe Motu, maître huchier en 1527, auteur d'une belle figure de Notre-Dame de Lorette, en bois de poirier, était célèbre pour la per-

---

1. Viollet-le-Duc, Dict., au mot *Sculpture*.
2. Peut-être était-il normand.
3. Alb. Babeau, *Dominique Florentin*, 1877, et *Jacques Juliot*, 1886.

fection et le fini de ses ouvrages; Herluison Toussaint sculpte en 1530 une chaire admirable pour Sainte-Savine de Troyes; Jehan Blotin et Jehan Millon exécutent les stalles de Vauluysant (1520). Thomas et Jacques Guyon, maîtres menuisiers, ont signé [1] le jubé de Villemaure. Ce monument, remarquable et d'une conservation complète, porte la date de 1521; il est placé à l'entrée du chœur et se compose d'un soubassement à petits panneaux supportant des piliers à claire-voie qui soutiennent une tribune. Sur chaque face de la tribune, douze panneaux représentent des scènes du Nouveau Testament; les piliers et le soubassement sont couverts de fleurs, d'oiseaux, de monstres d'une variété, d'une invention et d'une exécution prodigieuses [2]. Au règne de François Ier se rattachent encore : le coffre de l'ancienne collection Basilewski, représentant Saint Jean-Baptiste devant Hérode; deux dossiers de stalles d'un excellent travail, datés de 1526 et provenant de l'ancienne abbaye de l'Enfourchure près de Dixmont (collection de M. Foulc)[3]; et une chaire de même origine (collection Émile Peyre). Les stalles d'Orbais (Marne), achevées en 1525, existent encore en partie, mais remaniées et plusieurs fois déplacées [4].

A partir du règne de Henri II, l'école champenoise est menée par deux artistes d'un grand talent. François Gentil et Dominique Florentin personnifient cette double influence dont nous parlions tout à l'heure : le premier, franc champenois, représente le vieil esprit provincial qui défend le terrain pied à pied contre l'invasion italienne, n'accepte dans le nouveau programme que ce qui lui convient et veut rester gaulois jusqu'au bout. Dominique Florentin, au contraire, est un italien naturalisé français, un élève de Fontainebleau transplanté à Troyes, où il apporte la passion des idées nouvelles, le dédain des vieilles formules gothiques, avec la grâce un peu maniérée, la souplesse et le génie franco-italiens de son école. Tous les deux ont taillé la pierre et le bois avec

1. Détail inédit, communiqué par M. Albert Babeau.
2. Gravé dans le *Magasin pittoresque*, t. XVI, p. 60; — *Voyage archéologique dans l'Aube*, par Arnaud, 1837.
3. Ces deux panneaux, dont M. Foulc a fait une porte à deux vantaux, sont gravés dans *l'Art architectural en France*, par M. Eug. Rouyer.
4. L'église possédait jadis un beau jubé de bois qui fut détruit en 1651.

une égale supériorité : l'église Saint-Martin de Langres possède un célèbre crucifix en bois, de la main de François Gentil, et nous savons que Dominique avait sculpté des figures de chêne pour le jardin de Fontainebleau [1].

A la suite de ces deux artistes, les anciens documents signalent Étienne Blancpignon (1547) et Chabouilley (1561), qui travaillent

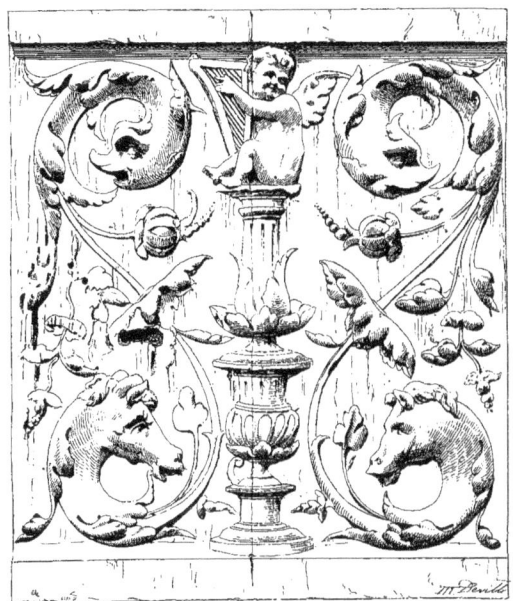

CHAMPAGNE. — VANTAIL DE DRESSOIR.

pour Saint-Nicolas de Troyes; Pierre Clément et Jacques Millon (1550), auteurs d'un magnifique buffet d'orgue à Saint-Étienne. En 1563, Charles Colin, imagier de Troyes, fait le modèle en bois du présent destiné à Charles IX, pour son entrée. En 1569, Gilles Motet entreprend les stalles de la Madeleine et, l'année suivante, Gabriel Noblet exécute plusieurs statues de grandeur naturelle pour l'église Saint-Jean.

1. *Le Mausolée de Claude de Lorraine*, *Gazette des Beaux-Arts*, octobre 1884.

A la fin du siècle, en 1592, un des huchiers les plus occupés de la ville est Noël Fournier, dont on admirait les ouvrages à Saint-Étienne, à Saint-Remi, à la Madeleine et à Saint-Nicolas. La chaire de Saint-Remi, datée de 1608, surpassait en beauté tous les autres ouvrages de l'artiste; associé avec son frère, de 1610 à 1626, il exécuta les quatre-vingt-dix stalles de Saint-Étienne et la chaire à prêcher de Sainte-Savine [1].

Un grand nombre de boiseries, chaires à prêcher, autels, tabernacles, clôtures de chapelles, meubles ou fragments de meubles civils et religieux sont encore conservés dans les églises de la région ou dans les collections particulières. On voit au musée de Reims quelques pièces de mobilier intéressantes; le musée de Troyes conserve, parmi plusieurs débris curieux provenant d'anciennes maisons démolies, la porte de clôture d'une des chapelles de la Madeleine, exécutée sous François Ier, avec une rare élégance. Les collections Julien Gréau, Lancelot, etc., ont sauvé plusieurs échantillons de meubles, types de la fabrication champenoise. Un de ces meubles, provenant de cette dernière collection, a passé dans le cabinet de M. Foule; c'est un dressoir à pans, à double étage et à trois vantaux, spécimen très répandu en Champagne. Un autre dressoir du même modèle, portant les armes de Louis XII, d'Anne de Bretagne et de la ville de Troyes, a figuré jadis dans la collection Soltykoff [2].

L'armoire de Clairvaux (musée de Cluny, n° 1424) est sans contredit le plus beau meuble originaire de Champagne. L'abbaye de Clairvaux, qui conserva jusqu'au XVIIIe siècle l'ancienne organisation du Moyen-Age, constituait une véritable manufacture comprenant des ateliers de corroyeurs, de couvreurs, de menuisiers, de tonneliers, de serruriers, etc. En 1517, Philippe de Gueldre, veuve de René II d'Anjou, visita le couvent en détail; elle ne manqua pas d'aller voir « la menuiserie qui est ung grand lieu séparé en deux parts, assavoir en deux grandes salles voulsées. En la première sont ceux qui besoignent ès ouvraiges de menui-

---

1. *Archives de l'Art français*, 2e série, vol. II. Suivant Grosley (*Éphém.*, II), on employait à Troyes, à partir de 1524, « le châtaignier de préférence au chêne pour tous les ouvrages de menuiserie et de sculpture »; cette affirmation paraît bien exagérée.
2. Acheté 780 francs par M. Malinet à la vente Soltykoff.

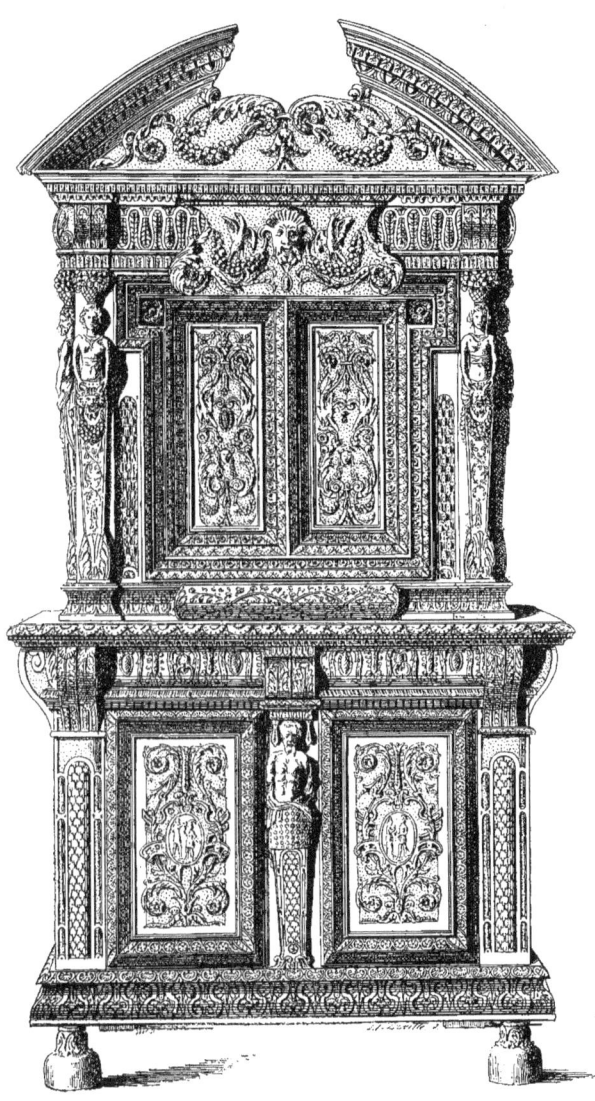

CHAMPAGNE-BOURGOGNE. — ARMOIRE DE CLAIRVAUX.
(Musée de Cluny.)

serie. En la seconde, qui pareillement est voulsée, est le bois de saison pour mectre en œuvre, et joignant icelle est la chambre d'un convers maître menuisier et a son beau jardin auprez »[1]. Le meuble de Cluny, qui date de la seconde moitié du XVIe siècle,

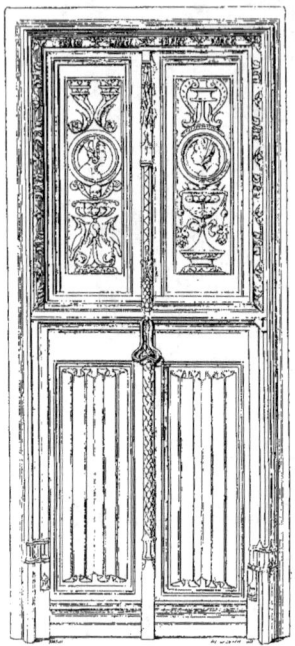

LORRAINE. — PORTE DE SACRISTIE.
(Cathédrale de Metz.)

aurait été fait, dit-on, par les moines du couvent, à l'occasion de la fête de leur abbé. Nous ignorons la valeur de cette tradition, mais elle n'a rien d'invraisemblable : le luxe extraordinaire de la décoration, la beauté du travail, la perfection des détails font de ce meuble un objet unique et sans analogue connu. Ajoutons que si la forme générale paraît champenoise, l'abondance du décor et certains détails rappellent la Bourgogne. A vrai dire, l'armoire de Clairvaux est un meuble mixte, burgundo-champenois, comme les abbés eux-mêmes, qui avaient leur couvent en Champagne et leur hôtel à Dijon.

En Lorraine, l'art du meuble n'a pas de caractère très déterminé. Ligier Richier a taillé dans le bois des figures de la plus grande beauté[2]; mais le maître lorrain est plutôt statuaire qu'ornemaniste; il n'a point fait école. Quant aux Drouin qui, pendant la seconde moitié du siècle, se sont succédé à Nancy comme maîtres des œuvres des ducs de Lorraine, ils ne paraissent pas avoir travaillé le bois. Le spécimen

1. *Clairvaux en 1517*, par Alex. Assier.
2. *L'Évanouissement de la Vierge*, fragment admirable d'une grande composition de Ligier Richier à l'église de Saint-Mihiel, est taillé dans un bloc de noyer. Ce bois, assez commun aux environs, est d'une teinte foncée, qui devient rougeâtre en vieillissant. Le groupe était peint, dans l'origine.

le plus ancien et le plus remarquable de la fabrique lorraine est le lit du duc Antoine, au musée lorrain de Nancy[1].

En 1516, Robinet exécute pour le palais ducal « ung buffet à la taille d'anticque »; Jean Dallein et Antoine Philbert « taillent des chayères et des pourtraictz »; Adam le Cygne « faict ung lit de camp taillé d'ouvrage plat et les molures estant avec l'assemblement à la mode d'Italie ». L'un de ces artistes a-t-il sculpté le banc du musée de Cluny (n° 1504) qui passe pour avoir été commandé par un prince de Lorraine, évêque de Metz? Aujourd'hui ce banc remanié, composé de parties d'époques et de mains différentes, ne peut avoir de valeur comme document historique.

En 1550, Jehan Damyen travaille au palais ducal; en 1564, Nicolas Lanticque pose « ung plancher assemblé en forme de parquet avec croix de Jherusalem, molure, panneaux et montant assemblé à onglet dessus et dessous »; Balthazar Montot (1560) est employé à l'église des Cordeliers de Nancy. Enfin, en 1602, Jacques Lallemand fait pour le palais « ung lit de repos façon d'Italie ».

BOURGOGNE, FRANCHE-COMTÉ

« En Bourgogne, dit Viollet-le-Duc parlant de l'art français du XIIe siècle, la sculpture d'ornement, en avançant dans l'imitation plus réelle de la flore, arrive jusqu'à l'exagération; l'ornement semble déborder, ne pouvoir se maintenir dans les limites posées par l'architecture. Hors d'échelle souvent, son importance nuit à l'ensemble... La puissance, l'énergie, un faire hardi, vivant, sont les caractères de cette école. Il ne faut pas lui demander la finesse, le contenu, la distinction qui forment les qualités de l'école de l'Ile-de-France; elle cherche les grands effets et les obtient. La sculpture est taillée avec une verve et un entrain qui placent cette école au premier rang dans l'art monumental[2]. »

Ce génie exubérant et généreux, plein de sève, de hardiesse

---
1. Voir la notice et le dessin à l'article du LIT.
2. *Dictionnaire d'architecture*, SCULPTURE.

et de vie, a persisté malgré les siècles, les modes et les révolutions ; on dirait, suivant le mot de M. Taine, qu'il « tient à la chair et au sang, à l'air et au sol ». Stimulé par l'influence flamande et le naturalisme des Van Eyck, entretenu par les goûts fastueux de la maison de Bourgogne, il se maintient aussi vivace pendant toute la durée de la Renaissance. Un des plus grands artistes de la province, Philippe Vigarny, que nos voisins de l'autre côté des Pyrénées appelaient Felipe de Borgoña, et qui pendant quarante-cinq ans, de 1498 à 1543, dirigea l'école espagnole, a taillé dans le noyer, avec une verve et une imagination toutes bourguignonnes, les merveilleuses stalles de Burgos et de Tolède [1].

La Bourgogne est pauvre en meubles et en boiseries de la première Renaissance ; les guerres religieuses ne lui ont laissé que des épaves. A Dijon, le plafond de la salle des assises, d'un travail un peu lourd mais d'une extrême richesse, porte les dates de 1520 et 1522 et le nom du maître menuisier *Anthoine Gailley, dit Alemant, demeurant à Dijon*. Nous doutons fort que Gailley fût allemand de naissance ; la forme de son nom est française et n'a rien de germanique ; peut-être s'appelait-il Lallemand, nom porté par plusieurs artistes tourangeaux, parisiens et lorrains. Une frise du même temps, qui faisait partie d'un des plafonds du château d'Arnay-le-Duc, appartient à M. Récappé. A l'église de Flavigny (Côte-d'Or), on voit encore une forme ou banc à trois places, très simple, avec son dossier et son dais sculpté [2].

Les stalles de Montbenoît [3], bien que l'abbaye soit en territoire franc-comtois, se rattachent à l'école de Bourgogne par le voisinage des deux provinces. Elles portent la date de 1527 et l'écusson de Ferry Carondelet, abbé de Montbenoît. Carondelet a passé une partie de sa vie en Italie, Raphaël a même fait son portrait ; dès lors, on s'est empressé de conclure que les stalles exécutées de son temps devaient être italiennes. La critique moderne a fait justice de cette vieille tradition commode qui mettait invariablement sur le compte de nos voisins les monu-

---

1. Baron Davillier, *les Arts industriels en Espagne*.
2. Dessiné dans le *Dictionnaire du mobilier*, de Viollet-le-Duc, au mot BANC.
3. Près de Pontarlier ; photographie de M. le comte de Soultrait. Nous donnons page 79 e dessin d'une travée.

ments les plus parfaits de la Renaissance française, et tendait à ce résultat singulier que les italiens seraient venus pratiquer en France un art qu'ils ne pratiquaient pas chez eux. En effet, comment leur attribuer ces crêtes ajourées, ces pinacles et ces anses de panier, ces figures grotesques en culs-de-lampe, ces

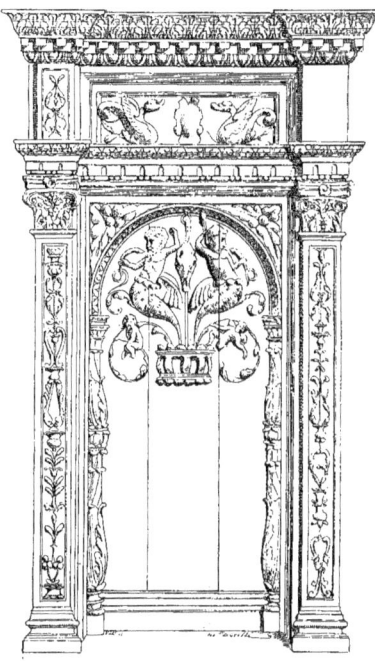

FRANCHE-COMTÉ. — DOSSIER DE STALLE.
(Ancienne abbaye de Montbenoit.)

chapiteaux d'une fantaisie si imprévue, ces profils et ces pénétrations semi-gothiques, charmants barbarismes qu'un adorateur de Vitruve aurait considérés comme des crimes de lèse-antiquité? Les stalles de Montbenoit, ainsi que toutes les boiseries de la même époque et du même travail en France, sont l'œuvre d'ouvriers français qui ont vu ou entrevu l'Italie, qui ont traduit l'antiquité librement, par à peu près, avec leur génie, leur esprit et leur personnalité.

Hugues Sambin est encore un de ces maîtres provinciaux qui, malgré l'infiltration italienne, ont pratiqué l'art nouveau sans rien sacrifier de leur indépendance ni de leur originalité. Architecte, ingénieur, sculpteur et graveur, Sambin fait grande figure dans l'histoire bourguignonne. Qu'il ait fait le voyage d'Italie, cela paraît fort vraisemblable, bien que la tradition ne s'appuie sur aucune preuve. Quant à la date de sa naissance, elle n'est pas encore connue. Sambin était menuisier à Dijon en 1558[1]; en 1590, la ville le charge d'étudier un projet de canalisation de la rivière d'Ouche; il était alors à la fin de sa carrière et pouvait avoir environ soixante-dix ans, ce qui le ferait naître vers 1515 ou 1520. Était-il bourguignon? Encore un problème qu'il n'est pas facile de tirer au clair. Dans son livre de la *Diversité des Termes,* l'artiste s'intitule lui-même *Maître Hugues Sambin demeurant à Dijon* et *architecteur en la ville de Dijon.* S'il eût été dijonnais, il semble qu'il aurait emprunté la formule habituelle « Hugues Sambin, dijonnois, architecteur »[2]. D'autre part, en 1618, son petit-fils François Sambin, en recevant ses lettres de maîtrise comme maître menuisier de la ville de Dijon, déclare qu'il est né à Blois et qu'il est fils de Jacques Sambin, maître horloger[3]. Il se pourrait donc que le vieil *architecteur* fût d'origine blésoise, comme son petit-fils, et qu'il ait quitté sa patrie dans sa jeunesse pour se fixer à Dijon, où nous suivons sa trace de 1558 à 1590.

Bourguignon de tempérament, sinon d'origine, Sambin trouvait à Dijon une école faite pour le comprendre; son influence fut considérable. Il travaillait aussi bien la pierre que le bois, mais il semble traiter avec prédilection le bois, matière plus docile à l'entrain de ses improvisations et aux recherches de son ciseau. Pour les travaux de menuiserie, il se faisait aider par son gendre Gaudrillet, ouvrier de grand talent. On attribue à Sambin

---

1. Archives communales de la Côte-d'Or. Ce renseignement nous a été communiqué par M. de Champeaux.
2. Ph. de Chennevières, *Peintres provinciaux,* tome III.
3. Note de M. de Champeaux. En 1602, Henry Fardoll, cordonnier à Blois, épouse Marie Chapier, veuve de Jacques Sambin m[re] orlogeur à Blois. (Note de M. l'abbé Develle.)

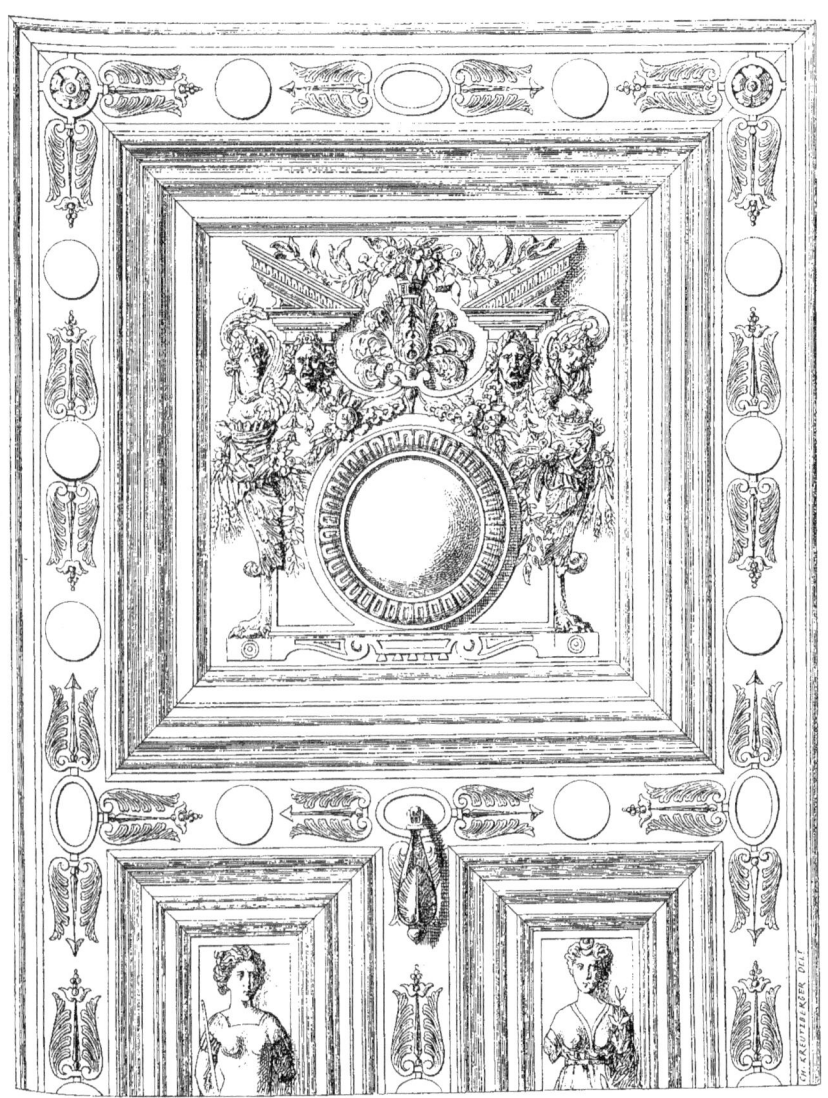

BOURGOGNE. — PORTE D'UNE MAISON DE DIJON.
(Collection de M. Foulc.)

plusieurs boiseries sculptées ; les plus célèbres et les plus authentiques, la porte d'entrée du palais de justice [1], la grille de clôture de la chapelle et une charmante petite porte de sacristie existent encore, les deux premières au palais de justice de Dijon, la petite porte au musée de la ville. Un ancien compte [2] mentionne le « payement à Hugues Sambin, menuisier, de la somme de 24 escus restant dus des 198 escus, prix de son marché des ouvrages de menuiserie, tant pour la fermeture de la chapelle de la salle du Palais et voussure d'icelle, que pour une petite porte pour entrer dans la chambre du scrin (des archives) ». Cette pièce est de 1580 et fixe la date de l'achèvement des travaux.

Les boiseries de Dijon donnent la mesure et précisent le caractère de l'art bourguignon contemporain. Hugues Sambin est là tout entier avec son originalité pittoresque, ses hardiesses, sa recherche et son grand air. L'arrangement des figures vues de profil dans les claires-voies de la clôture, — arrangement si souvent reproduit dans les meubles bourguignons, — la belle tournure de la cariatide mélancolique et pensive qui forme le battant de la grande porte d'entrée, lui appartiennent

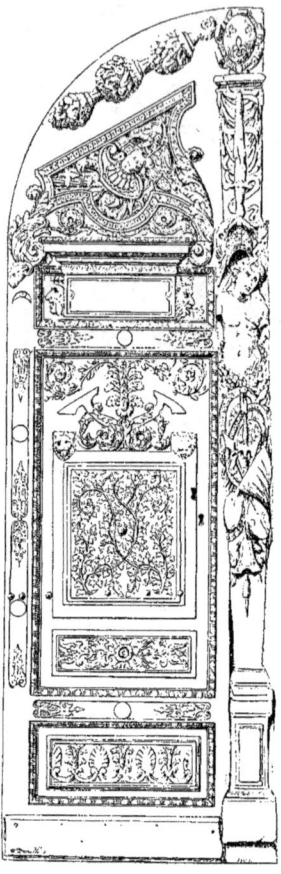

BOURGOGNE.
PORTE DU PALAIS DE JUSTICE DE DIJON.

[1]. Nous donnons le dessin d'une moitié de cette porte.
[2]. Communiqué par M. de Champeaux.

en propre. Car Sambin est un grand manieur de cariatides et, pour que nul n'en ignore, il a pris soin de nous laisser un curieux volume intitulé : *Œuvre de la diversité des termes, dont on use en architecture, reduict en ordre : Par maistre Hugues Sambin, demeurant à Dijon. A Lyon, par Jean Durand, MDLXXII.* Le livre est dédié à Éléonor Chabot, gouverneur de Bourgogne ; c'est un recueil de 37 planches avec le titre, comprenant dix-huit « Termes d'homme et de femme, aornez de leurs bases, cornices, frises, et composez de divers enrichissemens avec observance des nombres et mesures, propres et requises ». A première vue, ces planches ne justifient pas la grande renommée de l'auteur ; sauf quelques figures d'un dessin excellent et d'un ajustement délicat, la plupart des termes sont tourmentés, bizarres, surchargés d'ornements et de détails étrangement compliqués. Mais, on ne saurait trop le répéter, le maître bourguignon, comme Du Cerceau et ses confrères, dessine pour les ateliers ; d'où la conséquence qu'il lui faut à tout prix chercher des motifs et des arrangements inédits, ouvrir

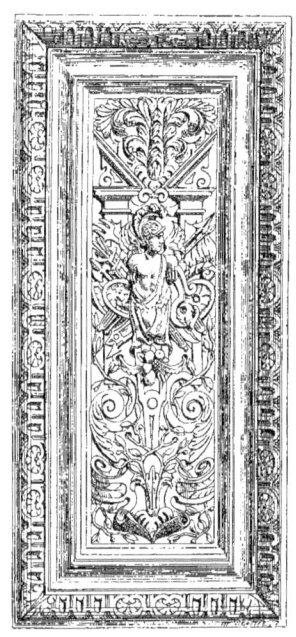

BOURGOGNE.
VANTAIL D'ARMOIRE

des horizons nouveaux, sortir des sentiers battus et se jeter à la découverte au risque de courir des aventures. Sambin accumule sur une seule figure la décoration de dix cariatides, sachant par expérience que l'ouvrier, un homme de bon sens, choisira dans le nombre. Son dessin n'est pas un modèle à copier, mais une mine de combinaisons à exploiter. La plupart des meubles exécutés sous la direction de Sambin, ou inspirés par lui, reproduisent certains détails décoratifs empruntés aux figures de son livre, qui permettent de reconnaître leur origine.

Un trait particulier de la fabrique bourguignonne consiste dans les figures peintes en camaïeux hachés d'or, ce qu'on appelait des « figures de bronze ». Sambin, l'inventeur ou le vulgarisateur de ce genre de décoration, employait pour ses « figures de bronze » un spécialiste, Everard Bredin, peintre-verrier de Dijon, qui l'accompagne souvent dans ses voyages.

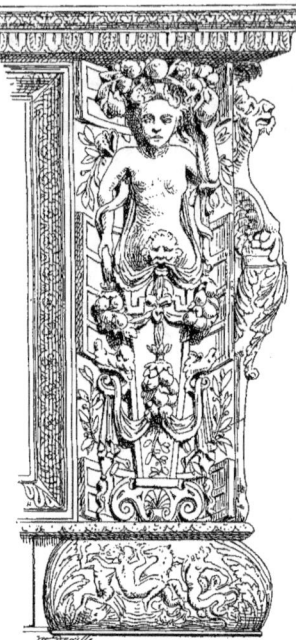

BOURGOGNE.
DÉTAIL D'UN CABINET.
(Collection de M. le baron Sellières.)

En 1581, Hugues Sambin se rendit à Besançon pour soumettre un projet d'agrandissement de l'hôtel de ville, projet qui fut adopté l'année suivante, grâce au patronage intelligent de Gauthiot d'Ancier, co-gouverneur de la ville. Gauthiot était un curieux des belles choses; il avait formé une collection de peintures, d'orfèvreries, de médailles, de bronzes et de meubles précieux comprenant une vingtaine de cabinets, des buffets, des tables, des coffres, sculptés par les artistes les plus en renom. Deux échantillons de ce mobilier d'amateur ont échappé à la ruine, une table conservée à l'hôtel de ville de Besançon et un cabinet au musée de la ville [1]; ils sont exactement décrits dans l'inventaire dressé après le décès de Gauthiot [2]. Ces deux

---

1. On trouvera, pages 169 et 182, le dessin de ces deux meubles.
2. Nous empruntons ces détails et ceux qui suivent à la curieuse notice de M. Aug. Castan, *la Table de Besançon*. Ces deux meubles furent légués au collège des Jésuites par le fils de Gauthiot. Ce collège étant devenu la propriété de la ville, le cabinet a été placé au musée et la table à l'hôtel de ville.

meubles, qui rappellent la manière de Sambin, ont peut-être été dessinés par lui ; le vieux maître avait d'excellentes raisons pour être agréable à Gauthiot et se ménager ses bonnes grâces en vue du projet qu'il présentait à la ville ; en outre, Pierre Chenevière, menuisier des Gauthiot et, par conséquent, l'auteur probable des deux meubles, était aussi le menuisier de la ville ; or,

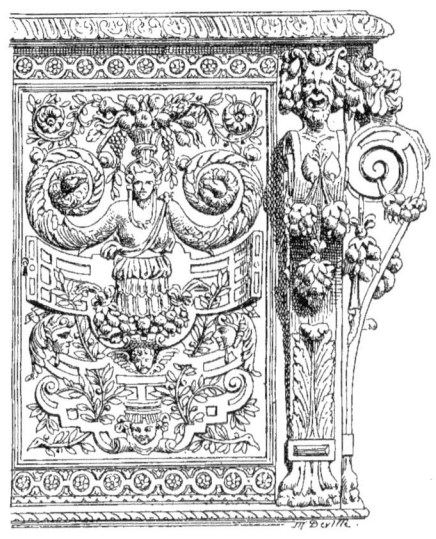

BOURGOGNE. — DÉTAIL D'UN CABINET [1].
(Collection de M. le baron Sellières.)

c'est précisément chez lui, et aux frais de la ville, que Sambin fut logé pendant son séjour à Besançon ; enfin, le cabinet du musée est orné de huit « figures de bronze », dont l'une porte la signature de Bredin et la date de sa collaboration : *E. Bredinus. F. 1581* [2].

1. Ce panneau est la copie élargie du vantail de l'armoire du Louvre (ancienne collection Révoil), dont on trouvera le dessin, page 91.
2. On reparle de ce meuble, page 168. Le musée de Moulins possède deux panneaux à camaïeux, qui proviennent d'un meuble, et représentent, l'un *l'Âge mûr*, l'autre *la Vieillesse*. L'or des hachures a disparu, il ne reste que l'apprêt ; le ton de bois du fond joue pour les ombres.

L'art du meuble en Bourgogne a compté beaucoup de maîtres habiles, mais on n'en connaît qu'un petit nombre ; les anciens documents sont peu communicatifs à ce sujet. Aubry Tannebert (1548-1549) et Girard Jambe-de-fer (1560) étaient maîtres menuisiers de Dijon. Parmi les francs-comtois, on trouve Claude Pariset, menuisier à Gray, Estienne Gaulthier, Mathieu Vigneron, Guillaume Petitot, Jacques Chennevière et Claude Lancier, ces derniers « citoyens de Besançon »[1].

A la fin du siècle, François Briot, qui travaillait alors comme graveur en médailles, à Montbéliard, sa ville natale, paraît avoir exercé une certaine influence sur la décoration mobilière. Nous avons rencontré quelques meubles, comme le dressoir de l'hôtel de ville de Montbéliard[2], signé Jérémie Carlin, dont les panneaux sont la traduction évidente des gracieuses compositions en étain du maître.

Les meubles bourguignons étaient renommés pour l'excellence de leur sculpture et leur type bien caractérisé ; on disait : un cabinet *fasson de Dijon*, comme on disait *fasson de Paris*. Un assez grand nombre a survécu, surtout parmi les modèles de la deuxième moitié du siècle ; car les guerres de religion ont traité plus durement le mobilier chrétien de la première Renaissance, que le mobilier païen de la seconde. Armoires majestueuses et rectangulaires, chargées de cariatides et de trophées, dressoirs de parade à la silhouette énergique et mouvementée, cabinets curieusement fouillés, relevés de dorures et de camaïeux, tables monumentales soutenues par des chimères et des satyres enguirlandés, les meubles de l'école bourguignonne ont tous un air de famille. C'est un art vivant, pittoresque, d'une exécution brillante, d'un aspect mâle, puissant, décoratif ; provincial parfois et d'un goût douteux, mais toujours de bonne maison[3].

1. *Bulletin du Comité des Travaux historiques*, 1884.
2. Voir la notice sur ce meuble, p. 156.
3. Nous donnons, page 81, le dessin d'une porte appartenant à M. Foulc, et provenant d'une ancienne maison de Dijon. Les traverses et les montants sont assemblés d'une façon très compliquée, qui permet de croire qu'il s'agit d'un chef-d'œuvre de menuiserie. M. Foulc possède un dressoir bourguignon dont les vantaux sont la réduction, avec quelques variantes, du panneau de cette porte.

LYONNAIS

La province lyonnaise, qui tient si peu de place sur la carte, occupe dans notre histoire une surface considérable. L'abondance de ses monuments de bois, leur grand style et leur admirable exécution, le talent de ses artistes, leur rayonnement au dehors, font de l'école lyonnaise la seconde école de France. Son influence s'étend sur toutes les régions voisines : au nord, elle pénètre dans la basse Bourgogne ; à l'ouest, elle entame une partie de l'Auvergne et du Bourbonnais ; à l'est, elle confine à la Suisse. Au sud, elle descend avec le Rhône, côtoyant le Languedoc et le Dauphiné, jusqu'aux limites de la Provence.

La vieille cité lyonnaise était mieux préparée qu'aucune autre à se laisser faire par la Renaissance. Située aux portes de l'Italie, encore pleine des souvenirs et des ruines de l'antiquité, elle avait sous la main un personnel habile, intelligent, familiarisé depuis longtemps avec les ultramontains, mais aussi plus impressionnable que les gens du Nord à l'interprétation italienne de la Renaissance. Le magnifique dressoir qui a passé naguère de la collection Basilewski dans celle de l'empereur de Russie, le coffre de M. Roussel, orné d'un médaillon à double visage[1], le coffre de Charly et la chaire de Givors appartenant à M. Chabrières-Arlès, en un mot tous les meubles lyonnais de cette première période accusent une pénétration étrangère plus profonde que les meubles contemporains de la Bourgogne et de l'Ile-de-France. Ces médaillons d'empereurs à faible relief, ces enfants ronds et potelés d'un dessin plein de grâce, la forme des écus, le jet des guirlandes, la correction anatomique, le coup d'outil souple, moelleux, enveloppé, tous ces traits particuliers à la fabrique lyonnaise, mais d'essence italienne, ont fait croire à quelques-uns que ces meubles avaient été faits à Lyon par des ouvriers italiens. Or, le type est absolument français et n'a rien d'analogue chez nos voisins, qui n'ont jamais fabriqué ni dressoirs ni coffres de cette façon.

1. Voir p. 88, 89 et 129.

Comment admettre que l'on ait fait venir d'Italie des ouvriers, qu'on leur ait payé des déplacements et des gages dispendieux, pour leur demander précisément des modèles qu'ils ne connaissaient pas, quand on avait chez soi des ouvriers au courant de la besogne et d'un talent renommé?

D'ailleurs, si Lyon possédait alors des italiens de cette valeur,

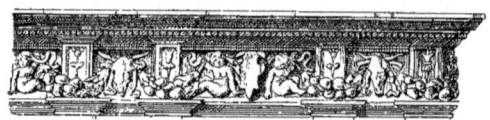

LYONNAIS. — DÉTAIL D'UN DRESSOIR.
(Ancienne collection de M. Basilewski.)

ils ont dû laisser une trace et faire parler d'eux. Voici les comptes des travaux commandés par les consuls pour les entrées de Louis XII, en 1499, et de l'archevêque François de Rohan, en 1506. C'était bien le cas de recourir aux italiens; or, on peut consulter les états de payement[1] de tous les ouvriers embauchés pour la circonstance : c'est Jean Perréal (Jean de Paris) qui les

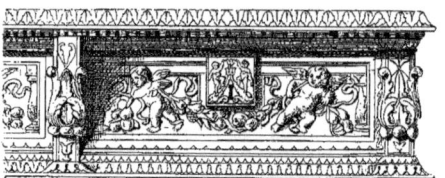

LYONNAIS. — DÉTAIL D'UN DRESSOIR.
(Ancienne collection de M. Basilewski.)

dirige, et pas un n'est italien; les maîtres menuisiers s'appellent maître Anthoine, Gilles Huart, Claude Leonez. Trente ans plus tard, il s'agit de recevoir à Lyon le nouvel archevêque Hippolyte d'Este, cardinal de Ferrare. Cette fois, la fête est dirigée par un italien, le peintre Benedetto del Bene, qui certes aurait profité de l'occasion pour faire valoir ses compatriotes; eh bien,

---

1. *Arch. Comm. de Lyon*, *Arch. de l'Art français*, Suppl., I, 1, publiées par M. Rolle.

tous les ouvriers qu'il occupe, sans exception, sont encore français. En 1548, entrée de Henri II : le Consulat fait appel à tout ce que la ville possède d'artistes distingués et choisit Bernard Salomon pour conduire « l'œuvre de painctrerie », avec Jehan de Rohan (Rouen) et Jehan de Romans, tous deux maîtres menuisiers, chargés de « l'œuvre de menuyserie ». Quant aux autres, maîtres peintres, orfèvres, « tailleurs d'images et moleurs pour termes et figures », ils sont lyonnais, bourguignons, normands ou flamands ; on compte même un anglais, mais pas un qui vienne d'Italie.

LYONNAIS. — COFFRE DE CHARLY.
(Collection de M. Chabrières-Arlès.)

La période la plus active et la plus brillante de l'école lyonnaise commence avec Henri II, pour finir avec Henri IV. Son chef est Bernard-Salomon, surnommé le Petit-Bernard, peintre célèbre et « très-excellent tailleur d'hystoires », comme l'appelle un contemporain[1] faisant allusion aux vignettes pleines de goût et d'esprit que l'artiste a composées pour la typographie lyonnaise. Nous croyons pouvoir attribuer à cette école l'armoire du Louvre de l'ancienne collection Révoil[2], dont le corps et le fronton ont été séparément découverts, à quarante ans de distance,

1. Ant. Du Verdier.
2. Voir le dessin d'un vantail, page 91 ; on reparle de cette armoire, page 170.

aux environs de Lyon. Ce meuble hors de pair par l'élégance magistrale de la composition, par l'étonnante délicatesse du ciseau, offre cette particularité d'être unique dans son genre ; du moins nous ne connaissons aucun meuble ni fragment de meuble qui puisse être attribué à la même main. Ces monuments exceptionnels, l'armoire du Louvre, comme celle de Clairvaux, sont des modèles de talent et de patience qu'on ne fait qu'une fois, des chefs-d'œuvre de maîtrise peut-être ; ils ne font pas souche et n'ont pas de famille.

En étudiant la fabrique lyonnaise, on reconnaît aisément divers procédés de décoration qui dénotent des époques et des ateliers différents. L'un des plus anciens consiste à graver dans le bois des rinceaux ou des fleurons dont les creux sont remplis de mastic blanc ; cette façon de damasquinure sur bois s'appelait *moresque blanche*.

L'arabesque vermiculée est encore un procédé que toutes les écoles ont pratiqué, mais qui se rencontre surtout dans l'école lyonnaise. Certains ateliers l'ont adoptée d'une façon presque exclusive, garnissant les panneaux et les frises d'un réseau de vermiculations entrelacées et fleuronnées ; ce parti pris décoratif est d'une grande distinction.

Sous Charles IX et Henri III, les perspectives d'architecture sont à la mode ; on les place dans les panneaux de meubles et de boiseries, comme le témoigne encore la porte d'une maison de la montée Saint-Barthélemy (au musée de Lyon)[1]. Cette disposition semble inspirée par le Petit-Bernard, très amateur, comme on sait, des belles architectures qu'il multiplie dans ses vignettes ; il aurait même, dit-on, composé « un excellent livre traitant de perspectives, qui s'est perdu après son décès »[2].

Vers la fin du siècle, la bretture, signe avant-coureur de la décadence, commence à se répandre dans le Lyonnais.

Un des ateliers les plus habiles et les plus productifs de la province affectionne la sculpture méplate, les profils effacés, les moulures légèrement gravées, les montants garnis de palmettes

---

1. Gravée dans les *Recherches sur l'architecture lyonnaise* de P. Martin.
2. Ant. Du Verdier, *Bibl. française*, t. Ier, p. 232.

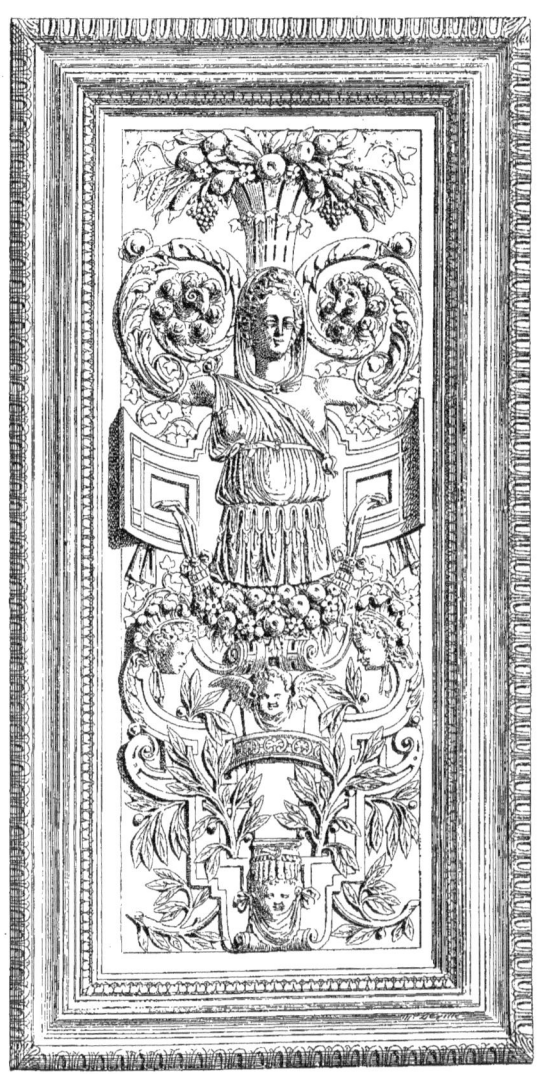

LYONNAIS (?). — VANTAIL D'ARMOIRE.
(Musée du Louvre, ancienne collection Révoil.)

et de culots, parfois de cariatides minces et allongées. Les vantaux sont ornés de sujets religieux ou de divinités de la fable, qui se répètent uniformément sur chaque meuble [1].

A la même époque florissait un autre atelier, remarquable par la forme très cherchée de ses meubles, la nuance généralement blonde du noyer, le dessin des termes à gaines, le type particulier des guirlandes et des rondelles ou bossettes en relief placées d'espace en espace. La plupart de ces meubles ayant été découverts à Genève ou aux environs, on a pensé, non sans quelque apparence de raison, qu'ils pouvaient provenir d'un centre de fabrication dirigé par des lyonnais et riverain de la Suisse [2].

Le Lyonnais et la Bourgogne se touchent de près, et ce n'est pas toujours facile de les distinguer ; tous les deux se donnent la main, ils ont des relations communes et voisinent fréquemment. Hugues Sambin lui-même ne faisait-il pas imprimer à Lyon son livre *De la diversité des termes*? Pourtant, si l'on considère avec attention les monuments certains et typiques de chaque province, on découvre des façons, un air particulier, qui trahissent une différence de tempérament. Hugues Sambin ressemble-t-il au Petit-Bernard ? Le palais de justice de Dijon, l'hôtel de Vogué, ont-ils le même accent que l'architecture lyonnaise contemporaine ? On peut donc admettre que le meuble, à supposer qu'il soit *bien caractérisé*, reproduira plus ou moins les traits essentiels de chaque école. Dijon sera plus gaulois, Lyon plus italien. Le premier a plus d'esprit, d'imagination, d'indépendance ; il se souvient encore du Moyen-Age. Le second l'a depuis longtemps oublié dans les bras de l'Italie; il est classique, posé ; il gouverne l'art comme sa maison, le meuble est bien tenu, correct, il a de l'ordre ; avec cela un grand air, une majesté tranquille, pondérée. La cariatide dijonnaise est expressive, guerrière ou grotesque, parfois mélancolique, et la tête

---

1. Nous avons fait dessiner, page 93, une armoire de cet atelier, donnée en 1839 au musée de Lyon par M. Pollet, architecte. Sur cet atelier, voir p. 172.

2. Voir p. 172-173. — La porte du musée de Lyon, dont nous donnons le dessin page 95, provient d'une maison de la rue Neuve, détruite en 1855 par le percement de la rue Impériale. Il existe à Mâcon une porte construite avec les fragments d'un puits, dont la frise représente le Combat de tritons, analogue à celui de la porte de Lyon. (Note de M. J. B. Giraud.)

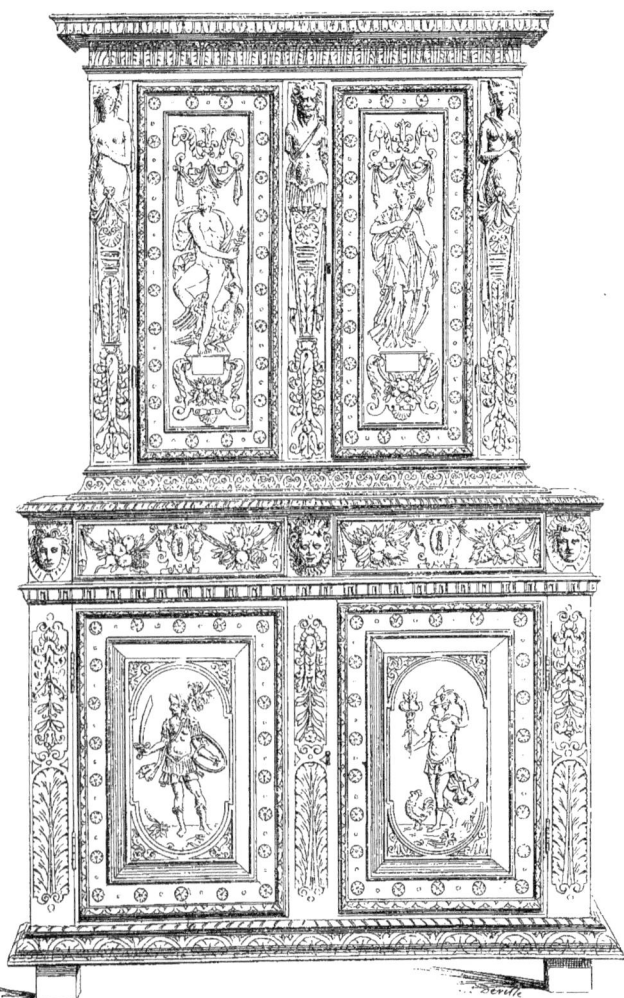

LYONNAIS. — ARMOIRE.
(Musée de Lyon.)

penchée, comme la belle figure du palais de justice de Dijon ; le terme lyonnais est impossible, antique et sculptural. Chez le bourguignon, l'exécution est nerveuse, accentuée ; l'architecture inégale, le décor compliqué, mouvementé ; les frontons se brisent et se renversent ; les poses sont hardies, les figures un peu ramassées, bien nourries, à la flamande ; l'ornementation touffue, la guirlande plantureuse, débordante. Il aime les lions menaçants, Mars et Bellone, les cariatides cuirassées, les trophées remuants et tumultueux. Lyon est moins batailleur ; ses satyres, ses nymphes et ses chimères sont reposés ; il chante plutôt la paix que la guerre, et ses déesses savent mieux tenir la palme que l'épée. La facture est calme, réfléchie ; les figures sereines, la guirlande concise, serrée, architecturale. Les lions, comme les armures, ne sont là que pour la forme.

Les boiseries de la chapelle de la Bâtie en Forez, achetées naguère et transportées à Paris par M. Émile Peyre [1], sont un monument complet et magnifique de l'art du bois au milieu du XVIe siècle ; mais quelle est leur provenance ? Pour la marqueterie, pas d'hésitation possible ; deux des panneaux portent le nom de *Frater Damianus Bergomas ordinis prædicatorum, 1548*, et de *Franciscus Orlandinus Veronensis, 1547*. Fra Damiano de Bergame, dominicain, est célèbre comme marqueteur et nous en avons déjà parlé [2]. Quant aux sculptures, on a voulu en faire honneur aux italiens ; rien ne nous paraît justifier cette attribution. Que Claude d'Urfé, ambassadeur au concile de Trente et à Rome, ait profité de son séjour en Italie pour acquérir et faire transporter dans la chapelle de la Bâtie des panneaux exécutés par les premiers marqueteurs du temps, cela se comprend sans peine ; de même, il achète en Italie des tableaux de maîtres destinés aux galeries de son château. Mais à quoi bon chercher des italiens pour sculpter les lambris de sa chapelle ? Le château de la Bâtie est une œuvre indigène, du style français saupoudré d'italianisme qui régnait alors ; les peintures décoratives de la

---

1. M. Émile Peyre, qui est un architecte et un amateur des plus distingués, a fait remonter la chapelle avec ses boiseries et ses peintures originales, formant un ensemble d'une exactitude rigoureuse. Voir *La Bastie d'Urfé*, par M. le comte de Soultrait. 1887.
2. *Gazette des Beaux-Arts*, 1884, SABBA DA CASTIGLIONE.

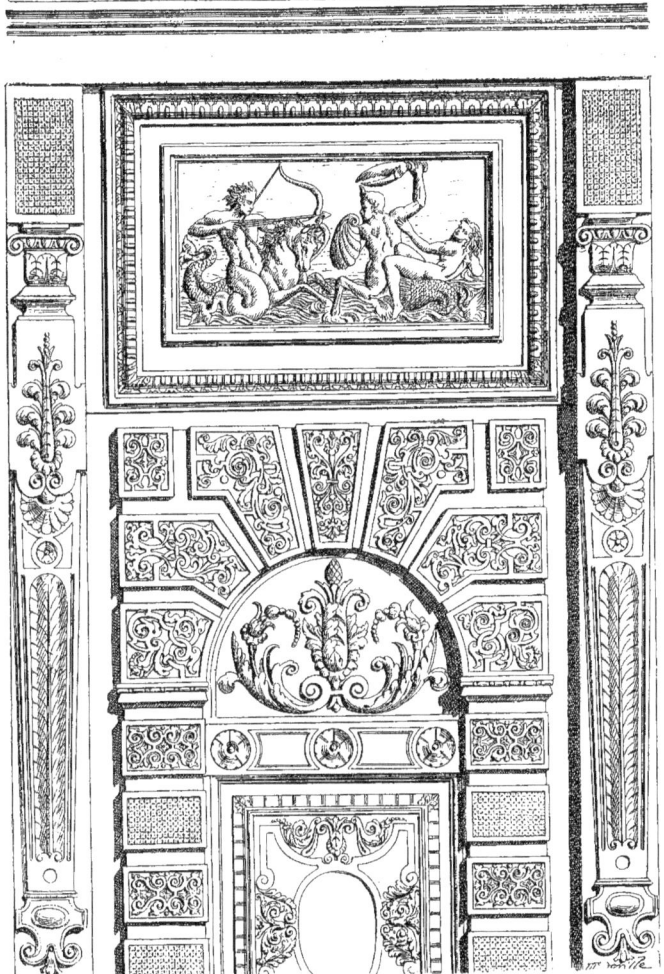

LYONNAIS. — PORTE D'UNE MAISON.
(Musée de Lyon.)

chapelle sont françaises; le carrelage, qui a passé si longtemps pour italien, est l'œuvre d'Abaquesne, un normand[1]. A l'égard des boiseries, nous les tenons pour lyonnaises; Claude d'Urfé s'est servi des maîtres de premier ordre qu'il avait à sa porte. S'il commande à Rouen le carrelage de sa chapelle, cela vient de ce qu'Abaquesne était un spécialiste, et que ni le Lyonnais, ni les régions voisines ne possédaient alors le personnel et l'outillage nécessaires pour un travail de cette importance.

Autour de la grande cité lyonnaise, les provinces limitrophes sont plus ou moins tributaires de son école. En Bresse, le marché pour les stalles du chœur de Brou est fait par un lyonnais, Pierre Terrasson[2]. Le dressoir de l'ancienne collection Basilewski, — bien qu'il vienne de l'abbaye de Bâgé, — la grande armoire rectangulaire de la collection Chabrières[3], — bien que le type soit mâconnais, — ont un caractère lyonnais incontestable. En Bourbonnais, Jacques de Chabannes, qui était alors gouverneur de Lyon, a dû faire appel aux excellents ouvriers de sa province pour la décoration de son château de la Palice; le petit plafond, qui existe encore avec ses peintures d'origine, est un des morceaux les plus exquis de la Renaissance française[4]. En Savoie, au Moyen-Age, on trouve déjà des ouvriers lyonnais travaillant au château de Gentilly, domaine des comtes de Savoie. Deux siècles plus tard, Annecy, résidence des ducs de Genevois-Nemours, produit des meubles remarquables, comme le superbe dressoir de la collection Spitzer, où la facture et l'inspiration lyonnaises apparaissent encore, modifiées par le voisinage italien[5].

Le Dauphiné touche de bien près au Lyonnais et son individualité se confond souvent avec celle de son puissant voisin. Si l'on trouve des ouvriers dauphinois occupés à Lyon, comme Jehan de Romans qui travaille sous les ordres du Petit-Bernard, il n'est pas douteux que les lyonnais, à leur tour, ont dû envahir les ateliers de Vienne, de Grenoble et de Valence. Malheureusement

---

[1]. *Un Carrelage en faience de Rouen*, par G. Le Breton, 1884.
[2]. Suivant le P. Rousselet, Terrasson serait natif de Bourg.
[3]. Voir le dessin, p. 97.
[4]. Gravé dans *l'Art architectural en France*, de M. Eug. Rouyer.
[5]. Voir p. 145.

nos recherches dans les archives de la Drôme et de l'Isère ne nous ont rien appris à ce sujet et nous n'avons pas eu plus de succès auprès des amateurs de la région que nous avons consultés.

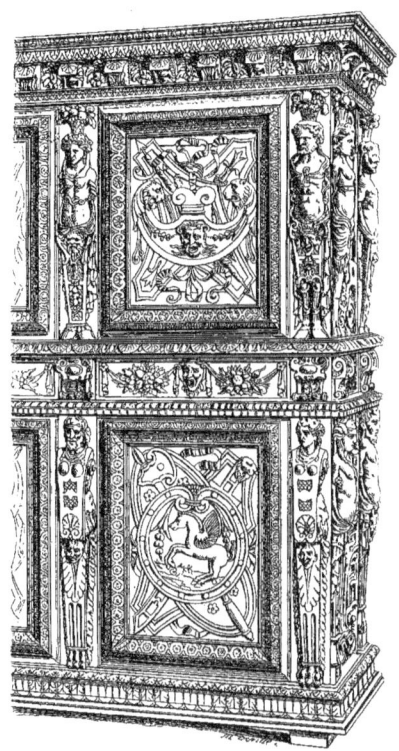

LYONNAIS. — ARMOIRE.
(Collection de M. Chabrières-Arlès.)

L'ancienne salle des comptes de Grenoble, aujourd'hui la salle d'audience du Tribunal, construite de 1521 à 1524, a été déshonorée sous Louis XIV par une corniche et un plafond pompeux et pesants; la cheminée a souffert des restaurations maladroites.

Les vantaux des armoires et leurs montants, qui forment le lambris de la salle, ont seuls été respectés à peu près ; la matière est un bois tendre (tilleul ou sapin) et le travail paraît indiquer une main franco-suisse [1].

Le coffre de l'abbaye de Saint-Antoine près de Romans (à M. Chabrières-Arlès) et la chaire épiscopale des évêques de Vienne (au musée du Louvre)[2] sont des types plus complets et plus significatifs de la fabrique dauphinoise, au commencement et à la fin du siècle. La chaire de Vienne, d'un bois de noyer très blond, a une belle tournure ; les figures du couronnement et des consoles rappellent à n'en pas douter la facture lyonnaise. Mais la composition générale, un peu lourde et tourmentée, le dessin du panneau central, la prodigalité des marbres en relief, que l'école parisienne place toujours discrètement en leur faisant affleurer le fond, dénotent une influence italienne.

PROVENCE, COMTAT

La région voisine du Rhône, qui formait jadis une partie de la Provence et le Comtat, a fourni aux amateurs un assez grand nombre de meubles. Les uns sont lyonnais ; ils ont dû être achetés soit à Lyon directement, soit à la foire de Beaucaire où la manufacture lyonnaise expédiait chaque année des échantillons de ses ateliers. Les autres ont été fabriqués sur place, à Carpentras ou à Avignon.

Au XVIe siècle, Avignon est le centre d'une production très active ; les italiens y mènent grand train, rivalisant de luxe et remplissant leurs palais de meubles magnifiques : *splendidi inter incolas Avenionis conspiciuntur itali,* dit un voyageur[3], *divites nummis et palatiis.* La corporation des menuisiers se composait d'italiens mélangés de lyonnais, de dauphinois et de marseillais, formant une école mixte d'un caractère particulier : les cariatides

---

1 Note communiquée par M. Gaillard.
2. Ancienne collection Revoil.
3. Gölnitz. — Les sièges de la chapelle des Papes étaient « de cyprès fort artistement élaborez ». (*Guide fidèle de l'étranger,* etc. Paris, 1872.)

nues et en pied, les attitudes de Vénus pudique, l'abus de la bretture, le coup d'outil haché, expéditif, le faire strapassé, sont des traits d'origine italienne, familiers aux artistes du Comtat.

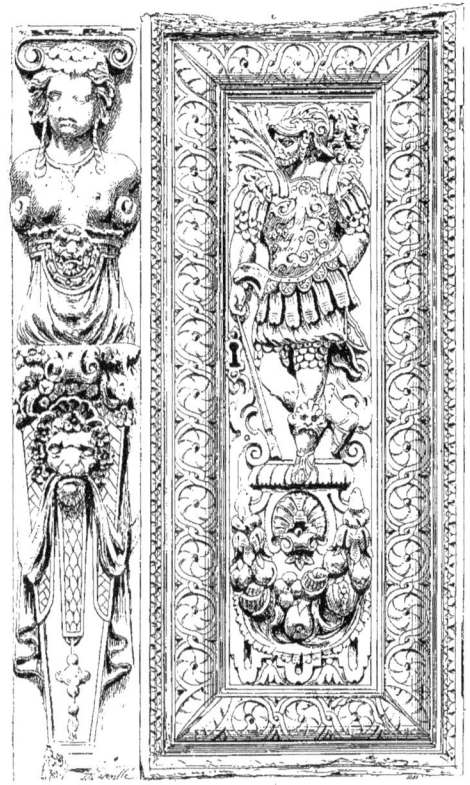

PROVENCE, COMTAT. — BATTANT ET VANTAIL D'ARMOIRE.
(Musée d'Avignon.)

Ces traits s'exagèrent de jour en jour à mesure que le siècle approche de sa fin.

L'armoire dite *à cavaliers,* si populaire dans tout le Midi, est également le produit d'une influence étrangère qu'il convient d'expliquer. Les artistes d'Allemagne et surtout ceux de Flandre, qui faisaient alors le voyage d'Italie, ne rentraient pas tous directement chez eux; un certain nombre préféraient passer par la France et prenaient la route de Gênes. La Provence leur offrait en chemin un climat et des mœurs de transition; ils y séjournaient souvent, retenus par les riches familles provençales; quelques-uns y faisaient école, comme Finsonius, de Bruges, et Jean Daret, de Bruxelles[1]. M. de Chennevières[2] observe que « les peintures des vieux maîtres brugeois remplissent, on ne sait comment venues, toutes les églises d'Aix »; il cite à ce propos l'analogie de la tour des Halles de Bruges et de la tour de Saint-Sauveur d'Aix. De même, les belles portes de Saint-Sauveur ont tout le caractère d'une œuvre de la Renaissance allemande et les armoires *à cavaliers* avec leurs matamores ronflants sont des souvenirs évidents de Goltzius.

Le coffre *à varchiero* appartient encore à la Provence. On appelait ainsi les deux coffres de mariage, contenant l'un des vêtements, l'autre du linge, que la femme apportait en dot (*varchiero*). Ce modèle est très abondant en Basse-Provence, d'un travail médiocre, plus ou moins décoré suivant la fortune des époux et généralement flanqué aux angles des figures d'Adam et d'Ève[3].

L'inventaire du château de Muy (vers 1539) mentionne des « buffets ouvrés et entretailhez de menuiserie avec tirador fermé à clef et serreure »; en 1581, un menuisier de Draguignan fait marché pour la confection d'un « buffet de noyer atourné de figures »[4]. Ce sont là des exceptions et la Provence a produit peu de beaux meubles; le mobilier de luxe vient du Comtat ou de Lyon. M. de Berluc-Perussis veut bien nous communiquer un document tiré du *Livre de raison* d'un de ses ancêtres habitant la Provence : « Du dernier avril (1612), ay baillé à Jean Constans, mulatier, 3 doublons et 1 écu or Spagne, vallant 24 livres 10 solz, pour m'achepter à Lion un pair de coffres à bahut »; et plus

---

1. Le docteur Barthélemy cite Jean Guyens d'Anvers, *alias* le Flamand, peintre, fixé à Marseille en 1521.
2. *Les Peintres provinciaux*, Finsonius.
3. Communiqué par M. de Berluc-Perussis.
4. Note de M. Mireur, archiviste du Var.

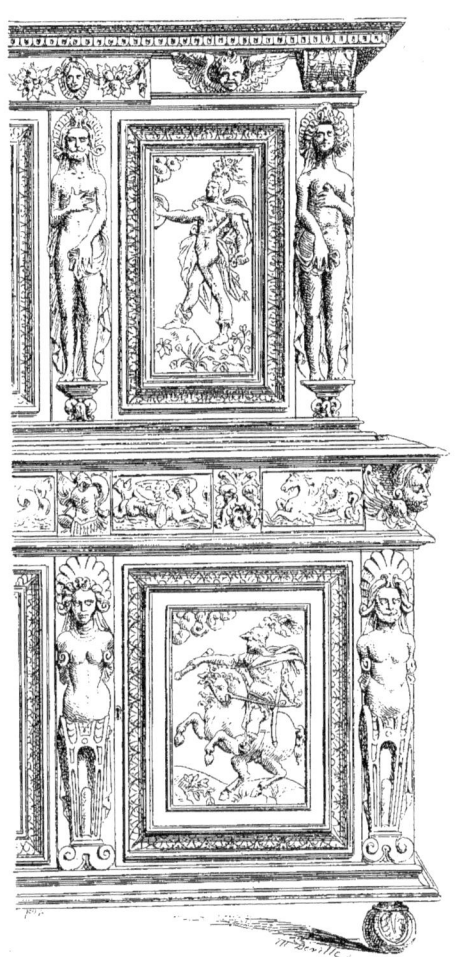

PROVENCE, COMTAT. — ARMOIRE DITE A CAVALIERS.
(Collection de Mme veuve Dardel.)

loin : « m'ont costé les coffres 8 écus 40 solz ». Le prix indique qu'il s'agit de coffres d'un certain luxe.

Les menuisiers provençaux paraissent avoir eu plutôt la spécialité des boiseries, des retables et des cadres de tableaux destinés aux églises. M. le docteur Barthélemy a eu l'obligeance de relever pour nous la liste des *menuisiers* ou *fustiers*[1] qu'il a rencontrés dans les anciens comptes ; quelques-uns viennent de Picardie et de Champagne, comme Jacotin Paperocha ou Jacotin Picard, du diocèse de Beauvais, *talhator ymaginum, pictor et menuserius,* qui travaille à Saint-Maximin, Avignon et Marseille, de 1477 à 1532 ; et Jehan Cordonnier, dit Jehan de Troyes, de la grande famille champenoise dont nous avons parlé, qui passa trente-trois ans à Aix et à Marseille, de 1516 à 1549. Parmi les provençaux nous citerons : Henri Sartisor, fustier de Marseille (1491 et 1503) ; Étienne Peson, de la même ville, chargé de fournir et de peindre (1531) un grand retable de noyer pour la paroisse de Cassis ; Jehan Godet (1523) ; Jehan Guiramand, *ymaginerius et menuserius* (1513), originaire de Toulon et domicilié à Aix ; Raymond Bellin, menuisier de Marseille (1520) ; Jean Malhorquin, auteur du retable des Calfats (1526) ; Pierre Vafart, imagier (1532) ; auxquels il convient d'ajouter un vénitien, Antonio Ronzen, qui figure, de 1512 à 1517, comme *pictor* et comme *fusterius* et travaille à l'église de l'Observance.

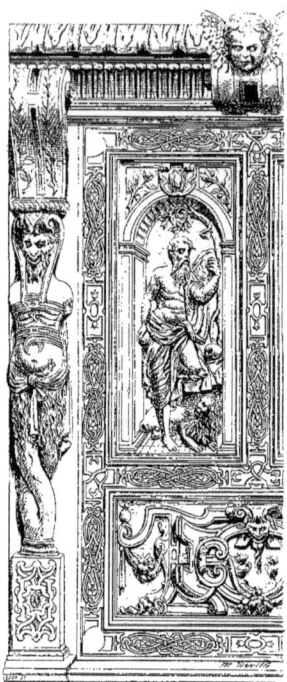

PROVENCE, COMTAT. — PORTE.
(Église Saint-Pierre d'Avignon.)

1. *Fuster,* en catalan, menuisier. — *Ars fustaria, gallicè,* menuiserie. (Du Cange.)

AUVERGNE

Jacques d'Amboise, qui fut évêque de Clermont de 1505 à 1516, est l'initiateur de la Renaissance en Auvergne. Grand partisan de l'art nouveau, comme son illustre frère le cardinal

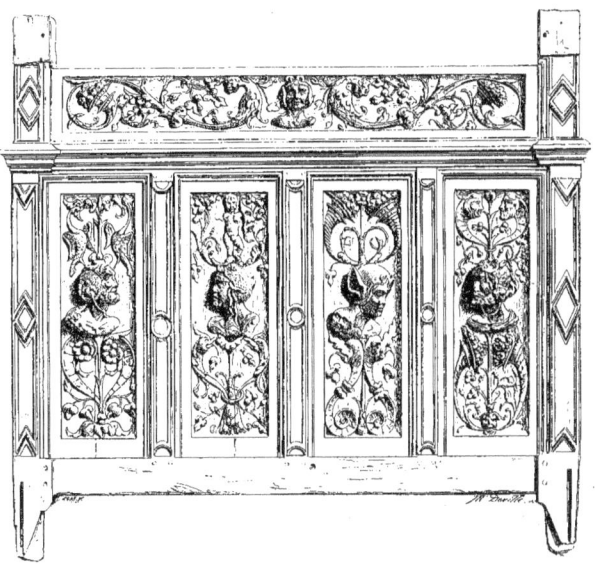

AUVERGNE. — BOISERIE.
(Collection de M. Roussel.)

d'Amboise, il s'entourait des meilleurs artistes de la province et s'occupait avec ardeur des embellissements de son diocèse. C'est lui qui fit élever à Clermont, en face de l'évêché, la gracieuse fontaine si malencontreusement déplacée et remaniée par la Révolution. Il commença la construction d'un nouveau palais épiscopal et fit faire à la cathédrale de grandes réparations. A ce propos, Savaron, dans son *Histoire de Clermont* (1607), révèle un détail qui nous intéresse particulièrement : « Jacques d'Amboise, dit-il, fit parfaire à neuf les stalles du chœur de la cathédrale par Gabriel Chapard, ingénieux et excellent menuzier. » Ces stalles ont été détruites en 1793 ; mais la collection Rougier, de Lyon, possède un coffre remarquable, aux armes et aux initiales J. A. de Jacques d'Amboise[1]. Or on peut admettre que l'évêque de Clermont confiait l'exécution de son mobilier personnel au maître

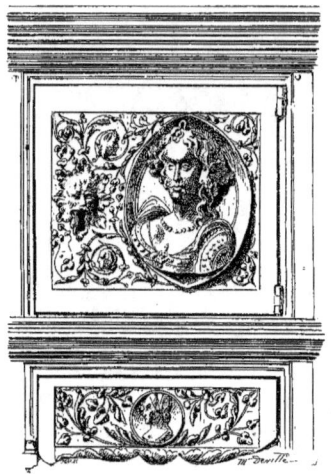

AUVERGNE. — DÉTAIL D'UN DRESSOIR.
(Collection de M. Carrand.)

habile, à « l'ingénieux et excellent menuzier » qu'il avait chargé de refaire les stalles de la cathédrale. Si Gabriel Chapard est l'auteur du coffre de la collection Rougier, il faut aussi lui attribuer une série de panneaux (collection Gavet) de la même main que le coffre, et reconnaître en lui le chef de la première école d'Auvergne.

Jacques d'Amboise mourut en 1516, avant d'avoir vu l'achèvement des travaux qu'il avait brillamment commencés. Thomas du Prat, son successeur, continua ses traditions : « Il se plaisait, dit Savaron, au chasteau de Beauregard qu'il embellit de riches meubles et tapisseries ; rebastit et repara les murailles du chasteau de Mozun, et acheva le logis neuf de l'évêché. » Il mourut en 1528.

Patronnée par ces deux prélats, menée par Gabriel Chapard et ses élèves, l'école d'Auvergne a produit, pendant le premier tiers du XVIe siècle, des ouvrages d'une grande beauté. L'aspect général mâle et sévère, le type sauvage ou dramatique des têtes, tantôt isolées, tantôt inscrites dans une couronne ou fixées sur un écu ; le coup de ciseau âpre, énergique, parfois brutal, mais plein de

1. Voir le dessin, p. 125.

caractère jusque dans ses gaucheries, donnent aux meubles de l'Auvergne une saveur et une physionomie qui les font reconnaître à première vue. D'où vient cet accent particulier? Est-ce une

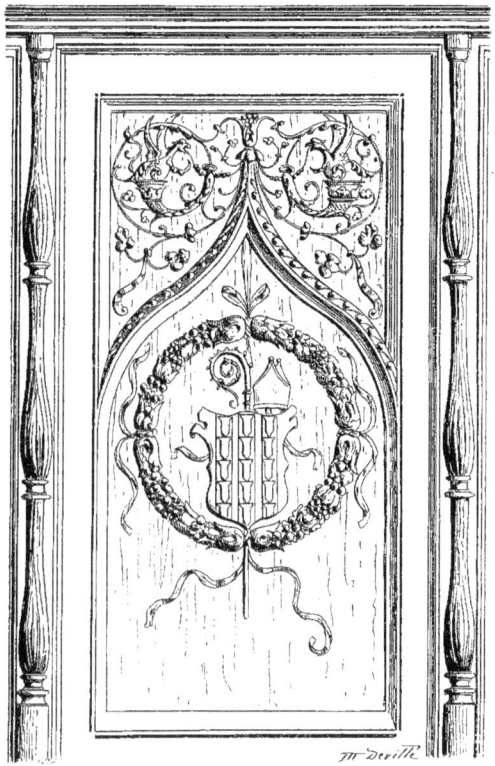

AUVERGNE. — DOSSIER DE CHAIRE.
Collection de M. Foulc.)

question de race et de tempérament? Ou bien les artistes de l'Auvergne, habitués à travailler la pierre du pays, matière volcanique, dure et rebelle aux raffinements de l'outil, ont-ils manqué de souplesse et taillé le bois de leurs meubles aussi rudement que la lave de leurs châteaux et de leurs maisons?

106   LE MEUBLE EN FRANCE AU XVIᵉ SIÈCLE

Parmi les échantillons les mieux caractérisés de cette école, on peut encore citer : la boiserie de M. Roussel, le dressoir de M. Carrand, la chaire de M. Martin Le Roy (ancienne collection Vaïsse)¹, le coffre du château de Tournoël, appartenant à M. Bonnaffé². M. Foule possède une belle chaire à trois places venant de l'abbaye de Langeac et portant les armes de Jean de Langeac qui fut évêque de Limoges en 1533. Plusieurs meubles, aux armes

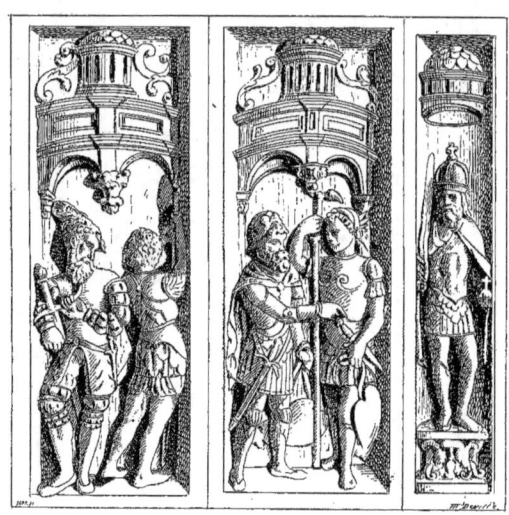

AUVERGNE. — PANNEAUX DE COFFRE.
(Musée de Clermont-Ferrand.)

du même personnage, se trouvent au château de Pontgibaud. Une série de panneaux provenant, dit-on, de la Chaise-Dieu et formant les dossiers de stalles de chœur, appartient à M. Récappé. La grille de clôture de l'église d'Augerolles (musée de Cluny), les panneaux de coffre de l'ancienne maison de l'Horloge, à Riom (musée de Clermont)³; quelques meubles du musée du Puy et

1. Voir le dessin, à l'article Siège.
2. Voir le dessin, p. 127.
3. L'original se trouve chez un amateur lyonnais; le musée de Clermont ne possède qu'un moulage. Le conservateur du musée, M. Ulysse Chabrol, a eu l'extrême obligeance d'en faire pour nous la photographie.

les boiseries du château de Villeneuve, en Puy-de-Dôme, sont encore des spécimens à consulter. Les boiseries de Villeneuve comprennent un large tambour avec trente panneaux de chêne, contenant des personnages mythologiques séparés par des pilastres, et une série de volets ornés d'arabesques et de sujets peints et dorés [1].

D'après une opinion généralement répandue, la plupart des bois auvergnats viendraient de Brioude, qui aurait été au xvie siècle

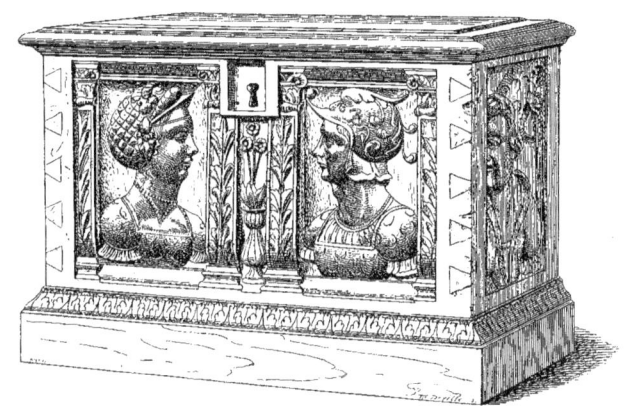

AUVERGNE. — COFFRE.
(Collection de M. Barjot.)

un centre considérable de fabrication. M. Paul Le Blanc, de Brioude, un des écrivains les mieux renseignés sur les questions d'archéologie locale, nous écrit que : « cette assertion n'est pas fondée. Vers 1850, un brioudois, M. Esculier, qui avait longtemps habité Paris, revint dans le pays natal, se fit *antiquaire* et ramassa de toute part dans l'Auvergne, le Velay, le Rouergue, le Gevaudan, etc., un grand nombre de meubles qu'il vendit pendant vingt ans à des marchands parisiens ». Achetés à Brioude, ces meubles passèrent pour brioudois, tandis que tous,

[1]. Renseignement fourni par M. Ambroise Tardieu. — Voir une notice de M. le comte de Soultrait sur ces boiseries.

sauf de rares exceptions, venaient d'autres parties de la province et même des provinces voisines.

L'école d'Auvergne se transforme de bonne heure ; vers la fin du règne de François Ier, elle change déjà de caractère, s'apaise et se discipline. Le dressoir de Morangier-Fabrèges (collection de M. Aynard, de Lyon) est un échantillon curieux, mais lourd et médiocrement travaillé, de cet art de transition.

Sous Henri II et ses successeurs, l'Auvergne subit l'influence de son voisin le Lyonnais. Elle prend ses types sans y ajouter une part de personnalité bien distincte et remplace le plus souvent par des colonnes les cariatides qu'elle n'a jamais su traiter avec grâce.

Bon nombre de meubles de la fin du siècle, provenant de Thiers ou des environs, sont incrustés de nacre. Ce genre de décoration, d'origine espagnole et mauresque, devait être familier aux ouvriers de Thiers, habitués à travailler l'ivoire et la nacre pour les manches de leurs couteaux : *incolæ sunt cultrorum artifices, quos venales faciunt ex ebore manubriis, sed pretio auctiore*[1]. D'ailleurs les relations étaient actives entre l'Auvergne et la Péninsule ; la première exportait en Espagne la plus grande partie de sa coutellerie et les marchands espagnols venaient s'approvisionner de bétail aux marchés de Saint-Flour, du Puy et de Maillargues[2].

Signalons encore un type particulier de tables dont on a trouvé plusieurs échantillons en Auvergne. Ces tables, qui datent de la fin du siècle, se composent uniformément d'un plateau d'ardoise maintenu dans un cadre de bois marqueté représentant des animaux affrontés et des fleurs de lis d'un travail assez élémentaire ; elles portent sur quatre pieds. Nous n'avons trouvé aucun renseignement sur cette fabrication qui nous a été indiquée par M. Paul Le Blanc, et qui paraît indigène.

M. César Daly, dans ses *Motifs historiques*, et M. Eug. Rouyer, dans son *Art architectural en France*, ont donné les dessins de deux portes du temps de Henri II, provenant de Clermont[3].

---

1. Gölnitz, p. 652.
2. *Dictionnaire du commerce*, 1723.
3. La porte, dessinée par M. Rouyer, a fait partie de la collection de La Béraudière.

L'école auvergnate a-t-elle pénétré jusqu'en Poitou? On serait tenté de le croire en regardant le dossier de siège épiscopal provenant du château de Poitiers, que conserve le musée de Cluny. Ce curieux panneau, qui date de François Ier, est d'un style bizarre et d'une exécution très ressentie; à la partie supérieure, une tête en haut-relief, l'air farouche et la barbe violemment rejetée de côté, rappelle d'une façon singulière, mais avec moins de talent, les figures de Gabriel Chapard. Malheureusement nous savons fort peu de choses sur les écoles du Poitou et du Limousin; les archives locales ne nous ont rien appris et les boiseries mêmes de la première Renaissance sont fort rares dans la région. Il est hors de doute que ces provinces ont dû produire, dans la première moitié du siècle, des artistes et des monuments remarquables. Nombre de maisons étaient construites en pans de bois sculptés; l'allemand Zinzerling, passant à Limoges, observe que les rues *ædificia habent excelsa, sed lignea, non tamen inelegantia*. D'autre part, on comprend que des grands seigneurs comme les Gouffier et Bonnivet en Poitou, des prélats comme Philippe de Montmorency, Villiers de L'Isle-Adam et Jean de Langeac, tour à tour évêques de Limoges, ne manquaient pas de maîtres habiles pour confectionner les meubles de leurs châteaux et de leurs palais.

A dater de Henri II, tous les ateliers de l'Ouest paraissent adopter un type uniforme : armoires, lits, tables, chaires, dressoirs, sont garnis de colonnes ou de balustres, souvent unis et tournés, mais généralement à cannelures alternant avec des baguettes[1]. Les cariatides sont rares et le peu que nous en avons rencontré sont plutôt des copies assez faibles que des créations. Il semble que nos écoles occidentales aient été inhabiles à traiter ce motif d'ornement que les parisiens, les lyonnais et les bourguignons savaient manier sans effort pour en tirer des effets décoratifs et somptueux.

Le musée de Poitiers et les collections privées, toujours si curieuses à interroger sur l'ancienne industrie locale, ont recueilli quelques échantillons de cette seconde période; M. Am. Brouillet

---

1. En terme du métier, colonnes *rudentées*; on disait aussi, *embastonnées*.

en a publié plusieurs dans son excellent *Indicateur archéologique de Civray*.

LANGUEDOC, GASCOGNE

Le Languedoc et la Gascogne ont une part brillante dans le grand mouvement de la Renaissance. Leurs maîtres huchiers, que les anciens textes appellent tantôt *menusarii,* tantôt *fusterii,* traitent le bois avec non moins de talent que leurs confrères du Nord, et les châteaux de Bournazel, de Montal et d'Assier, les hôtels d'Assezat et de Lasborde auraient fait belle figure sur les bords de la Loire.

Au XVIe siècle, la région du Midi possède un grand nombre de maisons en pans de bois sculptés. A Bordeaux, un de ces logis [1], qui datait de la Renaissance et qu'on a détruit naguère, était remarquable par le luxe de ses sculptures et la variété des ornements. Albi renferme encore quelques maisons de bois; à Castelnaudary, les rues étaient pleines *ædibus ligneis desuper despicientibus, forma Londinensium in Anglia*[2]. De même à Carcassonne, *ædificia pleraque omnia sunt lignea,* dit Jodocus Sincerus [3], qui signale en passant la dextérité des menuisiers de la ville pour confectionner les menus objets de buis, *pectines hic capsulasque et alia ex buxo aliisque lignis magno numero artificiose elaborant.* L'hôtel d'Yversen, à Gaillac, conserve encore une cheminée de bois sculpté dont le tableau supérieur représente l'arrivée à Constantinople et la réception par le Grand Turc du S^r d'Yversen, envoyé de France, en 1547 [4].

Les magnifiques boiseries des stalles de Rodez sont dues à André Sulpice, de Bourges; elles appartiennent à la fin du XVe siècle [5]. Une des clôtures en pierre de la cathédrale porte

---
1. A l'angle des Fossés-Bourgogne et de la rue Faure.
2. Gölnitz, *Ulysses-Belgico-Gallicus*.
3. Zinzerling, *Itinerarium Galliæ*.
4. Rossignol, *Monographies*, canton de Gaillac, t. II, p. 341.
5. Marché passé en 1478. André Sulpice est également l'auteur des stalles de Notre-Dame de Villefranche et des Chartreux. Le marché passé pour les stalles de Rodez, publié par M. Bion de Marlavagne, stipule que Sulpice s'engage à tenir avec lui *septem famulos artifices, scientes in arte menusarie, sive lignorum sculptores.* Voir une notice de M. André, archiviste de la Lozère, lue à la Sorbonne en 1886.

la date de 1531; la maquette originale de cette clôture, fort habilement taillée dans une planche de noyer, a figuré à l'Exposition de 1882 [1]. Les stalles de Sainte-Cécile d'Albi sont du commencement du siècle; la menuiserie fort bien travaillée en est assez simple. Les stalles de Saint-Bertrand de Comminges portent la date de 1535; elles furent exécutées pour l'évêque Jean de Mauléon (1519-1551). La beauté de la composition, l'excellence du travail, le style de certaines figures accusent la main d'un artiste

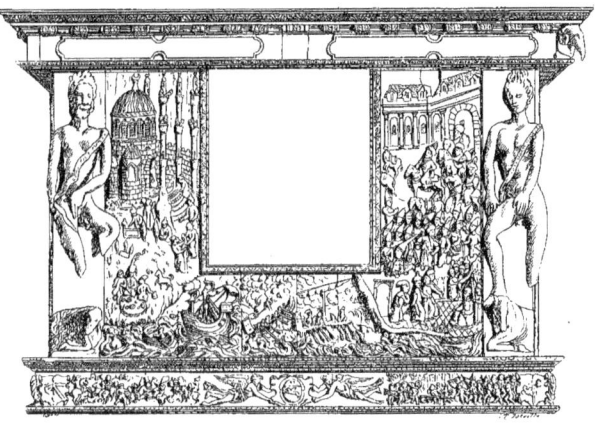

LANGUEDOC. — MANTEAU DE CHEMINÉE EN BOIS, A GAILLAC.
(Appartenant à M. le baron d'Yversen.)

de premier ordre; l'École des Beaux-Arts possède le moulage d'une travée et de plusieurs détails. Parmi les monuments de ce genre et de cette époque, le plus remarquable est la boiserie des stalles de Sainte-Marie d'Auch. Ce chef-d'œuvre de la menuiserie méridionale, qui ne peut être comparé qu'aux stalles d'Amiens, comprend cent treize stalles, soixante-quatorze figures de bas-

---

[1]. Ce curieux monument avait été découvert, il y a une quarantaine d'années, par un perruquier de Rodez, le sieur Folgas, qui devint le premier surveillant du musée. Il restaura lui-même le panneau avec grand soin, remplaça les parties manquantes, et le laissa à sa sœur Celle-ci le vendit en 1872 à M. Carrand, de Lyon, qui le vendit à son tour au possesseur actuel, M. Boy. (*Revue religieuse*, *Histoire d'une planche*, notice de M. l'abbé Dulac, curé d'Onet-le-Château.) Note fournie par M. L. Masson, membre de la Société des Lettres, Sciences et Arts de l'Aveyron.

reliefs, trois cent six figurines dans les niches de pilastres, enfin soixante-dix autres figures surmontant le dais[1]. « Taillées dans un bois de chêne d'une qualité tout exceptionnelle, qui a pris par le frottement l'aspect de la cornaline, ces stalles, dit Viollet-le-Duc[2], fournissent une série d'ornements de la Renaissance du plus charmant caractère. De grandes figures bas-reliefs décorent les dorsals, et des arabesques délicatement coupées couvrent les accoudoirs, les entrées, les montants. Les dais sont merveilleux de délicatesse et de combinaisons. »

Quant aux meubles, malgré les guerres religieuses qui ont

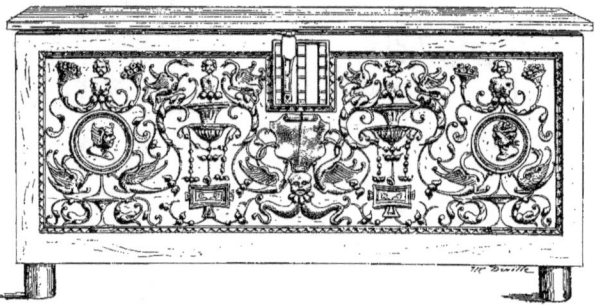

LANGUEDOC. — COFFRE.
(Ancienne collection Barry.)

dévasté les églises, les hôtels et les châteaux, malgré l'Angleterre qui nous a enlevé pour le musée de Kensington la collection toulousaine de Soulages, un certain nombre de spécimens significatifs existe encore et permet de déterminer les traits essentiels de la fabrication indigène[3].

L'école méridionale a subi des influences d'origines diverses, qu'il importe de préciser.

Un premier courant descend le Rhône, apportant à la foire de Beaucaire, et de là dans le Bas-Languedoc, les produits renommés

1. Les *Stalles d'Auch*, par Sancet, 1862. *Atlas monographique*, par F. Canéto.
2. *Architecture*, t. VIII, p. 474.
3. Nous donnons page 112 le dessin d'un coffre provenant du château d'Assier, et page 113 le dessin du coffre de François d'Estaing, évêque de Rodez (1501-1529); ce dernier coffre, en bois de tilleul, est encore conservé à l'évêché; nous en devons la photographie à M. Lempereur, archiviste de l'Aveyron, qui voudra bien recevoir ici tous nos remerciements pour son obligeant concours.

de la manufacture lyonnaise, l'esprit de son école, ses types et ses traditions.

La Bourgogne, à son tour, s'installe dès la fin du xve siècle à Montpellier avec deux de ses enfants, Peyre et Mondon, surnommés les Borgonhon à cause de leur origine. Le premier, comme lieutenant du maître des œuvres du Languedoc (1480), le second, comme maître des œuvres de Montpellier (1481), prennent la haute main sur tous les travaux et donnent le ton à l'école. Jehan Pascalis, Jehan Chonart, Pierre Augier, Jacquier Viguier,

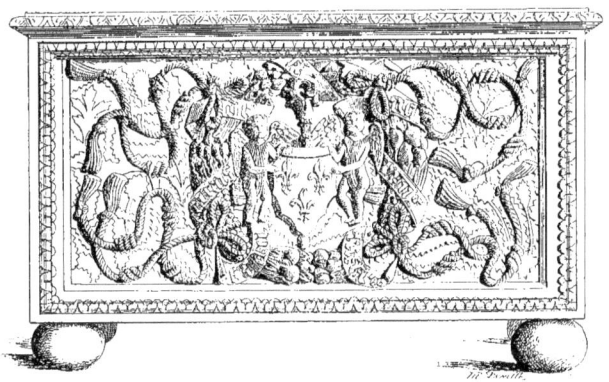

LANGUEDOC. — COFFRE DE FRANÇOIS D'ESTAING.
(Évêché de Rodez.)

qu'on trouve à Montpellier dès le début du xvie siècle, fabriquant des meubles et sculptant des boiseries pour l'église Notre-Dame et la salle des Consuls, travaillaient probablement sous la haute direction des Borgonhon.

L'infiltration bourguignonne était encore alimentée par le passage d'une foule d'artistes, venus de Dijon, de Mâcon ou d'Auxerre, qui se rendaient en Espagne. Au xvie siècle, comme au siècle précédent, les bourguignons sont très recherchés par nos voisins; la plupart font le voyage soit par la voie de Toulouse, soit par le Rhône et la route de terre jusqu'à Perpignan. Il va sans dire que des maîtres fameux comme Philippe Vigarny et son frère Grégoire, les deux premiers sculpteurs en bois de l'Espagne, des peintres, des verriers, des imagiers habiles comme Jean, Georges, Louis de Borgoña, etc., ne traversaient pas la province sans s'arrêter en chemin pour donner des modèles, des conseils, dire leur mot dans les ateliers et répandre leur doctrine.

L'empreinte bourguignonne est frappante[1] et, bien que les deux écoles aient leur personnalité distincte, il n'est pas toujours facile de faire la part de chacune. M. Foulc conserve le dessin au trait rehaussé de sépia, de deux moitiés d'un cabinet à deux corps, contemporain de Henri III, que l'on pourrait attribuer aux ateliers de Dijon, n'était la signature du maître huchier placée dans un cartouche : *Loris (?) fecit a Toloz*.

L'élément espagnol occupe également une place importante dans l'art du Languedoc. Les relations étaient journalières d'un versant à l'autre des Pyrénées ; on échangeait ses produits, ses artistes, ses modèles, et ce va-et-vient continuel ne pouvait manquer d'avoir pour conséquence un air de famille entre les ateliers limitrophes. On a déjà signalé l'analogie des stalles de Burgos avec celles de Saint-Bertrand de Comminges ; de même, dans les meubles toulousains, telle ou telle particularité, un air de tête, un profil de moulure, le choix d'un ornement, l'abus des incrustations de nacre, d'ivoire et de bois de couleur[2], accusent le voisinage espagnol.

Enfin, l'Italie pénètre en Languedoc et en Gascogne avec François de Clermont-Lodève, archevêque d'Auch (1507-1538), Louis II d'Amboise, évêque d'Albi (1497-1510), et Georges d'Armagnac, évêque de Rodez (1529). François de Clermont-Lodève avait longtemps vécu en Italie, comme évêque de Tivoli et ambassadeur de Louis XII. Louis d'Amboise passe pour avoir fait venir les italiens qui ont peint et signé les admirables fresques de Sainte-Cécile d'Albi. Quant à Georges d'Armagnac, il a l'honneur, comme Georges d'Amboise en Normandie et Jacques d'Amboise en Auvergne, d'être le patron de

---

1. Nous pouvons citer les figures de pierre placées dans des niches à l'extérieur du chœur d'Albi, d'un caractère flamand-bourguignon très accusé.

2. Le dressoir de la collection Soulages, conservé au musée de Kensington (n° 8453) est le type de cette fabrication qui doit être voisine du XVII° siècle

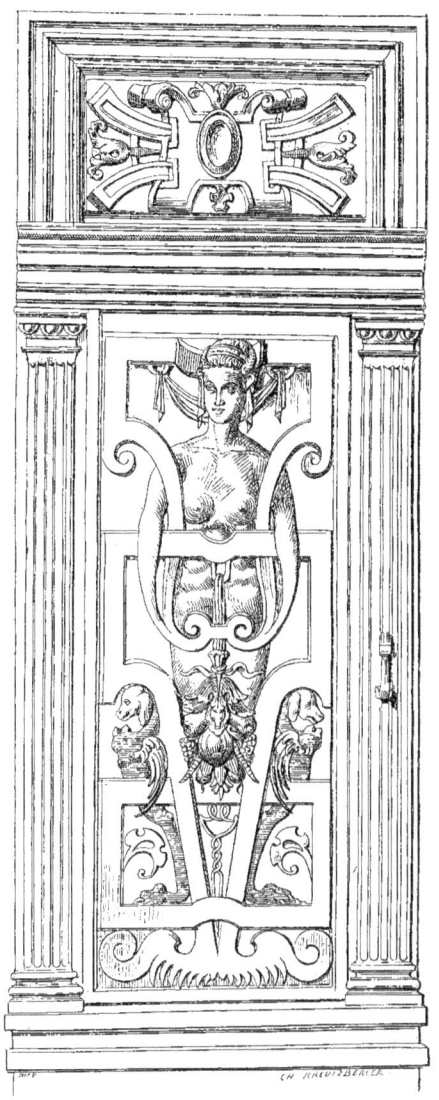

LANGUEDOC. — PORTE D'UNE MAISON DE NIMES.
(Collection de M. Foulc.)

la Renaissance en Languedoc. Ce prélat intelligent eut la bonne fortune de rencontrer Guillaume Philandrier (1503-1565), un de ces lettrés amoureux de l'art antique au point de s'y consacrer exclusivement, que les Mécènes du xvie siècle attachaient volontiers à leur personne. Il en fit son lecteur et l'emmena dans son diocèse à Rodez (1530). Philandrier, *antiquitatis et architecturæ peritissimus* [1], prit une part active aux embellissements de la ville et se mit à la tête de la révolution dans les arts qui s'effectuait alors dans le Midi comme dans le reste de la France. Il suivit le cardinal en Italie (1544), se passionna pour les monuments de l'ancienne Rome et publia des *Annotations sur Vitruve* [2], qui furent longtemps célèbres. De retour à Rodez, Philandrier ne cessa de s'occuper du développement des arts dans sa province et, jusqu'à sa mort, exerça une influence considérable sur l'école. Guillaume Lyssorgues, architecte du château de Bournazel, et Jehan Salvanh, architecte de la cathédrale de Rodez, furent, dit-on, ses élèves [3].

De cet alliage de styles et d'influences, se dégage une école puissante, énergique, abondante; burgundo-lyonnaise aux abords du Rhône, hispano-bourguignonne de Toulouse aux Pyrénées, mais surtout méridionale, remuante, expressive, en dehors, avec l'exubérance et l'accent du terroir.

Nicolas Bachelier est la grande figure de l'école toulousaine, figure bien incertaine encore, qu'il faut prudemment entourer de points d'interrogation. Était-il fils d'un italien et italien lui-même, comme quelques-uns l'ont assuré, ou toulousain comme l'affirme Hilaire Pader [4] qui appelle les frères Bachelier « mes patriotes »? Est-il allé en Italie? On prétend qu'il a passé par l'atelier de Michel-Ange et qu'il fut un de ses meilleurs élèves; mais nous savons ce que vaut cette légende qui a fait le tour de l'Europe, constituant Michel-Ange le professeur collectif de tous les grands génies de la Renaissance. Comme architecte, on attribue à Bachelier les meilleurs ouvrages de la province sans distinction, depuis

---

1. Voir son épitaphe dans Gölnitz, p. 359.
2. Dédiées à François Ier.
3. Bion de Marlavagne, *Histoire de la cathédrale de Rodez*.
4. *Songe énigmatique*.

le château de Montal jusqu'à l'hôtel d'Assezat. Comme sculpteur en bois, il aurait exécuté les stalles de Saint-Bertrand de Com-

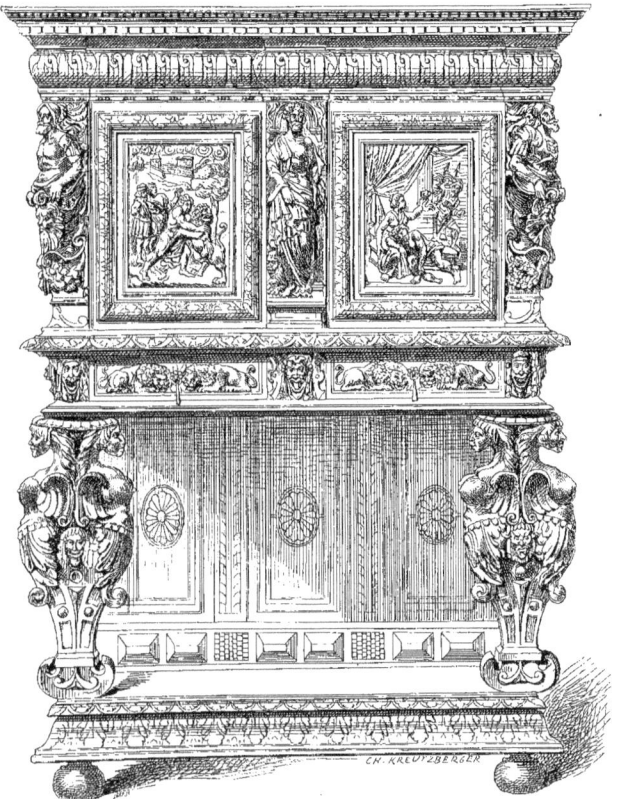

LANGUEDOC. — DRESSOIR.
(Collection de M. Serres, à Toulouse.)

minges, les grandes figures des stalles d'Auch, les boiseries de l'hôtel d'Assezat, des portes et des décorations d'églises, les plus beaux meubles de la collection Soulages, etc. Mais quelles sont ses œuvres certaines et comment reconnaître sa manière et son style? Un des érudits les plus autorisés de la province, M. Rochsach, archiviste de Toulouse et conservateur du musée, qui a fait une étude spéciale des Bachelier, nous écrit que, malgré toutes ses recherches, « rien jusqu'à nouvel ordre n'indique le lieu d'origine de Nicolas Bachelier, son éducation artistique, le caractère de son style personnel ». Quant aux ouvrages qu'on lui attribue, « il y a là un petit procès historique très difficile à juger et pour lequel les éléments essentiels font encore défaut ». Le plus sage est donc de faire ses réserves et d'attendre une enquête nouvelle avant d'accepter une tradition qui ne repose sur aucune preuve.

Nous avons donné quelques noms de *fustiers,* travaillant à Montpellier au XVIᵉ siècle; à Rodez on trouve, en 1505, Jean Gache, Dourdé, Garrigue, Johan Malhac; à Auch, Alem, Arstébé, Bidau, Baric (1508-1510), Pey Troyat, Jehan de Bordas et Montaut (1536), Bernard Pomès et Johan de Poy (1574)[1]. En 1551, Guillaume Raynal et maître Bernard Galhar dit Rodelle, tous les deux menuisiers, travaillent au château de Gages, sous les ordres de Jean Salvanh, chargé par le cardinal d'Armagnac de restaurer cette belle résidence. En 1580, Michaud Robert, menuisier, fait un retable pour le maître-autel de l'église d'Espalion[2].

Les archives des Basses-Pyrénées mentionnent, sous la date de 1584, divers paiements effectués à Jérôme de Vize, architecte du roi de Navarre, pour des meubles destinés au château de Pau. Tous ces meubles ont disparu; ceux que l'on conserve encore au château sont composés, remaniés, ou de provenance étrangère, comme le prétendu lit de Jeanne d'Albret qui paraît un ouvrage flamand du XVIᵉ siècle. Remarquons à ce propos que le pays basque et la Navarre faisaient venir de Flandre par voie de mer une partie de leurs meubles. On rencontre fréquemment, dans les inventaires du temps, la mention suivante ou des mentions analogues : « une grosse huche vieille de Flandre rompude; un coffre redon (rond) de Flandre », etc. (*Inventaires de 1521*[3].)

1. *Les Arts et les Artistes en Gascogne,* P. Lafforgue, 1868.
2. Bion de Marlavagne.
3. *Vie privée bayonnaise au commencement du XVIᵉ siècle,* par E. Ducéré, 1885.

IV

LE COFFRE

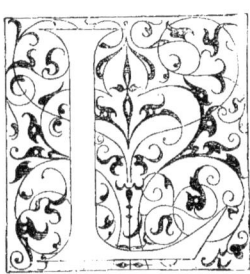
E coffre ou la huche est le meuble par excellence, le type le plus ancien, le plus universel, celui qui résume tous les autres; si bien que l'ouvrier qui fabriquait des lits, des bancs, des dressoirs, aussi bien que des coffres, s'appelait un *huchier*.

La forme du coffre est élémentaire, sa construction simple, logique et facile : une caisse oblongue fermant par un couvercle à charnières et à serrure. Il renferme et protège tout l'avoir de la famille, son argent, ses objets précieux, ses effets. En voyage, il sert à transporter les meubles. Il fait l'office de banc pour s'asseoir, de table pour manger, de bureau pour écrire, de lit même, à l'occasion, chez les pauvres gens. Monté sur quatre pieds et ouvert par devant, le coffre a donné naissance au dressoir; deux coffres superposés ont formé l'armoire. Le coffre est le cadeau de noce obligé; c'est lui qui contient les robes et les parures de la mariée. Il lui appartient en propre et, dans certaines provinces, les contrats de mariage ont soin de stipuler que, en cas de prédécès du mari, la veuve aura le droit d'emporter ses effets, ses joyaux, son lit et « son coffre clos ». Le coffre passe ainsi d'une génération à l'autre et se conserve dans les familles, ce qui, soit dit en passant, explique en partie le nombre considérable des meubles de ce genre qui nous sont parvenus.

Le coffre s'est maintenu jusqu'à nos jours, changeant de décoration suivant la mode, mais gardant, à peu de chose près, sa forme essentielle. Il s'appelait naguère la corbeille de mariage ; sa dernière incarnation est le coffre d'antichambre, qui s'ouvre par un couvercle et sert encore de banquette aux gens de la maison et aux fournisseurs.

Huche, arche, met, bahut, sont des variantes du coffre.

La *huche* est surtout le coffre du petit bourgeois, du paysan. Elle est souvent montée sur des pieds, et sert principalement à faire et à conserver le pain ; chez le grand seigneur, elle a sa place à la cuisine. Le mot et la chose se sont conservés surtout en Bretagne, en Normandie et dans la région du Nord, d'où le terme de *huche* paraît originaire.

L'*arche, arca* des latins et des italiens, est le coffre à couvercle cylindrique, usité principalement dans le Centre et le Midi : — « Une arche de sapin longue (*Inv. de la Ctesse de Monpensier*) ; — une arche de bois à une serrure ; vingt et cinq couffres que arches de bois. » (*Inv. Chambéry*, 1498.) — Le musée de Cluny possède une arche [1] qui porte l'inscription : *Mitte arcana dei*, et provient du château de Loches. A l'Exposition rétrospective de Vendôme, en 1872, se trouvait une autre arche, appartenant à M. Pinaud, dont les sculptures sont également traitées d'une façon décorative et sommaire.

La *met, mets* ou *maict*, est analogue à la huche. — « Un grand coffre servant de mect, de bois de chesne, d'environ huit pieds de long ; deux vieilles mectz. » (*Inv. de J. Gouault de Troyes*, 1605 [2].) Du Fail dit : « La huge ou mets » ; Cotgrave (1611) : « *Met, a bine to keepe bread in* » ; Nicot (1606) et Monet (1635) : « *Maict* ou huche à pétrir le pain, *arca panaria*. » D'autre part, voici un texte tiré des comptes de l'écurie du roi (1552), d'après lequel la met serait un coffre de grand luxe, qui ne servait pas assurément à faire le pain : « A François Clouet, pour son payement d'avoir painct et figuré de fin or et argent le dedans du coffre appelé *mect*, y avoir painct plusieurs croissans, lacz et chiffres faictz aux devises d'icelluy seigneur (Henri II). »

---

[1]. Dessinée dans l'*Art pour tous.*
[2]. Publié par M. Alb. Babeau.

Ce coffre avait été fait par Francesco de Carpi, pour être mis dans un chariot branlant : « la met du chariot branlant appelé la *cloche* ».

Le *bahut* ou *coffre de bahut* est le coffre de voyage, destiné à être porté par le « cheval ou l'âne porte-bahuz ». (*Junius nomenclator.*) Il est de grande dimension, formé d'ais solides maintenus par des lames de fer, et couvert de cuir : — « Bahu est

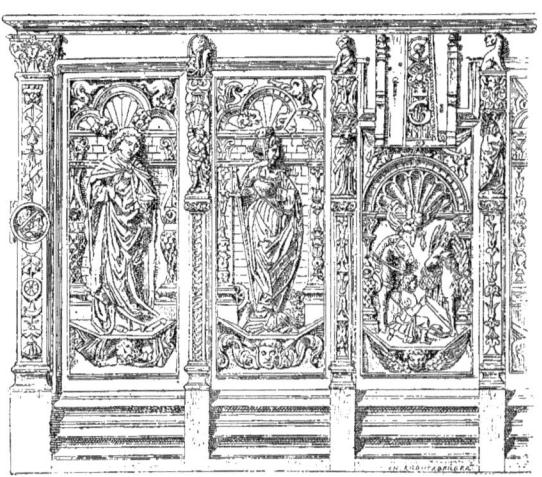

COFFRE. — NORD.
(Collection de M. Gavet.)

un coffre couvert de cuir, sous bandes de lames de fer, clouées à petits clouds (*Dict. Nicot,* 1606); — ung coffre couvert de cuyr noir, ferré de barres de fert, serré à une serreure, garny de touaille blanche (*Inv. Chambéry,* 1498); — ung coffre de bahu de quatre pieds de long ou environ, à deux serrures fermant à clef, couvert de cuyr noir marqué à une F. » (*Inv. Gouffier,* 1572.) — Les statuts des bahutiers de Bordeaux (1597) déterminent la façon dont les coffres-bahuts devaient être établis : « Premièrement, que les bahuts seront faits de bon bois, sans autre fente ni éclat, bien joints et goujonnés avec bon fil de fer et avec

16

deux charnières de fer fort, forgées; et au-dessus d'un bahut d'une aune, il y en aura trois. Et après sera couvert de bon cuir bien apreté, et après ferré de bon fer avec des gontures, partout bien cloué comme il appartient. Et sera aussi engourgué et doublé de bonne toile neufve. Le tout bien et duement fait, et ceux qui auront des pieds seront bien cuirés de bonne toile neufve mouillée en colle-forte [1]. »

Le coffre-bahut est tantôt plat, tantôt voûté, tantôt en forme de toit : « Ung coffre à fest (faîte, toit) ferré, de cuir noir, ferré de fer blanc; ung coffre de bahut plat (*Inv. Charlotte de Savoie,* 1483); — ung coffre de boys à couvercle rond (*Inv. Charlotte d'Albret,* 1514); — six coffres de bahu, dont deux platz et les quatre autres ronds (*Inv. Catherine de Médicis,* 1589); — trois coffres de bahuz, dont l'un plat et deux ronds. » (*Inv. Gabrielle d'Estrées.*) — Robert Estienne (*Dict. latin-français,* 1538) traduit, il est vrai, le mot bahu par *arca camerata,* c'est-à-dire à couvercle cylindrique; mais Henry Estienne raconte, dans son *Apologie pour Hérodote,* l'histoire d'un voleur qui se déguise en maître d'hôtel pour pénétrer chez un riche seigneur et s'empare de la vaisselle renfermée dans un *bahu,* après avoir « prié ceux qui estoyent *assiz* sur ledit bahu de se lever », ce qui indique que le couvercle était plat. Toutefois, vers la fin du siècle, la forme ronde paraît adoptée de préférence, et les Dictionnaires de Nicot et de Monet disent : « Bahu, coffre à bahu, coffre à couvercle voûté. »

Quand le maître rentre de voyage, le coffre de bahut prend place dans la garde-robe et sert d'armoire à linge et à robes. Philibert de l'Orme recommande de donner « aux portes des garde-robes deux pieds et un quart, pour autant qu'il faut qu'elles soient un peu larges pour les coffres et bahus qui en sortent et y entrent bien souvent [2] ». A la vente de Claude Gouffier, en 1572, l'huissier du roi taxe dix livres tournois à chacun des hommes qui ont « aporté des chambres haultes les coffres de bahus plaincts de leinges et aultres ardres (hardes) dans la cour

---

1. *Glossaire archéologique* de V. Gay, au mot *Bahut.*
2. *Arch.*, p. 249, A.

dudit hostel ». C'est un de ces coffres massifs et pesants qui causa la mort du comte d'Enghien, le vainqueur de Cerisoles : « En 1546, estant le Roy à la Roche Guion, les néges estoient fort grandes, se dressa une partie entre les jeunes gens estans près la personne de Monseigneur le Dauphin (qui fut Henri II). Les uns gardoyent une maison et les autres l'assailloyent à pelottes de nége. Mais durant ledit combat, le seigneur d'Anguien, François de Bourbon, sortant de fortune hors d'icelle maison, quelque maladvisé getta un coffre plain de linge par la fenêtre, lequel tomba sur la tête dudit seigneur d'Anguien et le blessa ; de sorte que, peu de jours après, il mourut au grand regret du Roy et de toute la cour [1]. »

Voici une histoire moins tragique, dans laquelle le coffre joue un rôle imprévu, et que nous donnons comme détail de mœurs. Il s'agit d'un mari qui, « regardant par la chambre de sa femme, aperçeut d'aventure aux pieds de la couchette un bahut qui estoit à sa femme, et demanda de quoy servoit ce bahut en la chambre, et à quel propos on ne le portoit point à la garde-robe, ou en quelque autre lieu, sans en faire léans parement. — Il n'y a point de péril, monseigneur, ce dit mademoiselle, âme ne vient icy que nous ; aussy je luy ay fait laissier tout à propos, pour ce qu'encore sont aucune de mes robes dedans. Mais n'en soyés jà mal content, mon amy ; ces femmes l'osteront tantost. — Malcontent, dit-il, nenny par ma foy ; je l'aime autant icy que ailleurs, puisqu'il vous plaist. Mais il me semble bien petit pour y mettre vos robes bien à l'aise, sans les froissier, attendu les grandes et longues traynes qu'on faict aujourd'huy. — Par ma foy, monseigneur, dit-elle, il est assés grand. — Il ne le me peut sembler, dit-il, vraiment, et le regardés bien. — Or ça, monseigneur, dit-elle, voulés vous faire un gaige à moy ? — Ouy, vraiment, dit-il, quel sera-t-il ? — Je gaigerai, s'il vous plaist, pour demi douzaine de bien fines chemises encontre le satin d'une cote simple, que nous vous bouterons bien dedans, tout ainsy que vous estes. — Par ma foy, dit-il, je gaige que non. — Et je gaige que si. — Or avant ce dirent les femmes ; nous verrons qui le gaignera. —

[1]. Martin du Bellay, *Mémoires*.

A l'espreuve le sçaura on, dit monseigneur. — Et lors s'avance et fist tirer du bahu les robes qui estoient dedans; et quand il fut vuide, mademoiselle et ses femmes, à quelque meschief que ce fust, firent tant que monseigneur fut dedans tout à son aise... et mademoiselle alla dire : — Or, monseigneur, vous avez perdu la gaigeure, vous le congnoissés bien, faictes-pas? — Oy, dit-il, c'est raison. — Et en disant ces paroles, le bahu fut fermé et, tout jouant, riant et esbatant, prinrent toutes ensemble et homme et bahu, et l'emportèrent en une petite garderobe, assez loing de la chambre [1]. »

Le *coffre de parement* placé dans la salle est moins lourd et plus élégant que le *coffre de bahut*. En voyage, on l'enferme dans un bahut plus grand ou dans une solide enveloppe de cuir.

Voici le *Blason du coffre* d'après Gilles Corrozet :

> Coffre tresbeau, coffre mignon,
> Coffre du dressouër compaignon,
> Coffre de boys qui point n'empire
> Madré et jaune comme cire ;
> Coffre garny d'une serreure
> Tant bonne, tant subtile et seure,
> Que celluy sera bien subtil
> Qui l'ouvrira de quelque oustil.
> Coffre sentant plus souef que basme,
> Coffre le thresor de la dame,
> Coffre plein de doulces odeurs,
> Et de gracieuses senteurs ;
> Coffre dont le chaitron [2] tres net
> Faict l'office d'un cabinet.
> Coffre luysant et bien froté...
> Coffre où sont mis les parementz,
> Les atours et les vestementz...
> Coffre ou n'a point de pourriture,
> Coffre exempt de vers et d'ordure,
> O trespoly et joly coffre,
> Qui recoys tout cela qu'on t'offre,
> Ne souffre que mecte la main
> Dans toy le larron inhumain [3].

Ce bois « qui point n'empire, jaune comme cire et sans pour-

---

1. *Cent Nouvelles nouvelles*, XXVII.
2. *Chaitron*, case avec ou sans coulisse, disposée à l'intérieur du coffre pour loger les bijoux et les menus objets de toilette.
3. *Blasons domestiques*, 1539.

riture », est le cèdre ou le cyprès, qui avaient l'avantage de parfumer les toilettes et de les garantir contre les vers : — « Ung grand coffre de chipres (cyprès) fermant à clef, garny de plusieurs lyetes tant au meilleu qu'aux coustez. (*Inv. Charlotte de Savoie,* 1483); — deux coffres plus grands que coffres de sommiers, dorez, et faictz de santeurs à la mode itallyenne. » (*Inv. Anne de Bretagne,* 1500.) On parfumait également le linge et les vêtements renfermés dans le coffre : « Les dames de Paris, qui sont maîtresses en élégance, *magistræ policiarum,* conservent les roses de Provins desséchées dans des sachets, avec certaines autres

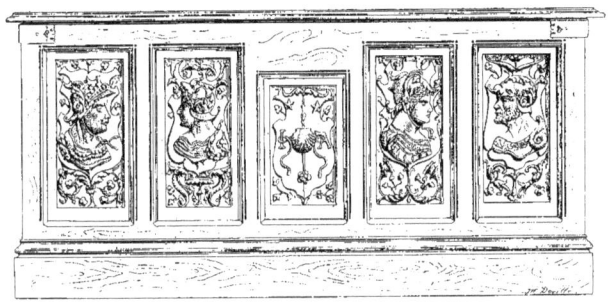

COFFRE. — AUVERGNE.
(Collection de Mme veuve Rougier.)

senteurs, et les placent dans les coffres où sont leurs linges, nappes et autres choses semblables, lesquelles, par la suite, prennent une odeur merveilleuse, douce et très suave. » (Chasseneuz, *Catal. Gloriæ mundi,* 1529.)

Les bois les plus usités pour la fabrication des coffres sont le chêne ou le noyer; dans le Midi, on emploie aussi le tilleul. — « Un grand coffre de tilleul travaillé. » (*Inv. de Jeanne de Sacaze,* 1573. *Arch. de Pau.*) Le coffre de François d'Estaing, conservé à l'archevêché de Rodez, est en bois de tilleul [1].

D'ordinaire, les coffres se font par deux ou par trois. La collection Rougier renferme deux coffres jumeaux, dont nous parlerons plus loin; dans l'inventaire de Gauthiot d'Ancier (1596),

1. Voir le dessin, p. 113.

on trouve : « Trois coffres à vase, un chascun d'eulx de service, assortys de leurs ferrements, le tout enrichy avec les armes de la maison mortuaire remplant un escusson, estant devant lesditz coffres, vernys, dehuement ferrez, fermant a clefz et a trois ferementures, et supportez par quatre griffes. »

Placés contre le pied du lit et autour de la chambre, recouverts de tapis d'Orient et garnis de coussins, les coffres formaient de véritables divans. La reine Marguerite de Valois raconte ses causeries, au coucher de la reine, « avec sa mère assize sur un coffre, auprès de sa sœur de Lorraine ». Dans Brantôme, ses « dames galantes » se tiennent pendant l'hiver, « les unes près du feu à se chauffer, les autres assises sur des coffres et lits à l'escart ». Une d'elles s'avisa même un jour de « se laisser tomber derrière le coffre, à jambes ribaudaines, et s'engagea tellement entre le coffre et la tapisserie de la muraille, qu'ainsi qu'elle s'efforçait à s'en dégager, entra quelque compagnie qui la surprit ».

Chez le paysan, le coffre ou la huche est le siège principal. Noël du Fail nous introduit dans une de ces *fileries* bretonnes où se réunissait le soir la jeunesse des environs : « Les filles, leurs quenouilles sur la hanche, filoient, assises en lieu plus élevé sur une huge (huche) ou met, à longues douettes (en longues rangées), afin de faire plus gorgiasement pirouetter leur fuseau », pendant que « Jean, Robin ou quelque autre bachelier aussi frisque, tabourdant (tambourinant) des pieds sur un coffre, disoit le petit mot à la traverse à Janne ou Margot. »

Le coffre placé contre le lit sert quelquefois de marchepied : « Alentour du lit, il y a deux coffres longs de boys, servant de marchepié, fermant à deux claveures chascun. » (*Inv. de la Menitré, chambre du Roy.*)

En province, dans certaines maisons bourgeoises, le coffre remplace parfois la couchette qui accompagne habituellement le lit principal. Dans ce cas, le coffre fait l'office de canapé, de lit de repos : — « Un grand coffre de bois de chesne, de six pieds et demi de long, servant d'esbattoir. » (*Inv. de J. Gouault, de Troyes*, 1605.)

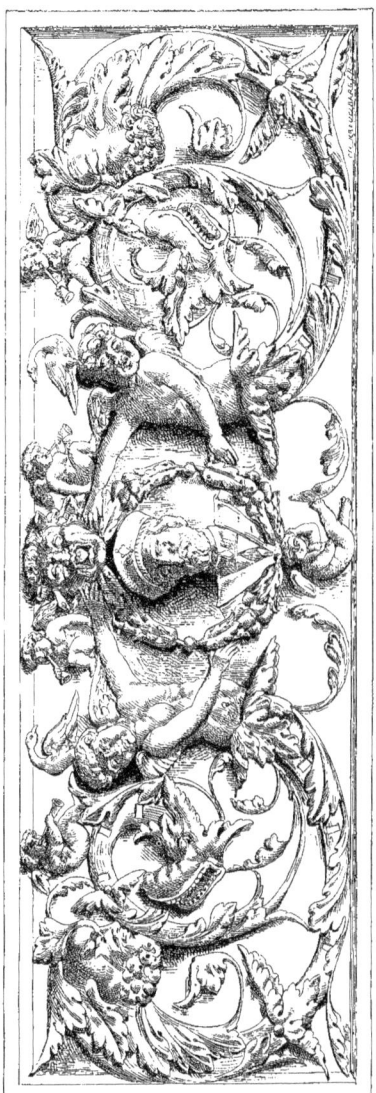

COFFRE. — AUVERGNE.
(Collection de M. Bonnaffé.)

Bien que la forme primitive du coffre soit toujours à peu près la même, la décoration a subi des transformations sans nombre. Nous indiquerons les variétés principales et les plus caractéristiques en suivant l'ordre chronologique.

Louis XII — François Ier. — Pendant le premier quart du siècle, le coffre, comme tous les meubles, est encore gothique : le coffre ordinaire a les montants et côtés unis, les panneaux à parchemins plissés ou « à draperye »; le coffre plus riche a les montants à piliers ou à fuseaux, les côtés sculptés, les panneaux

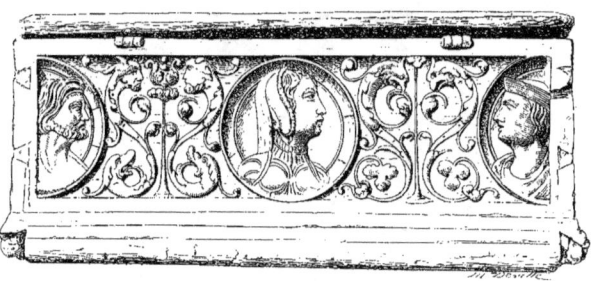

COFFRE. — AUVERGNE.
(Collection de M. Émile Peyre.)

flamboyants; il est généralement peint et doré. Une poignée de fer est fixée de chaque côté.

Nous n'avons rencontré aucun coffre provenant d'une façon certaine de Gaillon; mais on sait que presque toute la menuiserie du château, meubles et boiseries, passait par les mains de Colin Castille, maître menuisier de Rouen, qualifié de *tailleur d'entique,* ce qui signifie sculpteur à l'ancienne mode, à la mode gothique, par opposition à la mode nouvelle importée d'Italie [1]. La vieille école

---

1. D'après le Dictionnaire de M. Victor Gay, « le mot *antique* s'appliquerait, au XVIe siècle, d'une manière générale aux débris et aux imitations de l'art grec ou romain. » Cette interprétation du mot *antique* nous paraît plutôt exceptionnelle. Un inventaire de 1555, que nous citons ci-après, mentionne des « coffres taillés à fleurs de lis et antiques », M. Gay lui-même inscrit, à la date de 1626, « une chasuble de drap d'or à l'antique »; tout cela n'a rien à voir avec les Grecs ou les Romains. Dans les comptes de Gaillon (p. 485), Pierre de Lorme, maçon, fait marché de « faire et tailler à l'enticque et à la mode françoise » certaines sculptures du

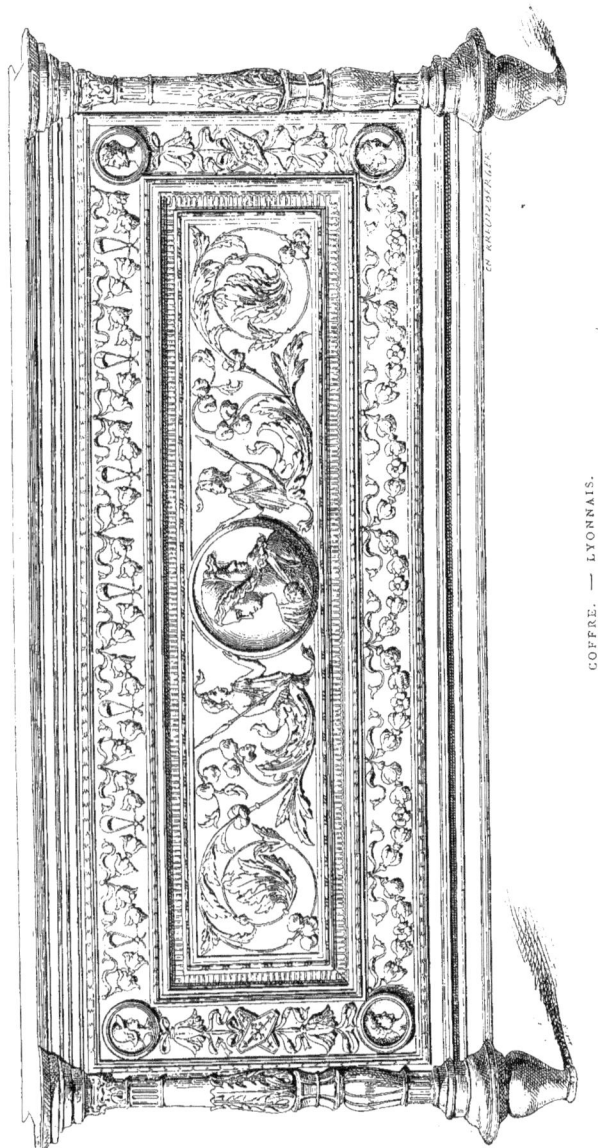

COFFRE. — LYONNAIS.
(Collection de M. Roussel.)

était donc bien vivante encore et n'entendait pas disparaître de sitôt. En 1526 même, Andry Bunot, sergent à verge, voulant se meubler à neuf, commande à Fabien Bonnemain, menuisier, demeurant à Paris, tout un mobilier, et notamment : « ung coffre de cinq pieds de long et de deux pieds et demi de large, à fond de cuve, taillé par devant à l'antique, à pilliers, flûtes et bastons rompus, tortis et escailles, et garny de bestions au dessus, et le couvercle emboisté. » (*Arch. Notaires de Paris* [1].) Il s'agit d'un coffre de chêne, à fond arrondi aux angles, sculpté sur la façade seulement et dans le style gothique, comme l'indiquent clairement les piliers en façon de flûtes, de bâtons rompus, de tortils, garnis d'écailles (imbriqués) et surmontés d'animaux imaginaires accrou-

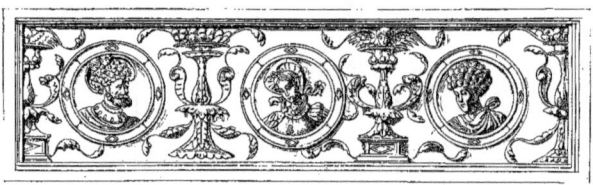

COFFRE.
(Collection de M. Piet-Latauderie.)

pis. Ainsi, en 1526, onze ans après l'avènement de François Ier, et quatre ans seulement avant la fondation de l'école de Fontainebleau, le mobilier civil conserve encore en grande partie les

château. Henry Estienne, admirateur passionné de l'antiquité grecque, écrit dans son *Apologie pour Hérodote* (ch. III, p. 21) : « Le plus souvent, quand nous parlons d'un ouvrage faict à l'antique (qui vaut autant dire qu'à la mode ou façon antique), nous le disons par mespris, comme si nous disions faict lourdement. » Il développe cette pensée dans son chapitre XXVIII, en critiquant la grossièreté des habits, des armes, des meubles et des gens du temps de François Ier, de « nos ancêtres », comme il a soin de le répéter. Il revient encore (ch. XXVII) sur « cette façon de parler *Faict à l'antique*, ou *Faict à la vieille mode* », et cite plusieurs expressions analogues : « Cela se faisait au temps jadis, du temps des hauts bonnets, etc. ».
De même encore la *Chasse au vieil grogniart de l'antiquité* (1622) n'est pas la satire de l'antiquité, comme nous l'entendons, mais du Moyen-Age et du XVIe siècle.
Ouvrage *à l'antique*, au XVIe siècle, paraît donc bien signifier un ouvrage à l'ancienne mode, à la mode gothique. Quand on veut parler de l'antiquité romaine ou grecque, on dit *à la romanesque ou à la grecque* : « Il y a de présent autres excellents bastiments faits à la romanesque, à la grecque et à la moderne, dont je laisse les noms, chose impossible à les nombrer. » (Nic. Bonfons, *Antiquités de Paris*, 1586.)

1. Communiqué par M. le baron Pichon.

formes gothiques; l'influence italienne, dont on nous raconte les succès foudroyants depuis Charles VIII, reste cantonnée à la cour, sans en sortir, sans pénétrer dans les mœurs. Car, il faut bien le remarquer, nous ne sommes pas ici au fond de la province, chez des petits bourgeois en retard, mais en plein Paris. Andry Bunot est un sergent à verge dépendant du Châtelet, chargé des prisées et des ventes mobilières, une manière de commissaire de police et de commissaire-priseur tout à la fois. C'est donc presque un personnage, qui s'y connaît en fait de meubles, et s'il commande pour lui, en 1526, un mobilier dans le goût gothique, on peut être sûr que le gothique est encore à la mode.

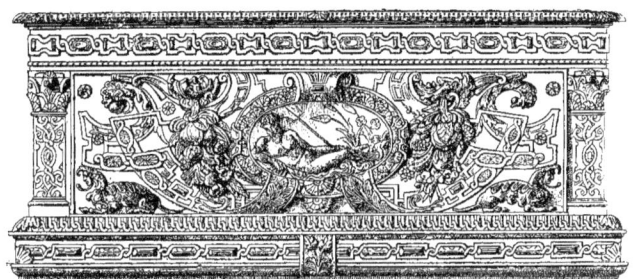

COFFRE. — ILE-DE-FRANCE.
(Musée de Cluny.)

Un genre d'ornements très répandu à cette époque est la fleur de lis, que l'artiste varie sur chaque panneau avec une aisance et un goût remarquables; c'est ce qu'on appelait des coffres « taillés à fleurs de lis et antiques [1] ». Les exemples de cette décoration se rencontrent très fréquemment.

Un échantillon un peu postérieur appartient à M. Gavet, après avoir fait partie de la collection de M. du Boullay [2]. Le coffre est en bois de chêne; il comprend cinq panneaux, divisés par des piliers richement décorés de niches et de figures : ces panneaux représentent saint Jean, sainte Catherine, saint Hubert et un

1. *Inv. de Michel Gilles*, de Paris, communiqué par M. le baron Pichon.
2. Voir le dessin de la moitié de ce coffre, p. 121.

saint en costume d'évêque. L'architecture, les profils et la décoration offrent ce mélange caractéristique du gothique et de la Renaissance, que nous avons signalé. Ce meuble, d'une excellente exécution, provient d'une abbaye voisine de Cambrai.

A signaler encore : un coffre de chêne, aux armes de Jacques d'Amboise, partagé en cinq panneaux à têtes casquées du plus beau caractère (collection Rougier)[1] ; — le coffre de François d'Estaing, à l'archevêché de Rodez[2] ; — deux coffres de chêne. (Ancienne collection Basilewski.) Le premier représente Hérode, Hérodiade et saint Jean-Baptiste ; le second, saint Yves, patron des hommes de loi, entouré de la Force, de la Justice, de la Prudence et de la Tempérance[3].

Vers la fin du règne de François Ier, la plupart des ateliers abandonnent les petits panneaux pour les remplacer par un panneau unique, formant la façade, avec des pilastres ou balustres aux angles. Tels sont :

Un devant de coffre de noyer, ayant pour motif central le portrait de François Ier, entouré d'enfants et d'oiseaux, et soutenu par deux sirènes dont le corps se termine en volutes à têtes de monstres. La serrure est dissimulée par un masque d'homme grimaçant, dont la langue se relève pour livrer passage à la clef. Ce coffre, de fabrication auvergnate, a été trouvé à Volvic ; il provient du château de Tournoël, où il était connu sous le nom de *coffre du roi*[4]. (Appartenant à M. Bonnaffé.)

Un petit coffre de noyer (appartenant à M. Chabrières-Arlès) ; deux chimères chevelues tiennent une couronne et un écusson. Ces figures, comme les enroulements à feuillages qui les terminent, sont taillées avec un art et une sûreté d'outil incomparables. Ce coffre, acheté à M. Carrand, vient du château de Charly, près de Lyon[5].

Autre coffre, également en noyer. (A M. Roussel, ancienne collection Récappé.) Deux balustres à feuillages et à chapiteau

---

1. Voir le dessin, p. 125.
2. Voir le dessin, p. 113.
3. Reproduits dans la *Collection Basilewski*.
4. *Ameublements historiques* de Grouet. Voir le dessin, p. 127.
5. Voir le dessin, p. 89.

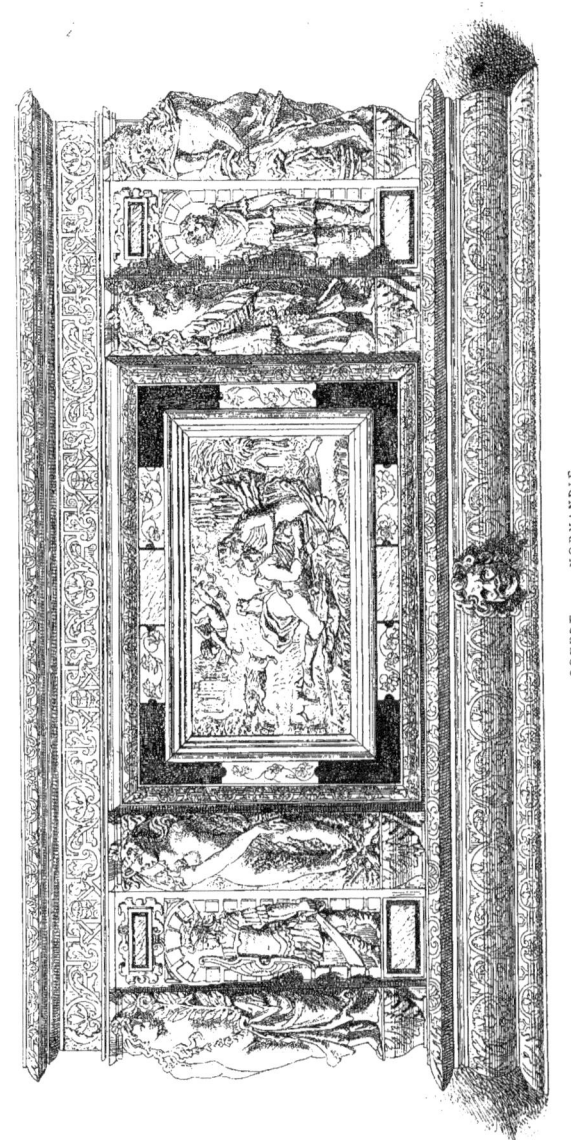

COFFRE. — NORMANDIE.
(Collection de M. Roussel.)

marquent les angles. Le panneau central, très allongé et entouré d'un cadre à moulures, renferme le médaillon d'un personnage à double visage, sorte de *Janus bifrons,* vieillard d'un côté, jeune fille de l'autre. Ce médaillon est flanqué de deux figures se terminant en rinceaux à tiges très minces et à feuillages. Autour du panneau règne une large frise, composée de quatre médaillons reliés par des guirlandes de feuillages et d'attributs guerriers; les côtés sont à médaillons. La composition de ce beau meuble est excellente, la décoration d'un goût parfait. Il provient de Mâcon, mais il présente tous les caractères de l'école lyonnaise [1].

Le musée d'Angers possède un coffre (n° 2137) de la même époque et d'une composition singulière. Au centre, la Mort debout, tenant une flèche et une pelle, s'apprête à combattre le clergé rangé à sa droite, la noblesse et le peuple placés à sa gauche, représentés par une série de personnages armés d'arcs et d'arbalètes. La serrure, d'un travail remarquable, est signée Michaud Girard.

HENRI II — HENRI IV. — L'école de Fontainebleau fait sa première apparition sur le panneau d'un petit coffre montrant Diane et Actéon. (Vente Laforge, 500 fr.; vente Rougier, 5,100 fr.; racheté par la famille [2].) La même école peut revendiquer un beau coffre de noyer (Cluny, n° 1351), dont le médaillon central représente Neptune, couché dans un cartouche formé de cuirs enroulés, d'agrafes et de fruits [3]; et le coffre du musée d'Orléans, partagé, à l'ancienne mode, en cinq arcades séparées par des pilastres cannelés, renfermant chacune des divinités montées sur un socle. Cette décoration offre une extrême analogie avec celle d'une boiserie appartenant à M. Chabrières-Arlès, et provenant de M. Maillet du Boullay.

M. Foule possède un élégant coffret de la même époque, composé d'une ceinture de marqueterie de bois surmontant une partie renflée, couverte d'un entrelacs de sculptures très finement traitées. Le tout repose sur quatre chimères accroupies.

1. Voir le dessin, p. 129.
2. Reproduit dans le *Recueil de l'Exposition lyonnaise.*
3. Voir le dessin, p. 131.

A partir de Henri III, le coffre ordinaire, destiné à renfermer les effets et servant de siège, continue à être en usage ; mais les beaux coffres de parement richement décorés deviennent moins nombreux, du moins dans la région parisienne. Nos collections possèdent fort peu de spécimens se rapportant au dernier quart du siècle. L'inventaire de Claude Gouffier, à Paris, n'indique aucun coffre de luxe; de même, chez Catherine de Médicis [1], nous n'avons rencontré que des coffres de bahut. Enfin, Du Cerceau, qui fournit des dessins à tous les ateliers de France, ne donne aucun échantillon de ce modèle. En effet, le *coffre-armoire* tend de plus en plus à être remplacé par la garde-robe attenant à la

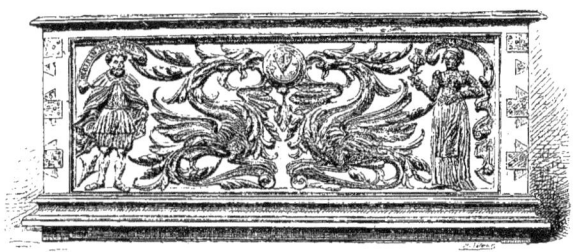

COFFRE. — LANGUEDOC.
(Musée de Toulouse.)

chambre, et le *coffre-siège* par la chaire, la chaise, le banc, la cacquetoire et toutes les variétés du siège propre à la causerie, introduites par la mode et par les mœurs.

Seule, la province fournit encore des modèles de luxe ; mais ce sont en général des coffres de mariage, très élégamment sculptés, et sur lesquels on ne s'avise pas de s'asseoir.

La Normandie et la Picardie ont produit un grand nombre de ces meubles : M. Roussel conserve un magnifique échantillon normand de chêne, à quatre cariatides représentant les quatre Saisons [2]. Le panneau central, encadré de moulures et d'une frise marquetée de bois de couleur, contient le sujet de la mort

1. *Inv. de Catherine de Médicis,* Paris, Aubry.
2. Nous en donnons le dessin p. 133.

d'Adonis. Entre les panneaux sont les figures de Mars et de Vulcain.

Mme Rougier avait envoyé à l'Exposition de Lyon une paire de coffres de mariage [1], en bois de noyer, d'une silhouette ronflante et ventrue, rentrant sur elle-même par une série de moulures, pour s'étaler sur une base solide servant de tiroir. Sur cette enveloppe semi-florentine, l'artiste, un lyonnais probablement, a semé à profusion des rinceaux délicatement gravés dans le bois et remplis de mastic blanc. Cette façon de damasquine sur bois, qui s'appelait *moresque blanche,* offre une grande analogie avec les encadrements célèbres imaginés par le Petit-Bernard pour la typographie lyonnaise. Ces coffres jumeaux appartenaient à M. Didier-Petit et figurent au catalogue de sa vente [2]. M. Rougier les avait payés 600 francs la paire.

Comme échantillon de fabrication provinciale, il faut encore citer, au musée de Toulouse, un coffre de mariage dont la façade, formée d'un seul panneau de noyer, sans montants, montre un spécimen curieux de la fabrication locale. Le sujet représente deux griffons ailés et affrontés, d'un grand caractère. A gauche, le fiancé en manteau et le bonnet à la main, surmonté d'une banderole, avec les mots : Bertran. de. Coms; à droite, la future tenant une fleur, avec une banderole pareille et les mots : Condo. de. Binos [3]. (Ancienne collection Dumège, de Toulouse.)

1. *Recueil de l'Exposition lyonnaise,* par J. B. Giraud.
2. Lyon, 1843, n° 426.
3. Voir page 135. Les Coms étaient issus de la famille provençale de Cormis. Les Binos sont des Gascons. — Ce coffre est dessiné dans les *Voyages pittoresques* de Taylor et Nodier.

V

LE DRESSOIR

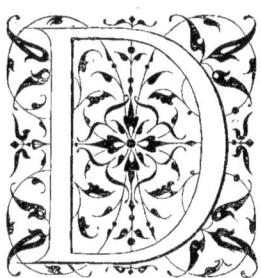ressoir ou buffet, meuble servant à exposer, à dresser les objets précieux et la vaisselle de table. Le dressoir est un coffre élevé sur un soubassement à jour, et s'ouvrant par devant au moyen de vantaux. Cette forme de dressoir-buffet, avec l'étage supérieur plein et l'étage inférieur vide, est la plus commune ; cependant un grand nombre de dressoirs, surtout à la fin du XVIe siècle, présentent la disposition inverse, plus commode pour le service, c'est-à-dire que l'étage vide se trouve à la partie supérieure. Quelquefois les deux étages sont vides.

Construit pour servir de montre, le dressoir est peu élevé. Sa tablette supérieure est à la portée de l'œil et de la main ; elle est surmontée souvent d'un couronnement en retraite, avec ou sans gradins[1]. Une étiquette de rigueur détermine le nombre de ces gradins : — « Madame de Charolais n'avait que quatre degrez sur son dressoir, et Madame la duchesse sa fille en avait cinq[2]. »

La largeur du dressoir est très variable ; les plus grands formats ne paraissent pas dépasser six pieds : « Dressouer de six pieds de long, à quatre pieds ». (*Inv. de Loys de Courcelles,*

---

1. Certains inventaires appellent dressoir aussi bien le meuble lui-même que la tablette servant d'étagère : « Un petit dressouer de boys, à quatre piez, et dessus le dict dressouer y a une petite planche de sapin qui sert de dressouer. » (*Inv. du château d'Angers*, 1471.)
2. *Les Honneurs de la Cour.*

1514.) C'est la dimension du dressoir de Morangier-Fabrèges, dont on parlera plus loin[1].

Chez les grands seigneurs, le dressoir sert principalement à étaler l'orfèvrerie de luxe, la vaisselle d'or, d'argent, de vermeil, d'émail, etc. La partie pleine renferme le service courant et de rechange ; elle est recouverte de nappes richement brodées, de tapis d'Orient, de velours ou de soie : « *Erat cymatium abaci tapete villoso tectum, ex Turcica usque allato.* » (*Dial. de Louis Vivès.*) — « Un tapis de drap vert servant sur un buffet ; un tapis de soie violette, bien ouvrée à la mode de Turquie, pour servir sur un buffet ; une couverte de buffet, ouvrée en manière de nappe de soie blanche, bandée d'une paulme de large et de fil d'or, ouvrée à jour, fraingée de fil d'or et de soie blanche. » (*Inv. de Marguerite d'Autriche.*) La partie inférieure et vide est réservée pour les grandes aiguières et le rafraîchissoir destiné à conserver les vins frais : — « *Sub abaco refrigeratorium et œnophora grandia.* » (*Dial. de Vivès.*)

Le dressoir est le décor obligé de toutes les fêtes de familles ; on l'installe, avec son étalage, dans la chambre même où l'accouchée reçoit ses premières visites. Pour les festins d'apparat, on organise quelque chose d'analogue à nos buffets de cérémonie, un dressoir-buffet provisoire, formé de planches posées sur des tréteaux et surmontées de gradins s'élevant en étages. Voici la description d'un buffet de ce genre à la cour de Henri III : « Au bout d'en bas, il y avoit une fort longue table et assez large, dessus laquelle il y avoit un grand linge etendu, traisnant jusques en terre. Dessus ceste table, on avoit mis un petit escalier (gradin) de bois, de quatre ou cinq degrez seulement, qui contenoit toute la longueur de la table, et sur lequel escalier on avoit étendu un autre linge qui couvroit chacune de ces marches... Aussitost on vint arranger dessus plusieurs sortes de vaisselles d'argent, comme plats, escuelles, assiettes, bassins, vases, esguières, et tout cela disposé en fort bel ordre, de sorte que cela avoit quelque ressemblance avec ces reposoirs qu'on faict en ce pays, le jour de la Feste-Dieu... Au pied de cette table, on voyoit une grande

---

[1]. Le dressoir de M. Sennegon (voir p. 153), mesure 1m,77.

cuvette pleine d'eau, dans laquelle il y avoit plusieurs flacons et bouteilles; un gros dodu estoit en sentinelle là auprès pour leur garde-corps [1]. »

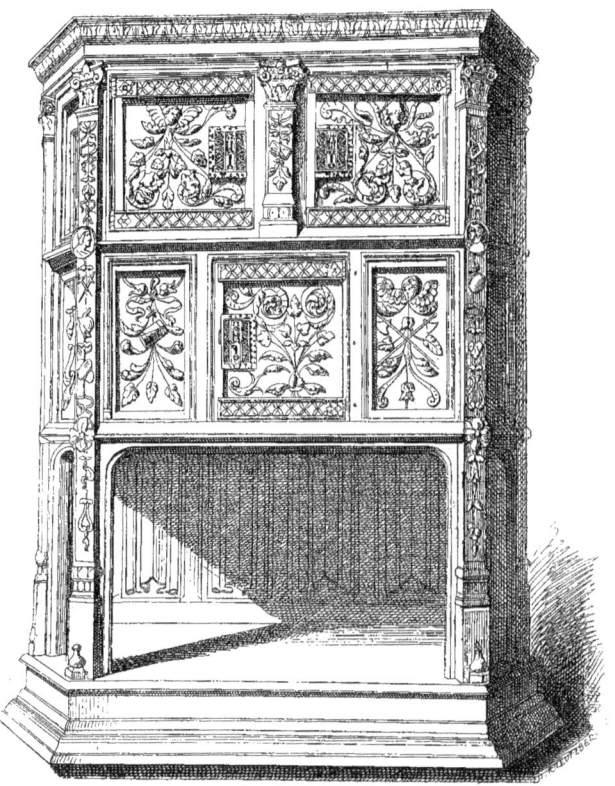

DRESSOIR DE CHÊNE. — AUVERGNE (?)
(Collection de M. Émile Peyre.)

A la cuisine, un second dressoir servait à parer et à disposer les plats avant de les présenter à la table.

Par extension, on a donné le nom de *buffet* à toute la vais-

1. *Isle des Hermaphrodites.*

selle qui le garnissait. Le *buffet* de Florimond Robertet, qui fut ministre d'État de François I*er*, comprend les pièces suivantes : « Un buffet de cérémonie d'argent vermeil doré, extrêmement bien ciselé, composé de trois grands bassins, deux ronds et l'autre à pans, dans le premier desquels ronds sont les Amours de Neptune et d'Amphitritte ; dans l'autre, des triomphes du mesme dieu Neptune, et dans celui qui est à pans sont les fleuves du Gange, le Nil, Leuphratte, le Jourdain, le Danube et le Rhin, qui rendent le tribut de leurs eaux à ce dieu, Neptune, qui est au fond du bassin dans une coquille attelée de six chevaux marins, qui, en nageant, font des vagues les plus esmües que l'on puisse voir ny peindre. D'encores troys vases à pattes de feuillages qui sortent des pommes des pieds, au-dessus desquelles, en la moitié des ventres d'icelles pièces, il y a des gaudrons ourrelez ; sur l'autre partie de leurs grosses pences, ce sont des Bacanales... D'encore trois esguières couvertes, les dessous des rotondités ayans trois histoires, sçavoir : sur la première une bergerie, sur la deuxiesme une chasse de cerf et sur la troisiesme des pèlerins. D'encore trois couppes faictes en basteaux, cotées ABC, pour enseigner l'ordre en lequel elles doivent être arrangées. D'encore trois vinaigriers à chacun deux griffes d'aigles qui estreignent une tortue dont les testes servent de goulots, et les pattes de ces vinaigriers sont des coquilles de mer renversées. D'encores trois sucriers quarrez, sur les douze costez desquels sont les douze sortes de peynes que les bonnes gens de la campagne prennent toute l'année. D'encore une grande cuvette faite en fontaine, où sont de ces gentilles crotesques nouvellement inventées qui jettent mille fleurons à petits jambages tortus, portant les uns des païsages sur de simples lignes, mesmes des éléphants, des bœufs et des lyons, des chevaux, des chiens et des singes, des paons, des hérons et des chahuans, des vases, des lampes et des grenades de feu d'artifice, des aspics, des lézards et des limaçons, des abeilles, des papillons et des hannetons, des fées, des masques, des cornes d'abondance et autres fanfares. Et d'encores une grosse buye toute unie, à grande anse de panier sur son couvercle, laquelle a deux oreilles plyées en plusieurs tours, et au milieu de son gros ventre elle a un grand biberon retroussé, propre à verser l'eau à la fantaisie de qui en a besoin. Le tout si bien travaillé que je suis en admiration des desseins et de la patience des bons ouvriers. » (*Inv. de Florimond Robertet,* rédigé par sa veuve.)

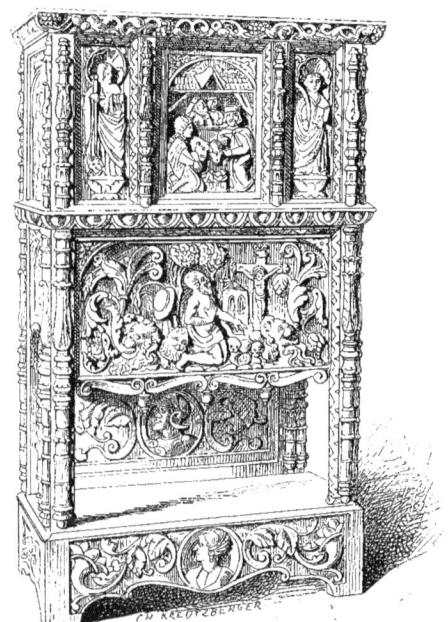

DRESSOIR. — ILE-DE-FRANCE.
(Collection de M. Gavet.)

Chez le bourgeois et dans les ménages modestes, le dressoir fait l'office de buffet et de cabinet tout à la fois; on y place tout ce que nous appellerions aujourd'hui les objets d'étagère : — « Sur le dressouer ou buffet à deux étages, la Sainte Bible de la traduction commandée par le roi Charles-le-Quint [1], il y a plus de deux cens ans, les *Quatre fils Aimon, Ogier le Danois, Melusine,*

1. Charles V.

le *Calendrier des bergers,* la *Légende dorée* ou le *Roman de la rose* (Noël du Fail, *Contes d'Eutrapel*); — les flambeaux à part bien reculez, ou sur la table ou sur le buffet (Brantôme, *Dames galantes*); — Je laisse à..... les deux grandes statues qui sont sur mon buffet. » (*Testament de Charmolue*, 1599.)

Gilles Corrozet blasonne ainsi le dressoir en 1539 :

>Dressouer bien faict, Dressouer tresgent,
>Dressouer plaisant à toute gent,
>Dressouer ou l'ouurier bien propice
>N'a failly en son artifice.
>Dressouer de cipres odorant,
>En la salle bien apparent.
>Dressouer reluysant et uny,
>De toutes beaultez bien garny,
>Soustenu de pilliers tournez,
>De feuilles et fleurs bien aornez.
>Dressouer duquel la forme basse
>En clarté le beau miroir passe,
>Pourvu qu'on le tient nectement.
>Dressouer fermé bien seurement,
>De deux guichets de bonne taille (très sculptés)
>Ayant chascun une medalle,
>Dressouer où sont les bonnes choses
>Seurement fermés et closes,
>Certes tu es le tabernacle,
>Le lieu secret et habitacle,
>Ou sont les beaulx joyaulx et bagues
>Des dames qui font grosses bragues,
>Comme chaisnes, boutons, anneaulx,
>Patenottres à gros signeaulx.
>Estuiz et coffretz curieux,
>Remplis de thresors precieux,
>Monnoiez et à monnoier.
>Dieu m'en veuille autant envoyer,
>Afin qu'en tout soulas et joye,
>Ung tel dressouer possede et j'aye.

Suivant Nicot, le dressoir serait « un buffet *sans armoires ne tiroirs ains* (mais) *à tablettes simples,* à dresser, asseoir et estaller sur icelluy la vaisselle d'argent et autre appareil..... Et il est différent du buffet en ce que le dressoir n'est *jamais à armoires ne tiroir.* » Cotgrave et Monet disent la même chose en d'autres termes. Nos textes ne sont pas d'accord avec cette définition. Le buffet n'a pas toujours des armoires, des guichets : « deux buffets de noyer, l'un à guichetz, l'autre sans guichetz ». (*Inv. de Fran-*

çois *Pithou,* à Troyes, 1597 [1].) Le dressoir, au contraire, en a presque toujours. Nous venons de citer les vers de Corrozet, « dressouer fermé bien seurement de deux guichetz »; voici d'autres textes non moins significatifs : — ung dressouer de parement à

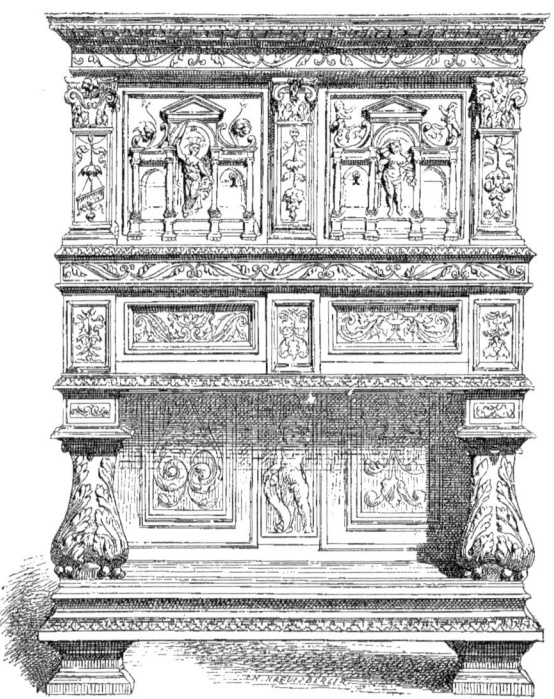

DRESSOIR.
(Ancienne collection Soltykoft.

ciel, et à armoires à deux guichetz, fermans à clef (*Inv. du château d'Angers,* 1471); — ung dréchoir noef, aiant trois aulmaires et deux tiroirs; ung dreschoir à quatre mestiers; ung grand dreschoir aiant plusieurs huisseries (*Inv. de 1507 et 1547* [2]); —

1. Publié par M. Albert Babeau.
2. *Revue universelle,* t. XVI, p. 396-397.

ung dressouer à deux guichetz, taillé à l'antique (*Marché de Fabien Bonnemain, de Paris,* 1526); — dressouer de chesne, demy-rond, à deux guichetz et deux laiettes coulissées (*Inv. Jehan Leclerc, Paris,* 1544); — ung dressouer carré, à deux guichetz, layettes et coulisses. » (*Marché de 1566.*) [1] Il faut donc admettre qu'au XVIᵉ siècle, les deux mots se prenaient l'un pour l'autre ; c'est l'opinion de Noël du Fail : « sur le dresseur *ou* buffet à deux étages », et celle de Robert Estienne : « un buffet *et* dressoir, *abacus, repositorium* ».

L'inventaire de Gauthiot d'Ancier [2] renferme un assez grand nombre de buffets, fort curieusement détaillés, la plupart *sans portes ;* nous en citerons quelques-uns : « Ung buffet de service, de bois de nouhier, avec deux grandes collonnes prenant dès le hault en bas, enrichies lesdites collonnes de lyard (lierre), chapiteaux, joincque (bottes de fleurs), avec pied d'estrat (piédestal, soubassement), et les quatre panneaulx remplant le fond dudict buffet où sont à chascun une ovalle de bronze [3] avec ses figures, et sur ledit buffet ung couronnement où sont armoyé les armes de la maison mortuaire dans une ovalle » ; — un autre buffet analogue, sauf que les colonnes sont remplacées par « deux grands termes prenant dès le hault en bas » ; — « ung buffet de nouhier propre à service, où sont quatre termes, dont les deux en hault leurs cheveux sont de fruictz, avec deux liettes (tiroirs), où sont quatre figures de bronze aux panneaulx derrière, et où est escript le miliaire *mil cinq cens octante ung ;* icelluy buffet assorty de son couronnement ».

Voici encore la description d'un buffet, fabriqué pour noble homme Jacques Malingre, avocat au Parlement de Paris. On remarquera la petitesse de ce meuble ($1^m,40$ de haut sur $1^m,02$) et la richesse de la décoration : « Un buffet de salle de 4 p. 4 p. de hault et 3 p. 2 p. de longueur et de 16 p. de profondeur, à six colonnes cannelées de Brésil ; une grande arcade devant et deux petites aussy par devant aux costez de la grande ; ensemble

---

1. Marchés communiqués par M. le baron Pichon.
2. Notice de M. Aug. Castan, 1880.
3. Figures peintes en camaïeu haché d'or.

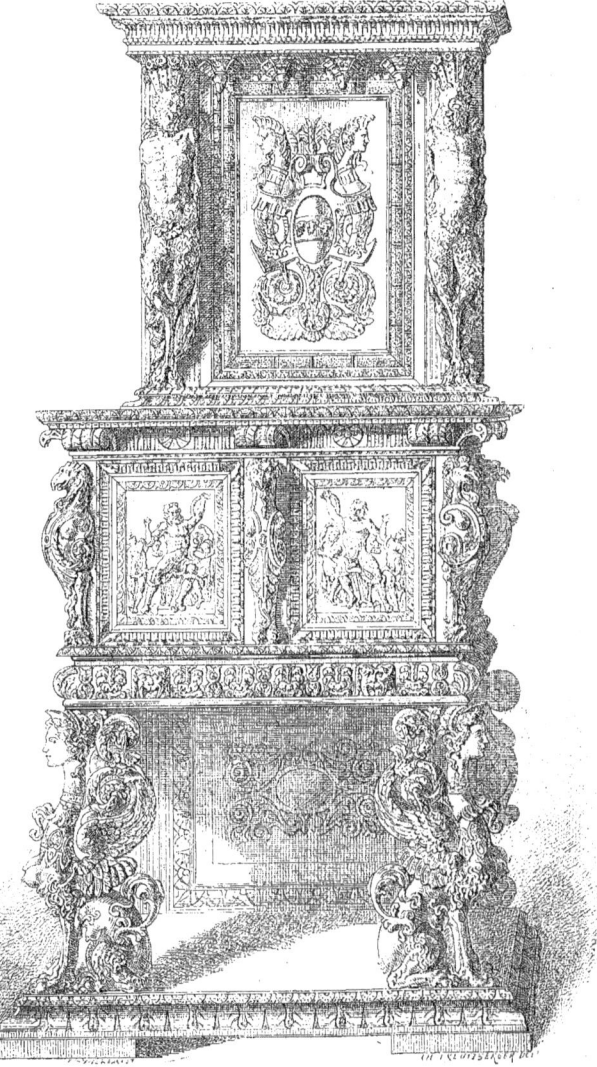

DRESSOIR D'ANNECY.
(Collection de M. Spitzer.)

une autre arcade aux costez dudit buffet. La grande arcade enrichie de marqueterie, et les deux petites garnies de bois de couleur; les deux tables au-dessus garnies de jaspe. Le panneau de haut enrichy d'une perspective, celui du bas d'une ovale de bois de couleur avec des jaspures de Brésil. Le tiroir de marqueterie et une ovale de jaspe au milieu [1]. »

Les amateurs et les marchands ont pris l'habitude de nommer *crédence* tout meuble à deux corps, dont l'étage supérieur est plein et l'étage inférieur vide et à jour; en d'autres termes, ils appellent *crédence* ce que nous appelons *dressoir*. Quelle est l'origine de cette dénomination? Autrefois les souverains, pour se garantir de l'empoisonnement, faisaient faire l'essai, la *créance* des viandes et des boissons destinées à leur table. En France, la table sur laquelle se faisait l'essai n'avait aucun nom particulier, mais les Italiens l'appelaient *credenza* et le mot est resté dans leur langue pour signifier la table d'office et l'office lui-même [2]. Par analogie, l'Église romaine et les cérémoniaux latins ont appelé *credentia* la tablette placée près de l'autel, du côté de l'épître, pour déposer les burettes, le bassin et les autres objets nécessaires au service de la messe. Or, sous le règne de Henri III, quand la mode de parler *françois-italianizé* sévissait à la cour, on imagina de donner au buffet du roi son nom italien; l'auteur de *l'Isle des Hermaphrodites*, après avoir décrit le buffet royal installé sur une table à gradins, ajoute : « On souloit nommer cela autrefois le buffet, mais comme les termes ne sont jamais semblables en ce pays-là deux années consécutives, on le nommoit alors la *crédance*. » Cette fantaisie italienne, limitée à la cour, n'eut qu'un temps; elle ne pénétra ni dans les mœurs, ni dans la langue. Henri III disparu, le mot italien francisé de *crédance* disparut avec lui, et chacun continua, comme précédemment, à appeler les dressoirs des dressoirs [3].

1. Marché de Symon Hardouyn, 1579.
2. *Credenziere*, maître d'hôtel.
3. Pierre de l'Estoile (édit. 1879, p. 240), décrivant le festin donné à Florence pour le mariage de Marie de Médicis, dit : « A l'autre bout de la salle, il y avoit une *credance ou buffect* en fleurs de lys, qui montoit jusqu'au plancher, garni tout de vases d'or et d'argent. » C'est le mot italien qu'il traduit en français. De même Racine *(Fragments historiques)* raconte que monsignor Ottobon, à Rome, promet à dona Olympia un buffet d'argent et y joint « un très

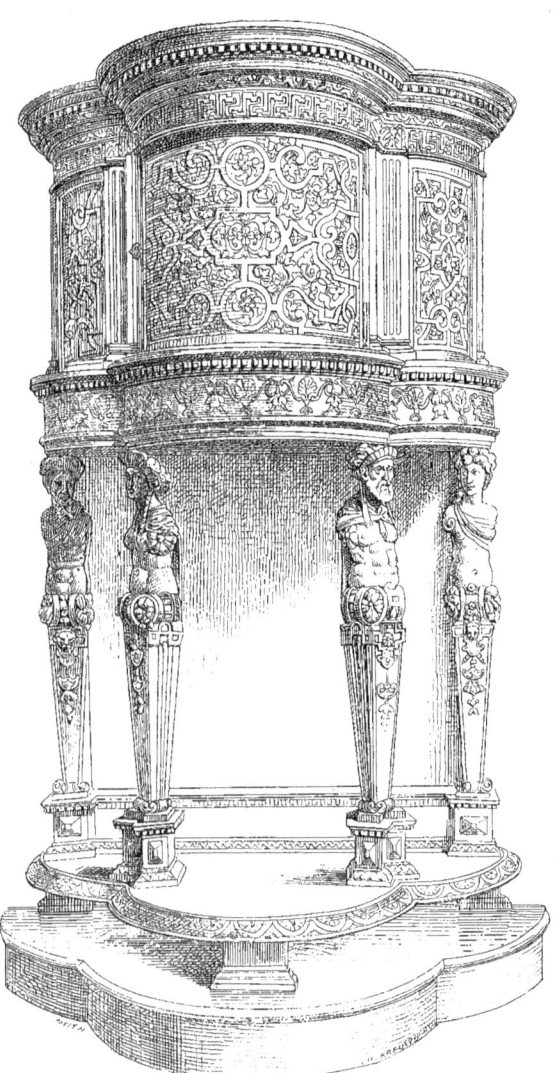

DRESSOIR. — LYONNAIS.
(Musée de Bourg.)

Mais, il y a soixante ans, quand on se mit à recueillir le mobilier du Moyen-Age et de la Renaissance, on savait peu de chose de l'ancienne terminologie. De ce que les rois se faisaient faire l'essai, la *créance,* on conclut que tous les buffets du temps devaient servir à cet usage et on les baptisa du nom de *crédences.* Le mot était bien fait, sonore, moins bourgeois que dressoir; il avait l'avantage d'évoquer des images dramatiques, des souvenirs d'empoisonnements et de crimes chers à l'école romantique, il fut accepté. Par malheur, M. de Laborde le rencontra en chemin, le prit sous son patronage sans lui demander ses passeports, et la *crédence,* dessinée par Viollet-le-Duc, popularisée par du Sommerard fils et tous les rédacteurs de catalogues, a fait sa place dans la langue.

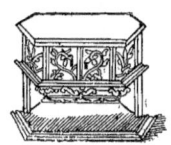

BLASON DU DRESSOUER.
(*Gilles Corrozet,* 1539.)

Nous avons déjà[1] combattu cette dénomination. Le meuble « à guichetz et à layettes (à vantaux et à tiroirs), soustenu par des pilliers », c'est-à-dire ce que le public appelle une *crédence,* s'appelait jadis un *dressoir;* dès lors, pourquoi lui donner un autre nom? Le texte de Corrozet et les extraits d'inventaires cités plus haut, citations qu'il serait facile de multiplier, ne laissent aucun doute à ce sujet. La vignette, jointe au *Blason du dressouer,* n'est pas moins concluante.

Ajoutons qu'aucun dictionnaire du temps, aucun *nomenclator,*

---

beau fil de perles en disant : Ceci ira avec la *credenze, c'est-à-dire avec le buffet.* » Félibien (*Relation des fêtes de Versailles,* juillet 1668) parle de « deux tables destinées pour le service des dames, qui étoient comme *deux crédences* pour accompagner le buffet du roi. » Il fait allusion aux deux tablettes ou crédences d'église que l'on plaçait au XVIIᵉ siècle, par symétrie, de chaque côté de l'autel. Enfin Daviler (*Dict. d'architecture,* 1693) dit au mot *crédence* : « Ce mot s'entend chez les Italiens, non seulement du lieu où l'on sert ce qui dépend de la table et du buffet, et que nous appelons office, mais du buffet même. »

1. *L'Art*, 5ᵉ année, t. IV, p. 265; *Gazette des Beaux-Arts,* t. XXV, p. 263.

aucun recueil de meubles gravés, aucun inventaire, aucun acte notarié, aucun marché, ni au Moyen-Age, ni au xvie siècle, ne donnent le mot *crédence*. Ce mot a d'ailleurs l'inconvénient de présenter une image erronée, de fausser la vérité historique : tous les meubles de ce genre, ou à peu près, qui sont parvenus

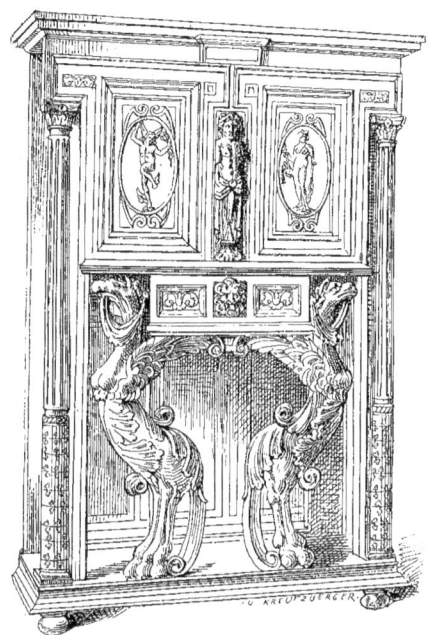

DRESSOIR.
(Collection de M. Gavet.)

jusqu'à nous, ont appartenu à des seigneurs ou à de riches bourgeois chez lesquels l'*essai*, réservé aux souverains, ne se pratiquait jamais. En somme, la crédence est un terme impropre, fautif, inutile, et nous le rayons de notre dictionnaire.

La famille des dressoirs comprend des variétés nombreuses; nous allons indiquer, comme nous avons fait pour le coffre, celles qui sont le mieux caractérisées.

Louis XII — François Ier. — Dressoir polychrome de chêne, de forme gothique, surmonté d'un grand dossier à dais, à trois compartiments représentant *Sainte Marguerite, Sainte Barbe* et *Sainte Catherine.* Sur le buffet central, *Sainte Anne* avec *l'Annonciation,* d'un côté; *l'Adoration des bergers,* de l'autre[1]. (Collections Récappé et Basilewski; aujourd'hui à l'Empereur de Russie.)

Dressoir de noyer; le corps principal ou buffet partagé en trois panneaux; le corps intermédiaire de même hauteur que le précédent et formant un large tiroir, le soubassement vide; sur les montants, de longs fuseaux dans toute la hauteur; panneaux très chargés de figures et d'histoires tirées du Nouveau Testament. Ces meubles, d'un aspect très personnel, proviennent, dit-on, de la sacristie du château de Chinon[2]. (Collections Soltykoff, Mordret d'Angers, Gavet, Jameron de Tours, etc.)

Dressoir de chêne à médaillons, travail normand dans le style des sculptures de Gaillon[3]. (Collection Spitzer.)

Dressoir de noyer, formé d'un buffet central à deux vantaux et à tiroirs, surmonté d'un dossier. Panneaux à figures d'apôtres et sujets de la vie de Jésus-Christ, séparés par des pilastres à arabesques; serrures et pentures très ouvragées. La frise du couronnement, d'un excellent style, est formée de bucranes alternant avec des écus soutenus par des enfants et reliés ensemble par des guirlandes. L'assemblage général est maintenu par des tiges ou fiches mobiles, qui permettent de démonter facilement le meuble pour le transporter en voyage. Ce précieux morceau, d'une grande beauté malgré de nombreuses restaurations, vient de l'abbaye de Bâgé, près de Mâcon. Il servait de cage à lapins chez un maraîcher des environs et la partie inférieure avait disparu, lorsqu'un pharmacien de Mâcon en fit l'acquisition, et le revendit pour 300 francs à M. Carrand père, qui entreprit de le restaurer. M. Carrand fils l'a vendu 100,000 francs à M. Basilewski[4]. (Appartient à l'Empereur de Russie.)

---

1. *L'Art pour tous* et la *Gazette des Beaux-Arts,* deuxième pér., t. XXXI, p. 49, ont donné deux dessins avant et après les restaurations.
2. Voir p. 70 et 141.
3. Gravé dans *l'Art pour tous.*
4. *Catalogue de la collection Basilewski.* — Voir le dessin de deux frises, p. 88.

Dressoir de chêne à deux vantaux représentant Judith et Cléopâtre dans une décoration d'architecture, soutenu par deux

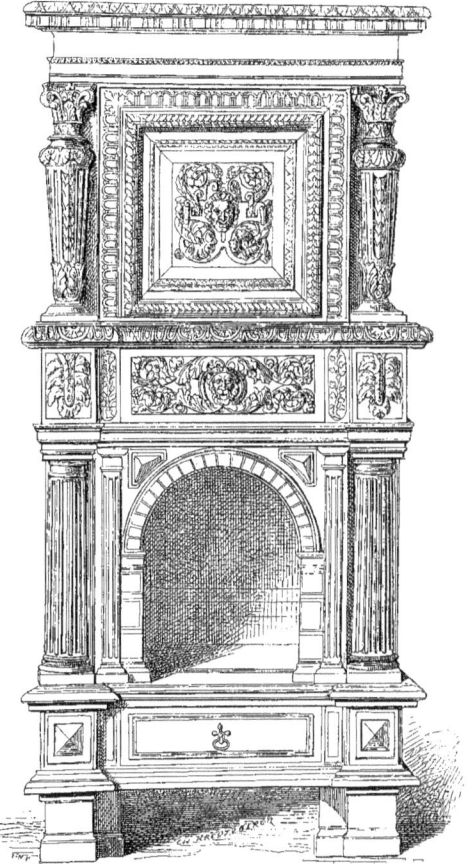

DRESSOIR. — BOURGOGNE.
(Collection de M. Spitzer. — Ancienne collection Soltykoff.)

consoles à griffes; incrustations de pâtes sur les tiroirs et les petits panneaux. Cet échantillon remarquable faisait partie de la collection Soltykoff; il fut acheté 3,000 francs par M. Roussel, expert[1].

Henri II — Henri III. — Dressoir de noyer aux armes de la

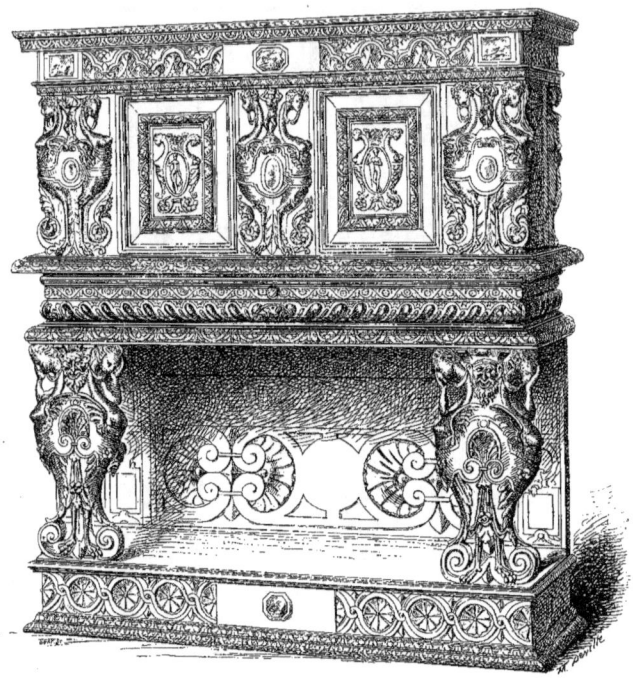

DRESSOIR. — ILE-DE-FRANCE (?)
(Musée de Cluny.)

famille Guyrod, d'Annecy (collection Spitzer); magnifique échantillon d'un travail extraordinaire, dont nous avons déjà donné la description[2].

Dressoir de noyer couvert d'arabesques vermiculées d'une

1. Voir p. 143.
2. Gazette des Beaux-Arts, t. XXV, p. 263. Voir p. 145.

grande délicatesse. (Collection Chabrières-Arlès.) — Autre dressoir ou buffet de noyer vermiculé comme le précédent; modèle unique, de forme trilobée, porté sur quatre termes à gaine[1]. (Au musée de Bourg, légué par M. Lorrain.) Ces deux meubles remarquables sont de l'école lyonnaise.

Buffet à deux vantaux représentant Diane et Mercure, cantonné

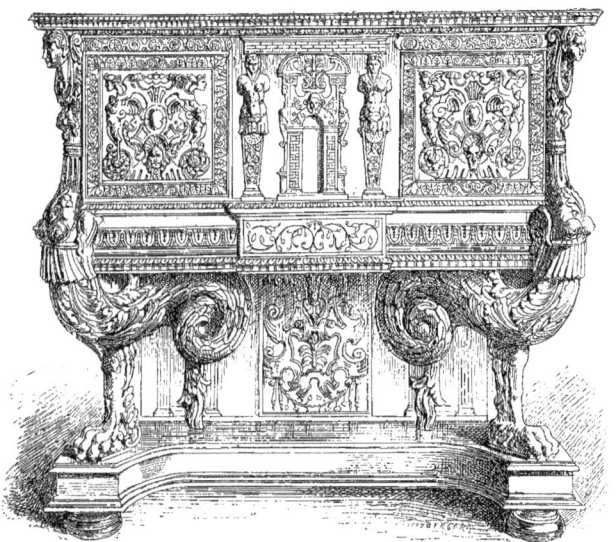

DRESSOIR. — LYONNAIS.
(Collection de M. Sennegon.)

de deux colonnettes engagées et cannelées; quelques parties sont marquetées. Le tiroir repose sur deux chimères à becs d'oiseaux, d'une tournure originale, qui rappelle la manière de Du Cerceau[2]. (Collection Gavet.)

Dressoir de noyer, grand modèle; couronnement très élevé, à gradins; panneaux à figures, partagées par des termes en gaines. Ce meuble, d'une architecture lourde et d'une exécution médiocre,

1. Voir p. 147.
2. Voir p. 149.

est un curieux spécimen de la sculpture auvergnate; il vient de la famille de Morangier-Fabrèges [1]. (Collection Aynard, de Lyon.)

Petit buffet bourguignon en bois de noyer, à balustres et colonnes engagées, provenant de l'ancienne collection Soltykoff et acheté à sa vente par l'expert Roussel [2]. (Collection Spitzer.)

Dressoir de noyer, avec incrustations de marbres de couleur, à deux vantaux, orné d'une double chimère accouplée qui se répète aux angles, au centre et sur les deux consoles; fabrique parisienne [3]. (Musée de Cluny, n° 1413.)

Grand dressoir de 1^m,77 de long. Corps supérieur à deux vantaux, ornés d'un cartouche à mascarons et à chimères; au centre, une niche et deux termes en gaine. Ce buffet est flanqué de deux chimères, au col extrêmement allongé, dont le corps rentre sous le buffet pour former une console, s'arrondit en volute et se termine par un pied à griffe portant sur le socle. Meuble d'une forme exceptionnelle et d'une belle exécution [4]. (Appartient à M. Sennegon, de Marseille.) M. Chabrières-Arlès possède un dressoir du même genre, mais d'un petit modèle, trouvé à la Guillotière; les vantaux représentent une perspective d'architecture.

Il faut encore citer le dressoir bourguignon du Louvre, provenant de l'ancienne collection Sauvageot; — un meuble analogue comme architecture, mais de fabrication méridionale (à M. Serres, de Toulouse) [5]; — enfin, deux dressoirs, dont les deux étages sont à jour; l'un, en chêne et à balustres, appartient à M. Salting, de Londres (ancienne collection Récappé); l'autre, en noyer et à termes de femmes accouplées, appartient à M. Bonnaffé.

HENRI IV. — Dressoir monumental, modèle dit de Du Cerceau; quatre colonnes accouplées et cannelées enveloppent le buffet proprement dit, qui repose à l'intérieur sur une table à balustres. Le panneau central du buffet représente Mercure. Le meuble est terminé par un dossier ou couronnement, composé d'un panneau,

---

1. Reproduit dans le *Recueil de l'Exposition lyonnaise*.
2. Voir p. 151.
3. Voir p. 152.
4. Voir le dessin, p. 153. Ce meuble a été payé 45,000 francs par M. Sennegon.
5. Voir le dessin, p. 117.

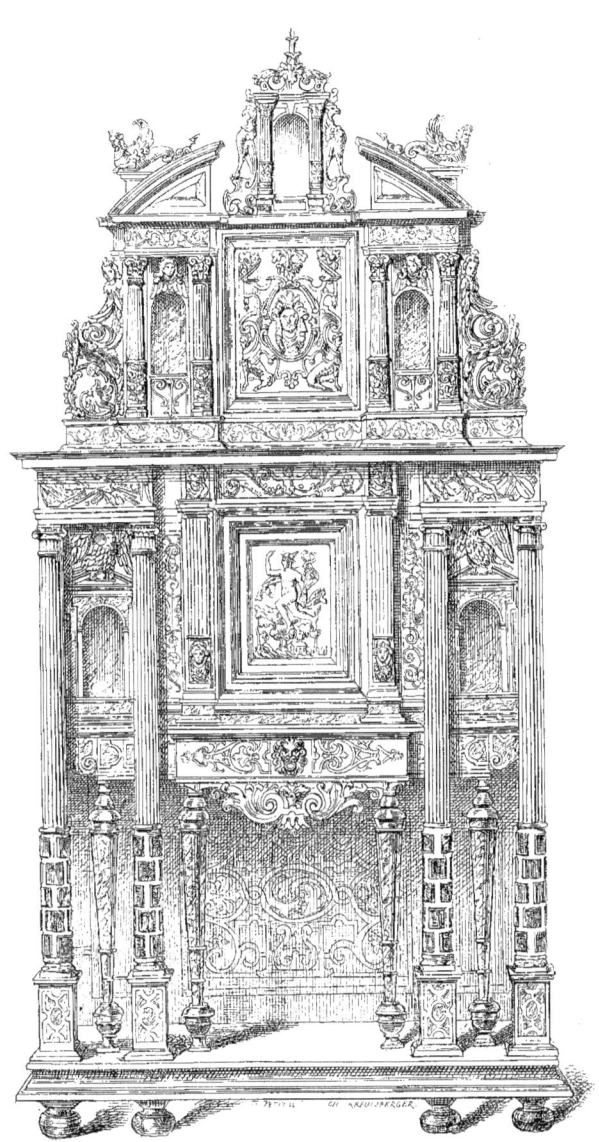

DRESSOIR. — LANGUEDOC (?)
(Ancienne collection Barry, de Toulouse.)

de niches, de colonnes cannelées, de consoles et d'un fronton. Quelques parties sont peintes en imitation de marbres de couleur, d'autres sont dorées. Bien que ce dressoir porte tous les signes de la décadence, l'architecture en est fort bien étudiée et l'ensemble a encore une grande tournure[1]. (Anciennes collections Barry, de Toulouse, et Récappé.)

L'hôtel de ville de Montbéliard conserve un dressoir de grand format, en bois de noyer, dont le buffet central s'ouvre à trois vantaux. Le tout est surmonté d'un immense couronnement ou dossier à deux panneaux, séparés par trois cariatides. Le cartouche du couronnement porte l'inscription suivante en lettres capitales romaines dorées : *Jeremie Carlin, agé de quatorze ans, d'un burin apprentif a gravé cest ouvrage. Dieu qui a mis en luy ladresse et le courage, le surhasse en cest art sur tous ceux de ce temps, 1600*[2]. Les cinq panneaux représentent des figures guerrières assises, chacune portant une inscription : celles du couronnement, *Europa* et *Bellum;* celles du buffet, *Cyrus, Africa* et *Alexander magnus*. Ces divers sujets sont la reproduction exacte des bas-reliefs en étain de François Briot. Briot était de Montbéliard et travaillait dans cette ville, comme graveur en médailles, précisément entre 1596 et 1615[3]. Il est donc permis de croire que c'est lui qui a fourni à Jérémie Carlin le dessin des cinq panneaux du dressoir. Peut-être même pourrait-on lui attribuer le dessin de la frise des tiroirs et des petits panneaux à grotesques placés aux deux extrémités du buffet. Ces grotesques se retrouvent exactement dans le bassin du Louvre. (N° 280.) Nous signalons ce détail aux chercheurs qui s'occupent des œuvres et de la personnalité encore bien obscure de François Briot.

1. Voir p. 155.
2. Renseignement fourni par M. le comte de Soultrait, qui a bien voulu photographier pour nous ce dressoir.
3. Notice de M. Aug. Castan, 1879.

VI

L'ARMOIRE, LE CABINET

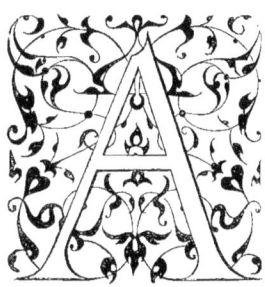PROPREMENT parler, l'armoire est un espace vide, ménagé dans le mur et recouvert par la boiserie du lambris dont les panneaux s'ouvrent et forment guichet. « *Armoire, armaire, aumoire,* réservoir pratiqué en la muraille à servir et garder toute chose. » (Monet, 1635.) On disait aussi *relai* : « Relai as armaire, *a hole or box contrived in or against a wall.* » (Cotgrave.) Au xviie siècle, Richelieu recommande de faire à son château « un lambris de six pieds avec un relay beau et bien fait pour mettre des raretés[1] ». Ces placards, comme nous dirions aujourd'hui, servent de garde-robe, de bibliothèque, de vitrine ou de garde-manger.

Les « armoires du cabinet de Monseigneur », à Gaillon, que Michellet Gouesnon avait décorées de marqueterie[2], sont-elles une suite de placards ou de meubles isolés? Nous ne saurions le dire; mais « les aulmaires du cabinet » de François Ier à Fontainebleau sont certainement prises dans la menuiserie du lambris[3]. L'armoire-meuble est assez rare pendant la première moitié du xvie siècle; Corrozet qui *blasonne* le lit, la chaire, le banc, le dressoir, le coffre, la scabelle, etc., c'est-à-dire « toute la décoration d'une maison honneste et le mesnage estant en icelle », ne

---

1. *Les Collections des Richelieu*, Paris, E. Plon.
2. *Comptes de Gaillon.*
3. *Bâtiments royaux*, t. I, p. 202.

parle pas de l'armoire. Les meubles de cette famille et de cette époque qui nous sont parvenus sont généralement composés d'une série uniforme de petits panneaux séparés par des montants, des fuseaux ou des pilastres; ils ressemblent à une partie détachée d'un lambris dont on aurait fait un meuble. La plupart proviennent de sacristies et servaient à conserver les pièces d'orfèvrerie, les vases sacrés, les reliquaires et les vêtements sacerdotaux. Dans la vie civile, ces armoires sont assez simples : elles contiennent le linge, les habits et se placent dans la garde-robe ou dans le galetas. Le modèle à petits panneaux ouvrants s'est maintenu pendant tout le XVIe siècle : « une grande armoyre à dix guichetz; une grande armoyre à trois faces, commençant depuis la cheminée jusqu'à la porte du galetas, à XLIIII guichets ». (*Inv. de Catherine de Médicis,* 1589.) — « Une paire d'armoires, à quatre grands guichetz, de bois de chesne, servant à mettre habitz, garnies de leurs serrcures fermans à clef. » (*Inv. de Gabrielle d'Estrées.*)

Le meuble de luxe destiné à renfermer les bijoux et les objets délicats de la toilette s'appelle également une *armoire*, mais plus souvent un *cabinet*.

Le cabinet, dont l'origine ne paraît pas remonter au delà du XVIe siècle, est un de ces termes élastiques comme on en rencontre à chaque pas dans notre vieille langue. Il signifie tantôt le *meuble*, tantôt la *chambre* où se conservent les choses de prix, tableaux, livres, raretés, etc. La citation suivante, tirée de l'inventaire de Louise de Lorraine, veuve de Henri III, fait comprendre ces deux significations : « Ce faict, sommes sortis dudict cabinet appelé la librayrie, et d'icelluy avons faict extraire ung cabinet, façon d'Allemagne, et porter au cabinet de la dicte deffuncte royne, appelé le cabinet verd, estant contre le dict cabinet de la librayrie. » Enfin *cabinet* veut encore dire l'ensemble de plusieurs pièces contenant des objets précieux : « En la première chambre dudict cabinet ». (*Inv. de Marguerite d'Autriche,* 1523.)

La forme du cabinet n'est pas mieux déterminée. En principe, c'est un coffre muni de deux poignées, qui s'ouvre par devant et contient de nombreux tiroirs. La fermeture se fait tantôt au moyen de deux vantaux, tantôt par un abattant servant de tablette pour écrire. Dans ce dernier cas, un des tiroirs est disposé pour

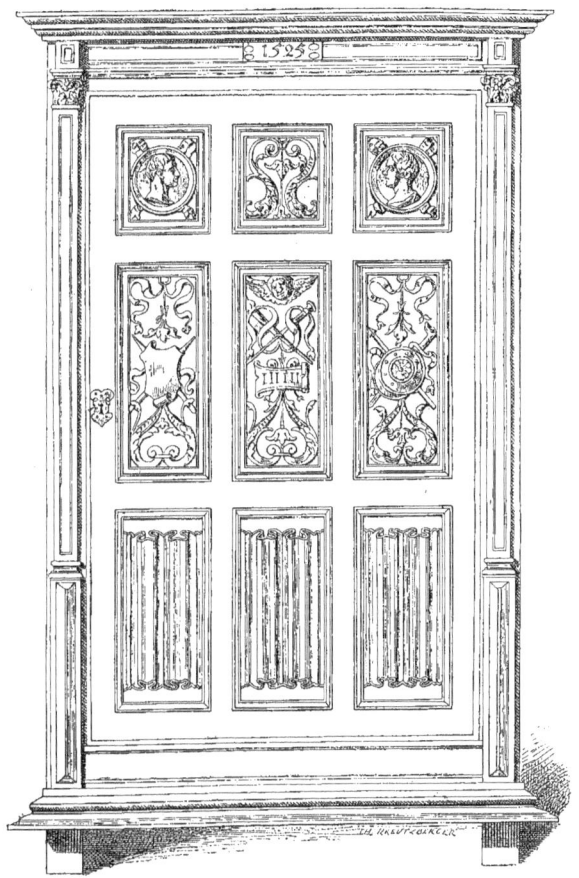

ARMOIRE. — NORMANDIE.
(Collection de M. Bligny.)

recevoir les plumes et l'encre. Le cabinet-secrétaire s'appelle généralement *cabinet d'Allemagne* ou *façon d'Allemagne* : « Cabinet *d'Allemagne, a kind of standish, or a small cabinet serving for, or having in it, a standish* (écritoire). » (Cotgrave.) Le cabinet portatif se place à volonté sur une table, sur un coffre, ou sur des tréteaux.

Plus tard, quand le mobilier commence à devenir plus stable, on fixe le cabinet à demeure sur un support à jour[1]. Ce meuble offre ainsi de l'analogie avec le dressoir ou buffet, puisque le corps supérieur est plein et le corps inférieur vide; mais le cabinet est plus délicat de forme et d'exécution, plus allongé, plus élevé; il ne comporte en général ni dossier, ni gradin supérieurs, et se termine d'ordinaire par un fronton. En somme, le cabinet est fait pour renfermer les objets précieux et le dressoir pour les étaler. Toutefois, à la fin du XVIe siècle, on fabrique des meubles mixtes qui tiennent à la fois du cabinet et du buffet; ainsi un vieil inventaire[2] mentionne « un buffet ou cabinet », un « cabinet en forme de buffet », et un « buffet en forme de cabinet ».

> Cabinet remply de richesses
> Soit pour roynes, soit pour duchesses :
> Cabinet sur tous bien choisi,
> Paré de veloux cramoisi,
> De drap d'or et de taffetas,
> Où sont les joyaulx à grandz tas
> Et les bagues très gracieuses
> Pleines de pierres précieuses...
> Cabinet de tableaux remply
> Et de maintes belles ymages
> De grands et petis personnages ;
> Cabinet paré de médailles
> Et curieuses antiquailles
> De marbre, de Iaphe et Porphire...
> Cabinet où est le buffect[3]
> D'or et d'argent du tout parfaict ;
> Cabinet garny de ceintures,
> De doreures, et de bordures,
> De fers d'or, d'estocz, de tableaulx,
> De chaisnes, de boutons tres beaulx,
> De mancheons et de braceletz,
> De gorgerins et de colletz,
> De perles d'Orient semez :
> De gantz lavez et parfumez,

1. Un de ces supports de cabinets est dessiné page 64.
2. *Inv. de Gauthiot d'Ancier*, 1596.
3. C'est-à-dire l'ensemble de la vaisselle de parade étalée sur le buffet.

De muscq plus cher qu'or de ducat.
D'ambre fin et savon muscat,
De pouldre de Cipre et pommade
Pour restaurer la couleur fade ;
D'eaux de Damas, d'œilletz, de roses
En fiolles de verres encloses...
Et parmy tant divers joyaulx,
Sont les riches et gros signeaux,
Les patenostres cristallines [1]
Celles de Strin [2] et Coralines,
De perles et de fin rubis,
Qui sont mises sur les habitz ;
Puis les houppes d'or et de soye,
Pour mieulx se montrer par la voye,
Puis les mignons et fins cousteaulx,
Les forcettes [3], et les ciseaulx,
Le miroir, la gente escriptoire,
Le chappeau, l'eschiquier d'yvoire,
Les heures pour servir à Dieu.
Brief, en ce beau et petit lieu,
Sont tant d'aultres choses ensemble
Qu'impossible le dire il semble.

(CORROZET, *Blason du cabinet*, 1539.)

Indépendamment du cabinet mobile et du cabinet fixé sur un support, une troisième combinaison consiste à superposer deux cabinets l'un sur l'autre ; on obtient ainsi l'armoire à deux corps et à quatre vantaux. Ce dernier modèle, type de la véritable armoire indépendante, de l'armoire-meuble, ne paraît guère avant le milieu du siècle ; il doit son origine à la réforme générale du mobilier opérée par les maîtres de Fontainebleau.

La mode s'empressa d'adopter ces nouveaux meubles, élégants et pratiques, qui permettaient de disposer en bel étalage les affiquets précieux de la toilette féminine. On les appelait, comme précédemment, des *armoires* ou des *cabinets* : « ung cabinet de boys de noyer à marqueterie, de six pieds de hault, à quatre guichets fermant à clef, enrichis de moresque blanche, doublé par dedans, par hault, de vellours cramoisy brun et d'un ruban de soye argenté. » (*Vente Gouffier*, 1572.) On doublait également les intérieurs avec du drap d'or, ou plus simplement avec du « taffetas

---

1. Chapelets de cristal de roche.
2. *Strin : a bastard dyamond.* (Cotgrave.)
3. Petits ciseaux.

verd ». Le ruban de soie argentée, ingénieusement entrelacé, formait, au revers des portes et sur le fond, un treillage géométrique, présentant à chaque intersection une agrafe de cuivre doré pour suspendre les bijoux, les montres, les patenôtres, les miroirs de poche, etc.[1] Ainsi disposée, l'armoire servait souvent de cadeau de noces; sur la garniture on dessinait, au moyen de clous dorés, le chiffre des mariés, un emblème, une date, qui permettent aujourd'hui d'établir l'acte de naissance de tous les meubles similaires.

L'armoire-cabinet est un meuble de luxe, en bois de chêne et délicatement ouvragé. Nous venons de citer le cabinet de Claude Gouffier; Catherine de Médicis conserve sa bibliothèque personnelle dans une belle « armoire à quatre guichetz » et les portraits de famille dans « ung cabinet de boys peint et doré, de huit pieds de hault sur trois pieds de large, à quatre vantaux ». Dans l'inventaire de Gauthiot d'Ancier, on compte une douzaine de cabinets magnifiques, chargés de bas-reliefs, de termes, de satyres, de figures de bronze[2] « vernys et haulsés (rehaussés) d'or moulu ». Les uns portent des « aigles argentées », les autres des « médales dorées » ou des « masques de cuivre »; quelques-uns sont de « marqueterie avec la parade (l'intérieur) de perspective ». Un de ces « cabinets en forme de buffet », d'une richesse particulière et rempli de peintures, est même surmonté à « l'entour d'une perche de fert pour supporter ung rideau pour couvrir le dict cabinet ».

En 1579, Symon Hardouin, maître menuisier de Paris, fait marché pour « ung cabinet de 2 p. 8 p. de long et 15 p. de profondeur pour le bas et au dessoubz 8 p., à quatre guichetz deux en bas deux en haut, tout pleins de marquetterie, ceux du hault toutesfois plus riches, le tiroir du millieu et les deux costez des guichetz d'enbas ornez de marqueterie et une pièce de jaspe à chascun; deux colonnes cannelées de Brésil en hault. Le frontispice des guichetz du hault aussi orné de marqueterie et de trois pièces de jaspe dont celle du millieu sera différente en

---

1. « C'est un affiquet à pendre en un cabinet. » (Montaigne, t. I, p. 36.)
2. Camaïeux hachés d'or.

forme de table d'attente. Le couronnement sera enrichy de taille et moulure bronzée accompaigné d'une niche garnie d'une figure en bosse-ronde bronzée et de marquetterie autour[1] ».

Un modèle très recherché par nos amateurs, et qui paraît surtout provenir de Bourgogne, est l'armoire de très petit format que l'on suspendait contre le mur au moyen d'agrafes. Du Cerceau

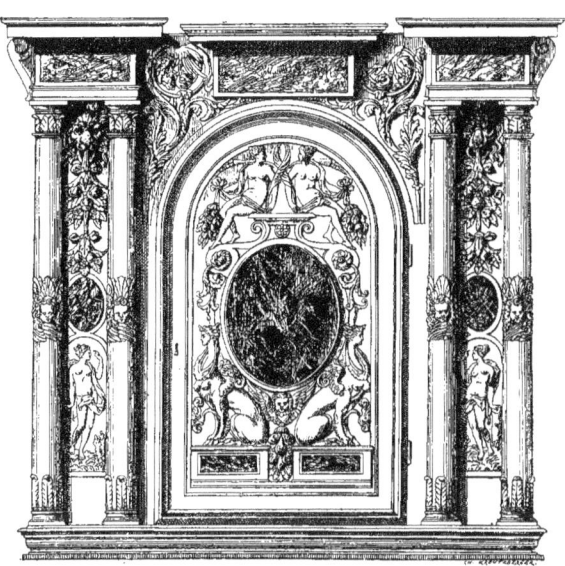

CABINET. — ILE-DE-FRANCE.
(Collection de M. Roussel.)

a gravé deux spécimens de ces gracieux petits meubles dont l'usage n'est pas encore bien expliqué; servaient-ils de buffets pour renfermer les vins précieux, comme nos caves à liqueurs, ou de casiers pour serrer les papiers? Aucun texte n'en parle, à notre connaissance. Ces armoires à suspendre sont fort rares, on les a contrefaites avec beaucoup d'habileté et nous en connaissons peu dont l'authenticité soit incontestable.

L'armoire est le meuble par excellence. Par sa grande surface,

1. Communiqué par M. le baron Pichon.

son double étage, le développement de la façade et des retours, la variété des éléments, — panneaux, bâtis, montants, frises, couronnement, — elle se prête à toutes les combinaisons. L'artiste peut s'y mouvoir à l'aise et donner carrière à son imagination ; architecte, décorateur, menuisier ou sculpteur, il aura l'occasion de faire valoir sa spécialité ; le peintre même pourra trouver place sur les panneaux, soit qu'il adopte la grisaille, soit qu'il préfère un camaïeu rehaussé d'or.

Chaque école interprète à sa manière le type primitif, le façonne, le modifie et l'adapte à son génie. L'Ile-de-France construit généralement son armoire en hauteur, à deux corps égaux ou à peu près, étroite, serrée, sans hanches, pour faire monter la composition. Le meuble est petit, mignon ; l'architecture très étudiée ; l'exécution délicate, à faible relief ; les moulures et les cadres unis, les parties nues faisant toujours opposition aux parties décorées. L'ornementation discrète, lisible, équilibrée, se divise en compartiments ou en médaillons portant des déesses élégantes, des nymphes couchées, des chimères ou des cygnes au col allongé ; l'influence de Jean Goujon est évidente.

Le modèle de l'Ile-de-France appartient en propre aux bords de la Seine et de la Loire ; on peut le trouver ailleurs plus ou moins altéré, mais ce sont des exceptions, des transplantations accidentelles ; ou le meuble a été déplacé de son lieu d'origine, ce qui arrive le plus souvent, ou il est l'œuvre de quelques-uns de ces sculpteurs touristes dont nous avons parlé précédemment.

Autre chose est l'armoire du Centre et du Midi, celle qui règne de Limoges à l'Espagne, et de Dijon à la Méditerranée. Ample, majestueuse, elle est bâtie en largeur ; des termes robustes partagent et accusent la construction. Tantôt la masse est rectangulaire, à deux corps égaux ; tantôt le corps supérieur, très en retraite, s'appuie sur des hanches puissantes, sur une large assiette. Tout est ciselé, fouillé, gravé, brodé, les moulures comme les champs, les frises comme les soubassements. La Bourgogne et le Lyonnais ont traité ces armoires avec un talent tout particulier [1].

---

1. M. Henri Delpech, de Villeneuve en Rouergue, et M. Bélisaire Tailhades, de Castres, nous signalent des armoires contemporaines de Henri IV, qu'on trouve encore dans la région.

Henri II — Henri III. — Les échantillons de la fabrique parisienne, contemporains de Henri II, sont assez rares. M. Roussel a recueilli le corps supérieur d'un cabinet à quatre colonnes

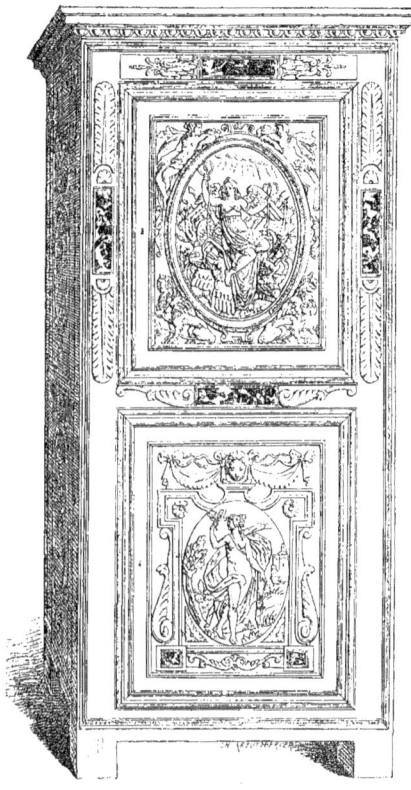

ARMOIRE. — ILE-DE-FRANCE.
(Collection de M. Bonnaffé.)

accouplées, dont le panneau central renferme un médaillon ovale

Les unes sont composées de deux corps, avec quatre vantaux, trois tiroirs ou trois tablettes pour écrire. Les autres, à un seul corps et à deux grandes portes, sont généralement sculptées et surmontées d'un fronton monumental ; ce dernier modèle, qui règne dans tout le Midi jusqu'au milieu du xviie siècle, s'appelle *himando* en patois castrais.

aujourd'hui détruit[1], entouré de chimères et de nymphes. (Ancienne collection Récappé.) Une armoire de petit format, trouvée à Fontainebleau il y a trente ans, par M. Schopin, appartient à M. Bonnaffé; elle se compose d'un seul corps à deux vantaux, dont le panneau supérieur est la reproduction d'un dessin de Du Cerceau[2]. Un support de cabinet à huit colonnes, avec des figures couchées dans les tympans et le long des frises, fait partie de la collection de M. Bligny[3]. Tous ces échantillons, d'un style et d'une exécution remarquables, relèvent de Jean Goujon ou de son école.

Une autre armoire à quatre vantaux (collection de M. Taigny) paraît plutôt se rattacher à l'école d'Étienne Delaulne.

A la Bourgogne appartiennent les deux grands cabinets de M. le baron Sellières. L'un de ces cabinets, formé de deux corps superposés de dimensions à peu près égales, est surchargé sans mesure de termes, de satyres, de guirlandes, de fruits, de palmes, de consoles, etc. Sur la ceinture, des tritons et des néréides, d'un excellent travail, se répètent en sens inverse de chaque côté. Les deux vantaux inférieurs sont la copie, sauf quelques variantes, des admirables panneaux de l'armoire du Louvre[4]. Ce spécimen extraordinaire de l'école bourguignonne, découvert par M. Carrand père à l'Ile-Barbe, près de Lyon, fut acheté à la vente Soltykoff, par M. le baron Sellières, pour la somme de 16,500 francs.

L'autre cabinet, beaucoup plus calme[5], est surmonté d'un couronnement à gradin formant dossier, particularité qui le rattache à la famille des « cabinets en forme de buffet » dont on a parlé plus haut. Il provient de la vente Debruge-Duménil, où il figure sous le n° 1500, et fut payé 5,150 francs par le prince Soltykoff. A la vente de ce dernier, M. le baron Sellières l'acheta 12,500 francs. Le meuble est daté de 1580. Certains détails, comme

---

1. Il a été remplacé par une plaque de marbre, nous en donnons le dessin p. 163.
2. Voir le dessin, p. 165 et p. 25.
3. Voir le dessin, p. 64.
4. Voir p. 84 et 85, des détails de ce cabinet, et p. 91, le panneau de l'armoire du Louvre.
5. Voir p. 167. Le panneau du couronnement est moderne, il a été copié très fidèlement sur un panneau que possédait M. Mestre.

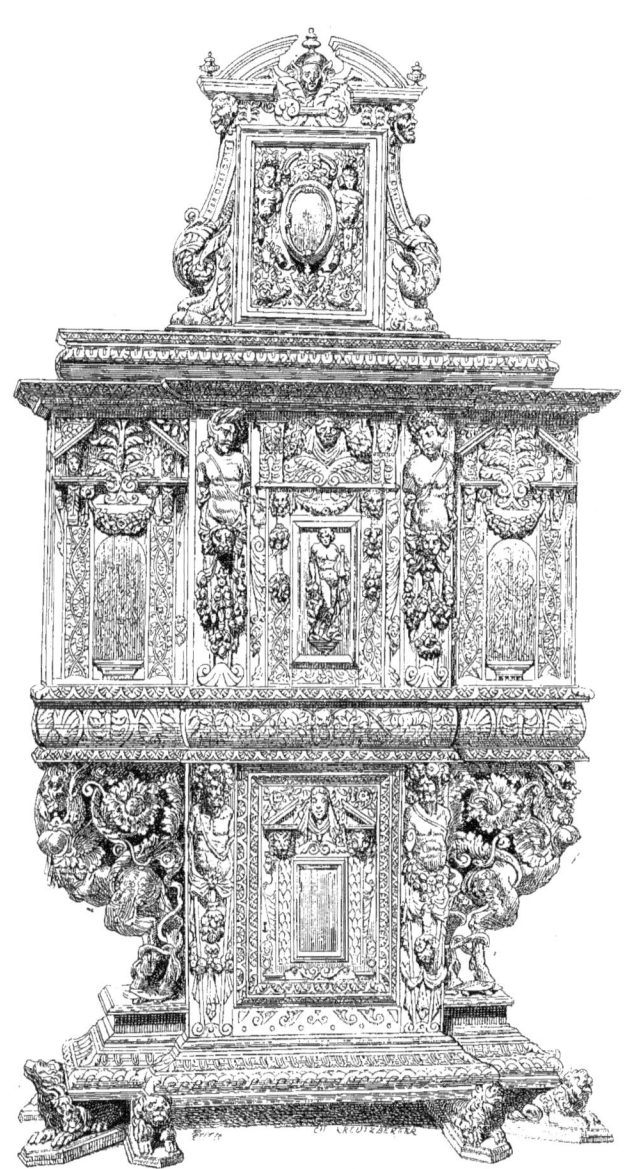

CABINET. — BOURGOGNE.
(Collection de M. le baron Sellières.)

les termes à gaine du centre, le masque des satyres formant consoles, la décoration de la ceinture, les feuilles de lierre, etc., rappellent d'une façon frappante la manière de Hugues Sambin.

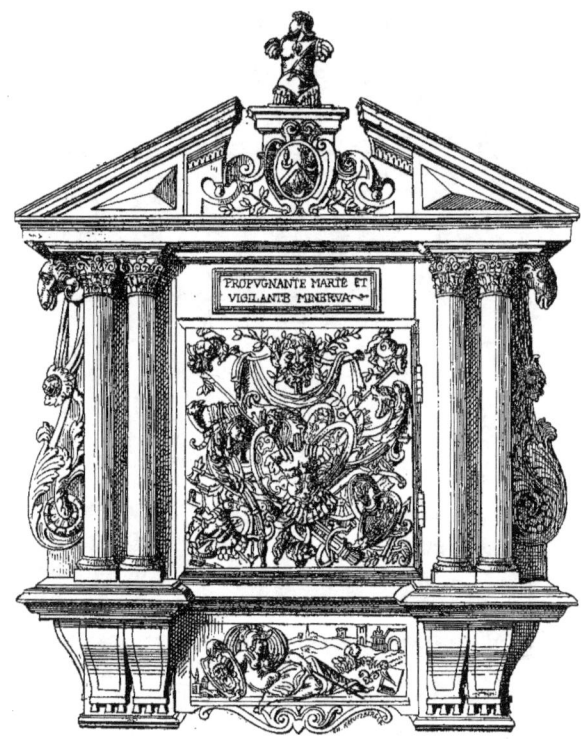

ARMOIRE A SUSPENDRE. — BOURGOGNE.
(Collection de M. Gavet.)

En étudiant l'école de Bourgogne, nous avons déjà parlé[1] d'un autre cabinet contemporain, conservé au musée de Besançon, et provenant de la collection de Gauthiot; nous en donnons le dessin (p. 169). Voici la description de ce meuble d'après l'inventaire

---

1. Page 84. Nous devons la photographie de ce meuble à M. le comte de Soultrait, qui a eu l'obligeance, ainsi que son fils, de nous mettre à même de publier ce curieux spécimen.

après décès, dressé en 1596 : « Ung cabinet fait en ovalle, le corps d'en hault supporté par celluy d'embas, avec ung satyre

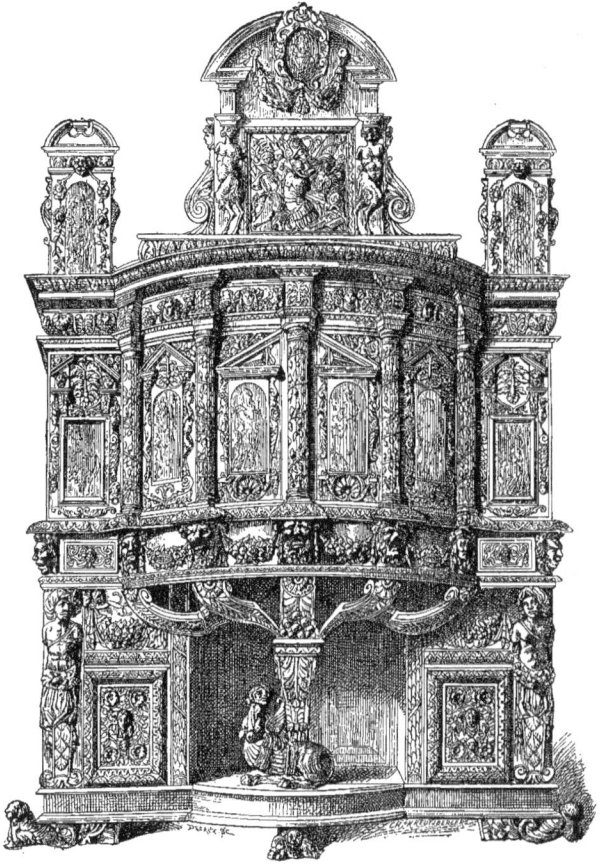

CABINET.
(Musée de Besançon.)

tenant un cournet à boucquin, le tout emply de figures de bronze, termes, colonnes et autres enrichissements remplant (remplissant) les dictz deux corps ; et dessus un dociel où il y a dans le milieu ung panneau de truffée (trophée) avec deux satyres remplant le dit dociel, et gousset (console) et vase. Et sur la dicte retraite du dict cabinet, deux autres tableaux servant de couronnement, dans ung chascun desquelz il y a une figure de bronze, et où sont armoyées les armes de la maison mortuaire. Le tout taxé six vingt francs. » Les vases placés dans le vide, de chaque côté du couronnement central, ont disparu ; le satyre sonnant du « cornet à bouquin » dans le soubassement a été remplacé par une figure de chimère qui ne paraît pas faire partie de la composition primitive ; à cela près, la description de l'inventaire est encore parfaitement exacte. Les huit « figures de bronze » représentent *Lucrèce, Mercure, Flore, Cérès, Pan, l'Envie, Apollon* et *Orphée*.

Comme échantillon de la même fabrique, il faut encore citer la belle armoire de la collection Spitzer (ancienne collection Timbal)[1], et deux petites armoires à suspendre, d'un excellent goût, appartenant à M. Gavet (ancienne collection Récappé)[2] et à M. Spitzer[3].

L'armoire de Clairvaux, un des ouvrages les plus parfaits de la menuiserie française et dont nous avons parlé ailleurs, est un produit mixte, bourguignon et champenois. Cet excellent morceau, qu'il est superflu de décrire ici, fait partie du musée de Cluny (n° 1424)[4].

L'armoire du Louvre, trouvée à Lyon par M. Revoil en 1820[5], nous paraît appartenir à l'école lyonnaise. Le fronton avait disparu, et M. Revoil l'avait remplacé par une décoration moderne, lorsque, il y vingt-cinq ans, un amateur de la région, M. de Saint-Didier, eut la bonne fortune de découvrir, à Neuville-sur-Saône, le couronnement original et le céda au Louvre. La peinture en grisaille du panneau central représentant, dit-on, Samson et Dalila, était effacée ; on a mis à la place un portrait de Henri II

---

1. *Gazette des Beaux-Arts*, t. XXV, 2ᵉ pér.
2. Voir le dessin, p. 168.
3. *Gazette des Beaux-Arts*, ibid.
4. Dessiné dans *l'Art pour tous*. — Voir le dessin, p. 75.
5. Gravé dans les *Musées et collections* de M. Lièvre et dans le *Magasin pittoresque*, XVIII. — Voir p. 91 le dessin d'un vantail.

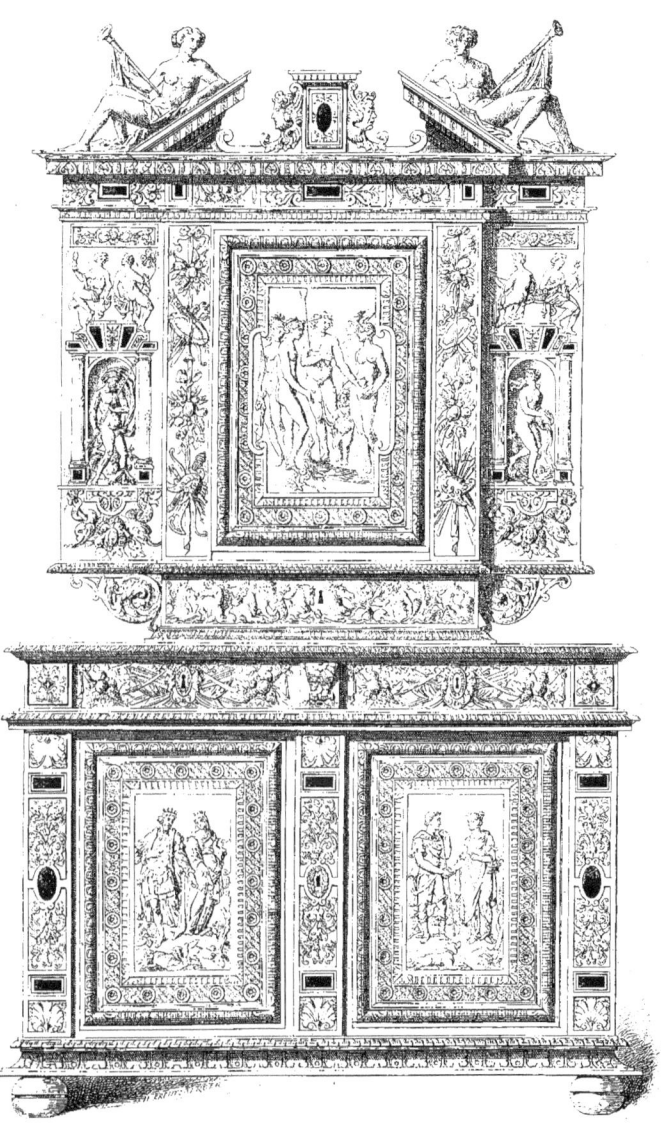

ARMOIRE. — LYONNAIS.
(Collection de M. le baron Ad. de Rothschild.)

sur émail. L'armoire du Louvre était rehaussée d'or; quelques traces sont encore visibles.

L'école lyonnaise peut encore revendiquer deux cabinets à peu près semblables, dont le corps supérieur à un vantail est flanqué de deux petites armoires en retraite. L'un de ces cabinets, découvert à Écully, près de Lyon, appartient à M. le baron Adolphe de Rothschild (ancienne collection Laforge)[1]; l'autre se trouve à Vienne, en Autriche, chez M. le baron Nathaniel de Rothschild, et faisait partie de la collection d'Armaillé[2]. Ces deux meubles, d'une forme et d'un travail excellents, proviennent d'un atelier que nous avons déjà cité, très actif et très habile, facile à reconnaître à sa prédilection pour la facture méplate, les profils peu saillants et la répétition des mêmes figures sur les vantaux. Comme spécimens du même atelier, nous signalerons, chez M. Hochon, le corps supérieur d'un cabinet à deux vantaux (anciennes collections Vitel et du Boullay) et une série d'armoires chez MM. Spitzer, de Saint-Didier, Foulc, Gavet, Rougier, au musée de Lyon[3], etc.

Lyon a aussi fabriqué des grandes armoires rectangulaires, comme le superbe échantillon à quatorze cariatides que possède M. Chabrières-Arlès, et qui fut trouvé à Vourles[4]. (Ancienne collection Duclaux.) Une armoire analogue, mais beaucoup moins riche, figurait dans la collection Laforge; elle a été achetée par M. Aynard, de Lyon[5].

M. Spitzer conserve une magnifique armoire acquise à Genève et qui paraît originaire d'un atelier semi-lyonnais[6], voisin de la Suisse; nous en donnons le dessin qui nous dispense d'en faire la description. Une armoire chez M. Foulc, un coffre chez M. Gavet et un autre chez M. Gaillard sont de la même famille.

Un meuble sur l'origine duquel il est difficile de se prononcer est l'armoire de M. de Saint-Didier[7]. Découvert à Avignon, il y

1. Voir le dessin, p. 171.
2. Gravé dans les *Musées et Collections* de M. Lièvre.
3. Voir le dessin de l'armoire du musée de Lyon, p. 93.
4. Voir le dessin, p. 97.
5. *Recueil de l'Exposition lyonnaise* de M. J. B. Giraud.
6. Voir p. 173.
7. Voir p. 175.

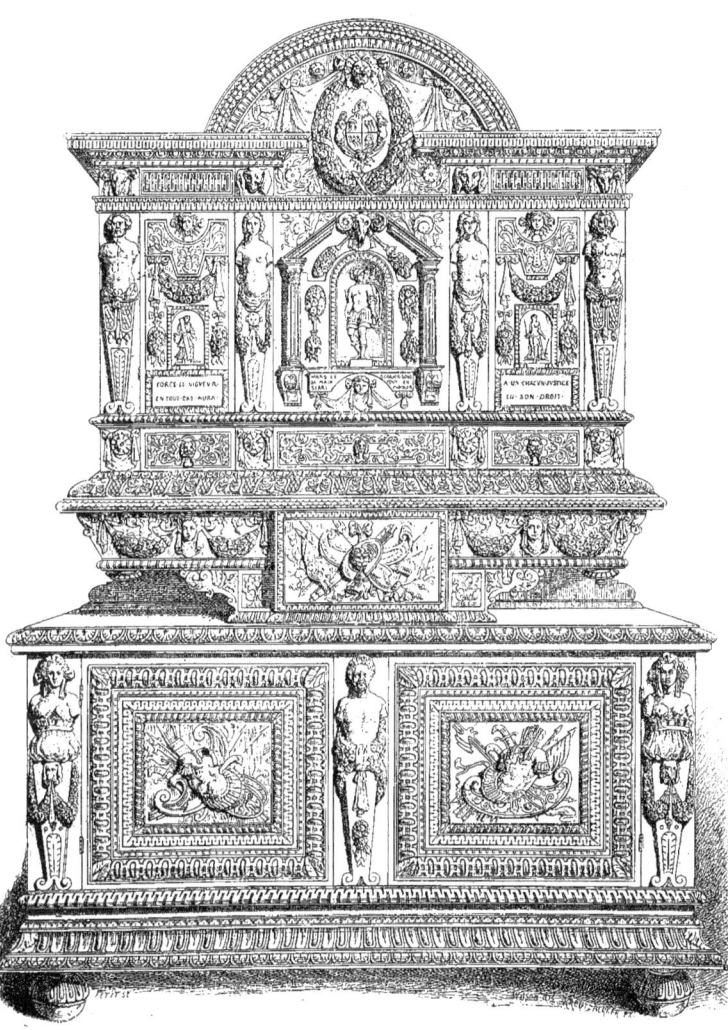

ARMOIRE.
(Collection de M. Spitzer.)

a une trentaine d'années, et scrupuleusement restauré par son propriétaire, ce meuble a tous les caractères de la plus belle époque. Le style magistral des termes, l'excellence des ajustements et la correction de l'anatomie appartiennent à l'école de Lyon, tandis que la composition des panneaux relève indubitablement de Jean Goujon et de son école.

Henri IV. — La fabrique parisienne a produit, dans les dernières années du siècle, un grand nombre d'armoires de la même famille : les colonnes d'angles, lisses et grêles, de longueur disproportionnée, montent jusqu'à la corniche au lieu de s'arrêter sous l'architrave, et le dessin des panneaux rappelle les compositions de Jean Goujon. (Musées du Louvre et de Cluny, collections de MM. Foulc, Spitzer, Chabrières-Arlès[1], Aynard, etc.) Un homme d'une grande clairvoyance, qui avait manié toute sa vie le mobilier du XVIe siècle, M. Carrand père, appelait ces meubles des *armoires de la Ligue;* on peut les rajeunir de quelques années; nous avons rencontré chez M. Leclanché deux modèles portant, sur la garniture intérieure, les dates de 1604 et 1610.

Le type des armoires dites *normandes* ne paraît pas antérieur à l'époque de Henri IV. Tous les amateurs connaissent ces meubles délicatement menuisés, d'un aspect bien caractéristique, avec leurs colonnettes unies de bois de couleur, leurs plaques de marbre noir, leurs ornements de bois doré et rapporté; çà et là quelques applications d'ébène travaillé au tour. Mais ces armoires sont-elles d'origine normande? S'il est vrai que la plupart de celles qu'on a vues sur le marché parisien proviennent de la région rouennaise, on en connaît de temps immémorial dans le Lyonnais et le Bourbonnais. Nous avons même trouvé à Pont-Audemer, dans l'Eure, une de ces armoires, qui portait à l'intérieur cette inscription : *Restauré à Lyon en 1842*. Avant de se prononcer sur la question d'origine, le mieux est d'attendre la découverte de documents nouveaux.

L'armoire de M. Jourdan, de Lyon[2], a fait un certain bruit

---

1. Voir p. 69.
2. *Recueil de l'Exposition lyonnaise.*

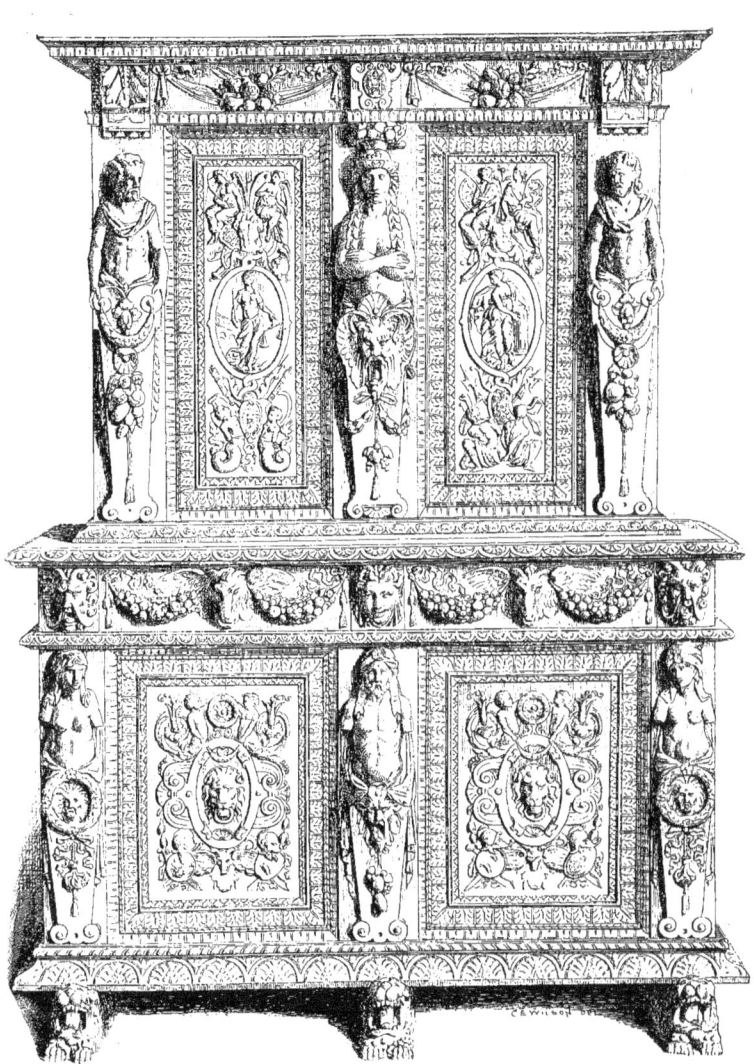

ARMOIRE.
(Collection de M. de Saint-Didier.)

il y a quelques années; elle avait été acheté 25,000 francs, et on assurait que M. Jourdan en avait refusé le double. Le meuble, d'un beau caractère et d'une patine remarquable, vient de Jujurieux et porte la date de 1591. Le corps supérieur présente trois figures, deux de femmes et une d'homme, nues et en pied; trois gaines leur correspondent à l'étage inférieur. Malgré sa provenance, cette armoire ne paraît pas d'origine lyonnaise : certains détails, comme l'arrangement du fronton, le dessin des profils et la décoration des moulures, la nudité complète des figures, leur attitude de Vénus pudique familière aux ateliers du Midi, sembleraient indiquer une provenance plus voisine de l'Italie.

M. Servier, de Lyon, possède deux échantillons exceptionnels des ateliers méridionaux [1] : l'un est une armoire de grande tournure qui se trouvait jadis à Grignan, dans la Drôme, chez M. Faure, acquéreur de l'ancien domaine des Sévigné. L'autre appartient à la variété des armoires dites *à cavaliers* à cause des panneaux qui représentent des personnages à la façon de Goltzius, prenant des allures violentes et des poses de matamores.

Parmi les meubles du temps d'Henri IV, il faut mentionner deux armoires au musée de Cluny (n°s 1430 et 1432), l'une avec des incrustations de nacre, l'autre à colonnes torses et cannelées;

Un modèle de grand format, à colonnes entourées de lierre et de laurier, les panneaux des tiroirs avec entrelacs et fleurons, probablement de fabrique parisienne (appartenant à M. Bonnaffé);

Une armoire à six cariatides et sujets religieux, surmontée d'un couronnement très élevé; travail du Languedoc (au musée de Toulouse, ancienne collection Dumège);

Autre armoire à cariatides de tritons et de sirènes, de forme basse et large, portant le monogramme : NICOLAS BLEE, 1592; dans le corps du haut, trois petites tablettes servant à écrire. (Fabrique du Languedoc.) Appartient à Mme d'Heilles, au château de Cuq, près de Castres.

1. *Recueil de l'Exposition lyonnaise.*

VII

LA TABLE

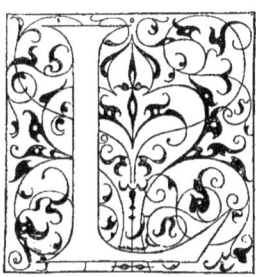A table est un meuble composé d'un plateau portant sur des pieds ; elle sert principalement de table à manger.

A la cour et chez les grands personnages, où tout est réglé par une étiquette rigoureuse, le seigneur mange généralement seul avec sa femme ; le service est un cérémonial silencieux et compassé, la table remplit une fonction officielle. Chez le bourgeois, bien que les règles de préséance soient toujours scrupuleusement respectées, le rôle de la table est plus intime. Elle réunit périodiquement la famille, les amis ; on y séjourne, on y cause longtemps. Qu'il s'agisse de célébrer un anniversaire, un baptême ou un mariage, elle est l'accessoire indispensable de toutes les fêtes. Nos aïeux du XVIe siècle, vigoureux et sanguins, accoutumés à la vie dure, aux grands voyages par tous les temps, sur des chemins dangereux et mal entretenus, aimaient, en rentrant au logis, à trouver une bonne table, appétissante, bien parée et bien garnie. C'est pourquoi le vieux Corrozet chante la table en ces termes :

> Table clere, table luysante,
> Table à la chambre bien duysante,
> Table tous les jours bien frotée,
> Table sur deux tresteaux portée,
> Table qui causes le désir
> De prendre savoureux plaisir

A chascune viande exquise...
Table d'une nappe parée
Garnye de metz precieux
Et de bons vins délicieux,
Table remplye de caquet.
Table où se faict le grand bancquet
A jour de feste ou jour de nopces.
Table où on parle negoces,
Puis de la paix, puis de la guerre,
Puis de France, puis d'Angleterre,
Puis de vertu, puis de folye.
Table comme ung miroir polye...
O table honneste et tresnotable,
Table de boys, ô belle table,
Je prie à Dieu qu'il te munisse,
Tant bien t'appreste et te garnisse,
Qu'à tout jamais par tout moyen
Ayns son pain cotidien [1].

La bonne tenue à table est une des obligations essentielles du savoir-vivre ; les traités de civilité donnent à ce sujet les indications les plus instructives. On enseigne les formules de politesse et la façon de s'y prendre quand on apporte l'eau parfumée pour laver les mains avant et après le repas; comment on doit se placer, s'asseoir, jeter la serviette sur l'épaule ou sur le bras gauches, saisir la viande avec les doigts pour la porter à la bouche, car tout le monde, depuis le paysan jusqu'au souverain, mangeait alors sans fourchette [2].

« Prenez ce qu'on vous offre, dit Érasme [3], avec trois doigts, ou tendez votre assiette pour le recevoir... Il y a des gens qui, à peine assis, jettent les mains sur les plats... il faut recevoir sur son assiette ce que l'on ne peut prendre avec les doigts. » Le

---

1. *Blason de la table*, 1539.
2. L'usage de la fourchette, comme nous l'entendons aujourd'hui, ne commence pas en France avant le règne de Henri III. Jusqu'alors la fourchette est une exception fort rare ; elle ne sert que pour manger certains fruits qui pourraient tacher les doigts, ou des grillades chaudes. Même à la fin du XVIe siècle, les gens les mieux élevés se servent encore, tantôt des doigts, tantôt de la fourchette nouvellement mise à la mode. Brantôme parle des élégantes qui, « lorsqu'elles mangent des pastez et autres friandises chaudes et y peschent, mettent la main dedans ou avec les fourchettes ». Montaigne avoue qu'en mangeant il « mord souvent sa langue, parfois *ses doigts*, de hastiveté ». De même en Italie, Sabba da Castiglione (*Ricordi*, p. 86) raconte qu'un gentilhomme était si soigné de sa personne que, « pendant douze ans qu'il vécut avec lui, il ne lui arriva qu'une fois de manger la salade sans gants, pour ne pas se barbouiller les mains ». Plus loin il dit encore : « Quand il mange, il manœuvre ses doigts plus prestement qu'un joueur de guitare, fût-il Giovan Maria Guido. »
3. *De Civilitate morum*, 1530.

traité des *Contenances de table* dit la même chose plus brutalement :

> Ne touche ton nez à main nue
> Dont ta viande est tenue.

Dans les *Dialogues* de Louis Vivès [1], un des personnages parle ainsi : « Je n'ai que faire de couteau, je romprai la viande des dents en mordant, ou je la mettrai en menus morceaux avec les doigts [2]. »

Ailleurs, le maître dit à ses élèves : « Ne touchez pas à la viande, sinon du côté que vous en voulez prendre... Relevez vos manches, si elles sont fendues, jusqu'aux épaules; sinon resserrez-les ou bien troussez-les jusqu'au coude. Si elles retombent, attachez-les d'une épingle ou, ce qui vous convient mieux, d'une épine. Vous, mon petit maître, vous vous couchez sur la table; où avez-vous appris cela? à la porcherie sans doute. Eh! qu'on lui mette un coussin sous le coude... Que chacun nettoie son couteau et le serre dans son étui... Levez-vous tous ensemble et lavez vos mains devant que l'on rende grâces à Dieu. Enlevez la table et appelez la chambrière, qu'elle apporte le balay pour balayer le plancher. »

Il va sans dire que le paysan, voire même le gentilhomme campagnard, n'y mettent pas tant de façons. Écoutez plutôt Noël du Fail, le conteur le plus fidèle et le plus pittoresque des paysanneries bretonnes :

« Du temps du grand roi François, on mettoit encore en beaucoup de lieux le pot sur la table, sur laquelle y avoit seulement un grand plat garni de bœuf, mouton, veau et lard, et la grand'brassée d'herbes cuites et composées ensemble, dont se faisoit un brouet, vrai restaurant et elixir de vie. En ce mélange de vivres ainsi arrangé, chacun y prenoit comme bon lui sembloit et selon son appétit... Tous y mangeoient du gras, du maigre,

---

[1]. *Colloquia*, traduits par Benjamin Jamin, 1573.
[2]. O ongle riche et précieux,
 Ongle qui tranches quand tu veux,
 Ongle qui, en lieu de forcettes,
 A la belle sers de pincettes.
  (Gilles d'Aurigny, *Blason de l'ongle.*)

chaud ou froid selon son appétit, sans autre formalité de table, sauces et longue platelée de friandises qu'on sert aujourd'hui en petites écuelles remplies de montres seulement... Tous qui vouloient, riant et jouant, sans trahison et dent de chien, alloient laver leurs mains au puits, à la pierre duquel aiguisoient leurs couteaux, pour à qui mieux mieux couper de longues et larges lèches de gras jambon, ou grosse et tremblante pièce de bœuf salé, et icelles tranches sur le bon pain bis faictis (fait exprès), et en donner aux assistans plus honteux, à chacun son lopin, pour rabattre les premiers caquets de la faim...; les plus âgés s'asseyant au beau milieu de la table, après avoir prié Dieu par la bouche d'un petit enfant. Puis la jeunesse se pêle-mêlant sans ordre, sans cérémonie, sans envie, sans grands respects, triomphoit à bien mordre et griffer de bon appétit; chacun disant le mot, comme tout est compagnon à la table et au jeu. »

A la ville, on est plus civilisé. Mathurin Cordier raconte ainsi, sous forme de dialogue, un dîner officiel :

« Le quantième était le maistre à table? — Je n'y ai pas pris garde, mais il estoit quasi au milieu de la table. — Et vous? — Ho ho sot, pourquoy demandez-vous cela? que moy, homonceau, disnasse avec si grands personnages. Ce m'a esté assez grand honneur à les servir. — Y avoit-il aucunes femmes? — Non, fors la femme de mon oncle, laquelle estoit assize au bout de la table. — Comment! pourquoy estoit-elle si reculée? — Ainsi l'a elle voulu, afin de se lever de table plus aisément quelquefois, pour donner ordre à servir... — Dites-moy premièrement à quelle heure on se mit en table? — Quasi dix heures. — A quelle heure se leva on? — Un peu devant midy (suit une longue description du dîner où il fut changé quatre ou cinq fois d'assiettes)... Quand mon oncle veit que les convives estoient quasi tous las de manger, de boire, de parler, alors il fit verser du vin à chacun, et les invita tous de boire pour l'issue. De là on lève tout d'ordre; on jette sur table de fines serviettes larges; on donne de l'eau odoriferante pour laver légèrement les mains; mon cousin et moy rendons graces à Dieu, suyvant notre coustume, et mon oncle remercie à haute voix la compagnie... — Que faisiez-vous cependant qui aviez servy à table? — Nous nous retirasmes à la cuisine afin de disner, où nous fismes bonne chère et nous traitasmes à notre aise [1]. »

Voyons maintenant le cérémonial en usage à la cour. L'auteur de l'*Isle des Hermaphrodites* raconte par le menu et d'après

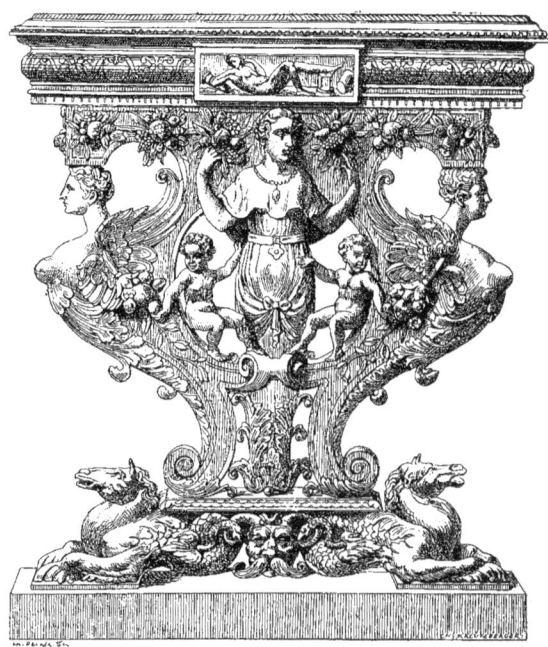

TABLE. — ILE-DE-FRANCE.
(Musée de Compiègne.)

nature sans doute, le dîner de Henri III. Nous passons la description des nappes, des plats, de la nef d'argent doré contenant « l'esvantail et les gands », du « cadenas » ou nécessaire de table pour le couteau, la fourchette, la cuiller et le pain; arrivons à l'entrée du roi :

« On prit un grand bassin d'argent doré, avec une esguière

1. Mathurin Cordier, *Colloques*, liv. IV, 22.

de mesme estoffe, et, d'un des costez de la nef qui estoit sur la table, on prit une serviette plyée à petits plis. Avec tout cecy, ces trois que je viens de dire se lavèrent tous les mains; puis ceux qui estoyent de cette suitte, ausquels on bailla d'autres serviettes et aussitost chacun se vint seoir, les trois premiers dans des chaires de velours, faictes d'une façon qu'ils appellent brizées et fort esloignées les unes des autres... Quand ils furent assis, on vint lever les plats qui couvroient toutes les viandes, tandis que

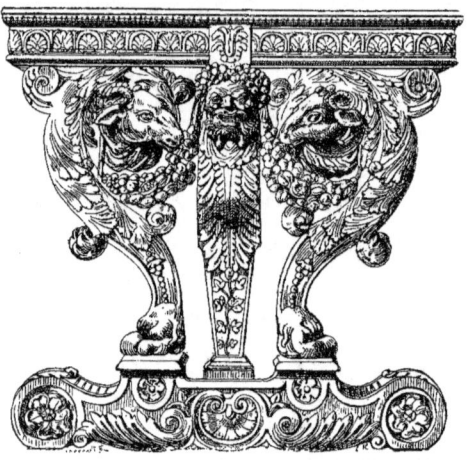

TABLE. — BOURGOGNE.
(Hôtel de ville de Besançon.)

d'autres apportoient des assiettes et des serviettes aux trois qui estoient assis dans ces chaires... Trois hommes se vinrent camper debout devant ces Hermaphrodites, ayant chacun une serviette sur l'épaule et un grand cousteau en la main, avec lequel ils destranchaient la viande qui leur estoit la plus agréable. Car ils faisoient passer tous les platz devant eux, comme une compagnie de gens de guerre qui voudroit faire le limacon; ils arrestoient seulement à la passade ce qu'ils vouloient, et repoussoient le surplus avec un petit coup de doigt... Ils ne touchoient jamais la viande avec les mains; mais avec des fourchettes ils la portoient jusque dans leur bouche en allongeant le col, et le corps sur leur assiette... car il est deffendu en ce pays-là de toucher la viande avec les mains, quelque difficile à prendre qu'elle soit; et ayment mieux que ce petit instrument fourchu touche à leur bouche que leurs doigts [1]... Après que chascun se fust rassasié de ces délicatesses, on commença à desservir et, après qu'on eust tout osté, on apporta un grand bassin d'argent doré avec un vase de mesme

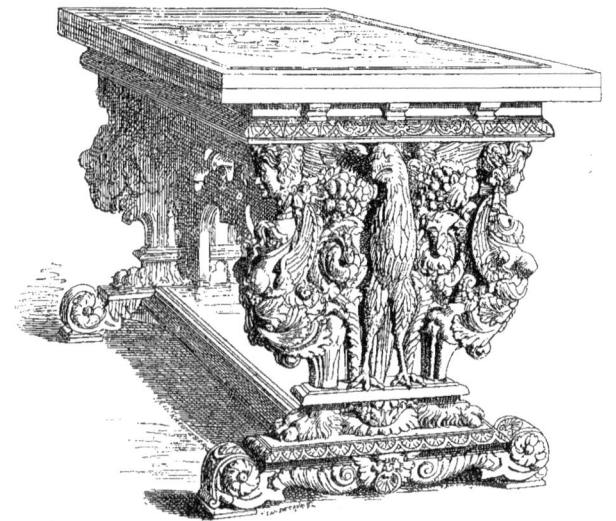

TABLE. — BOURGOGNE.
(Musée de Dijon.)

estoffe, et dedans de l'eau ou on avoit trempé de l'iris, avec laquelle ils lavèrent leurs mains... puis on prit dedans ceste nef les gands et les esventails des trois premiers qu'on leur alla présenter. Après cela on osta les deux nappes... »

Il y a deux sortes de tables, la table à supports mobiles et la table à supports fixes.

La première se compose d'un plateau indépendant que l'on

[1]. Ce passage indique clairement que la fourchette était alors une nouveauté.

pose à volonté sur des tréteaux volants. C'est le type usuel du Moyen-Age et des premiers temps de la Renaissance, la « table sur deux tréteaux portée » de Gilles Corrozet. Facile à construire, à démonter, à emballer, à réduire en petit volume, elle se loge aisément dans les grands bahuts de voyage. Elle ne tient pas de place, on la dresse, on l'enlève en un instant [1].

Souvent le plateau se replie sur lui-même au moyen de char-

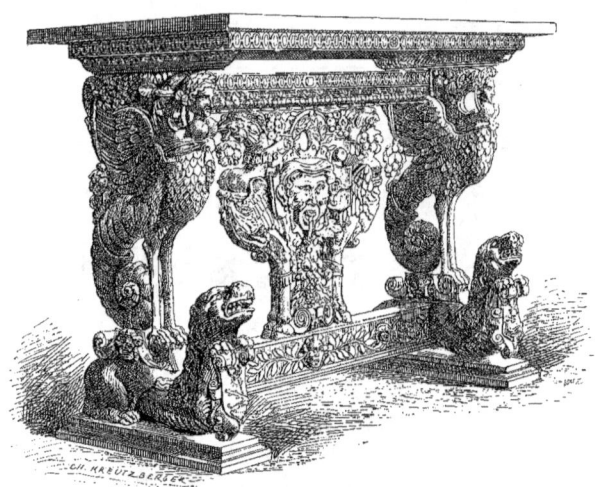

TABLE. — BOURGOGNE.
(Collection de M. le baron Adolphe de Rothschild.)

nières : — « Deux tables garnyes de tresteaulx, l'une fermant à trois charnières de leton (*Inv. duchesse de Valentinois*, 1514); — une petite table à la mode d'Espagne, qui se ouvre et clot (*Inv. Marguerite d'Autriche*, 1523); — une petite table ployante. » (*Inv. Ravestain*, 1527.) — Un autre système consiste à fixer les tréteaux avec des charnières placées sous la table, ce qui permet de les rentrer à volonté; en 1589, chez Catherine de Médicis, on trouve encore des tables « appliquées sur des tréteaux qui se

1. « Incontinent les tables et les tréteaux furent apportez et dressez quasi sans qu'on s'en aperceut. » (*Polyphile français*, p. 34, verso.)

brisent ». On a fabriqué de la sorte beaucoup de tables de petit modèle pour les parties de campagne et de chasse; on les appelait tables *de camp* : — « Une table de camp pozée sur un pied brizé (qui se replie); une table de camp brizée couverte de lames d'argent. » (*Inv. Cath. de Médicis*, 1589.)

La table à supports fixes est celle qui fait corps avec les tréteaux ou supports assemblés à demeure et reliés par une traverse ou entretoise. Au début de la Renaissance, ces tables sont

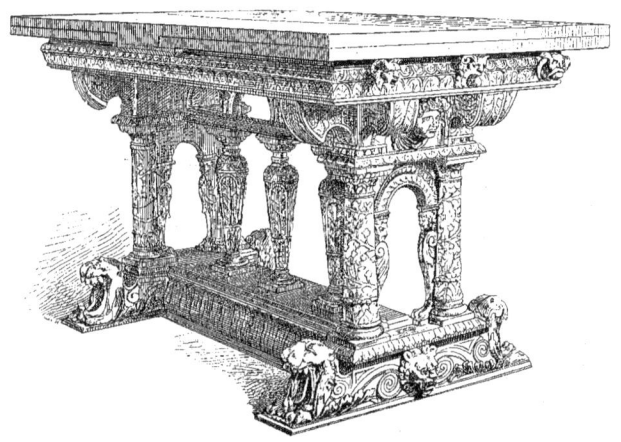

TABLE.
(Collection de M. Chabrières-Arlès.)

fort simples; elles portent sur des piliers carrés, maintenus par des goussets, une traverse et des patins. Elles sont solides, massives et servent principalement dans les réfectoires de couvent, dans les cuisines, chez le paysan, partout où les déménagements et les voyages sont moins à craindre. Viollet-le-Duc a donné le dessin de quelques tables de ce genre d'après les bas-reliefs des stalles d'Amiens[1]. Parfois les tréteaux sont formés de balustres et les patins ornés de quelque sculpture, comme dans la vignette du *Blason de la table*. Ces tables sont généralement peintes.

1. *Dictionnaire du mobilier*, au mot TABLE.

Mais ce modèle primitif, héritage du passé, ne pouvait convenir aux novateurs raffinés de Fontainebleau; la mode exigeait un mobilier stable, élégant et décoratif. Dès lors, la table se transforme comme le reste : le plateau repose sur une ceinture ornée de canaux, d'oves ou de godrons; les tréteaux, remplacés par des supports à colonnes, à cariatides ou à balustres, deviennent le motif principal de la décoration. Le patin sera gracieusement découpé pour lui donner plus de légèreté. Quant à l'intérieur, toujours masqué par les sièges rangés de chaque côté sous la table, sa décoration sera plus simple. Partout la sculpture est rehaussée de touches d'or : — « Une grande table de nouhier qui se tire, les bouts d'icelle de taille (sculptés), le chassis enrichy, ou sont armoyé en ung chascun bout les armes de la maison mortuaire, et deux satyres, raulsez (rehaussés) d'or partout là ou est nécessaire. » (*Inv. Gauthiot d'Ancier,* 1596.) Les Romains avaient imaginé de faire supporter leurs tables par des sphinx ou des animaux d'ivoire, adossés et gueule béante :

... Latos nisi sustinet orbes
Grande ebur et magno sublimis pardus hiatu.
(Juv., *Sat.*)

Sur cette donnée, Du Cerceau compose ce bel arrangement de forme évasée, en éventail, où des satyres, des chimères ailées, des griffons, disposés en console, rachètent d'une façon si heureuse le porte-à-faux du plateau et donnent à l'ensemble un caractère somptueux et monumental.

Ces tables ont une hauteur qui varie de 0^m,80 à 0^m,87, soit 0^m,07 à 0^m,14 de plus que nos tables à manger modernes. La différence correspond à une différence équivalente dans la hauteur des sièges. Elles sont pourvues de rallonges : — « Une table carrée, tirant par les deux bouts, garnye de son pied à pilliers tornez, plate-forme et un marche-pied (traverse) (*Marché de Jacques Remaud de Paris,* 1566); — une table qui se tire, à termes, l'enchasseure enrichie de taille, et les termes, les goussets et les pattes aussi taillés (*Marché de Jehan Renoul, de Paris,* 1577); — une table de salle, qui se tire, de 4 pieds de long sur 2 pieds 5 poulces de large, de 2 pieds 7 poulces de haut, et au meilleu une grande ovale de jaspe enrichie de marquetterie à fleurs; les bords garnis de deux filetz de brezil dans lesquels y aura huit tables de jaspes ornées de marquetterie, ladite table pozée sur six coulonnes cannelées de brezil, le chassis dessoubs ladite table enrichy de marquetterie. » (*Marché de Symon Hardouin, maître menuisier de Paris,* 1579.) [1]

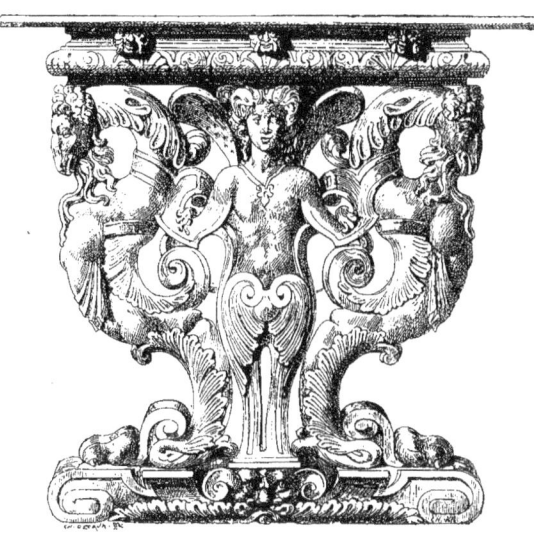

TABLE. — LYONNAIS.
(Collection de M. Chabrières-Arlès.)

Le mécanisme des rallonges se compose de deux plateaux superposés. Le plateau inférieur, séparé dans sa largeur en deux moitiés montées sur des coulisses à bascule, se tire à volonté, chaque moitié venant s'ajuster aux extrémités du plateau supérieur qui se rabat au même niveau. Presque toutes les tables de ce genre qui nous sont parvenues sont encore munies de leurs anciennes rallonges qui se manœuvrent aussi aisément que le

1. Ces trois marchés tirés des archives des notaires de Paris nous ont été communiqués par M. le baron Pichon.

premier jour. Jacques Wecker, médecin de Colmar, auteur du traité *De Secretis* (Bâle, 1582), explique le fonctionnement de ces « tables qui se redoublent »; il en donne le dessin et paraît attribuer l'invention aux Flamands : « Il ne faut pas, dit-il, mespriser la façon des tables que j'ay souvent veu à Gand en Flandre. » En effet Vriedeman de Vriese a gravé plusieurs modèles de ce genre dans les *Différents pourtraicts de menuiserie*. Mais Vriese s'est inspiré de Du Cerceau qui le précède de plusieurs années; or les tables de ce dernier sont déjà pourvues du

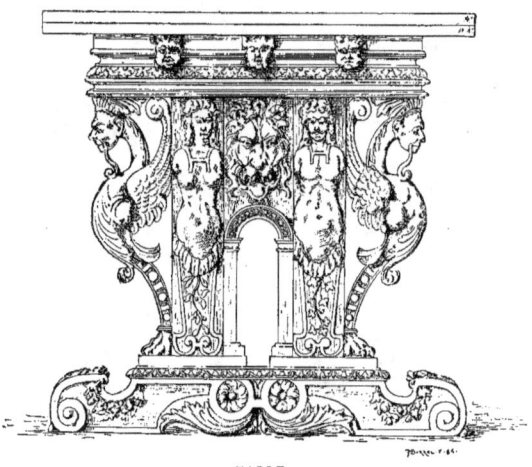

TABLE.
(Collection de M. Spitzer.)

plateau qui se dédouble et rien n'empêche de croire qu'il en soit l'inventeur; il s'entendait fort bien en mécanique et Jacques Besson l'avait choisi pour graver plusieurs planches de son *Théâtre des instruments et des machines*, 1578.

Indépendamment de la table à rallonges spécialement consacrée aux repas, le XVIe siècle a fabriqué d'autres modèles de formes, de dimensions et de matières diverses, destinés à servir de bureau, de comptoir, de table à jeu, de table à écrire, etc. On trouve dans les vieux inventaires des tables rondes, ovales, à un pied, à trois pieds; des tables d'argent, de marbre, d'érable, de cèdre, de cyprès; des tables à banc et à chaise, des tables d'enfant, d'accouchée, etc. Les extraits qui suivent expliquent suffisamment ces variétés : — « Une table en bois d'érable (*Inv. de Badouiller d'Aunay*, 1544); une petite table garnye de son pied à façon de chaize (*Inv. Simon Drouet*, 1545); — une petite table servant à accouchée (*Inv. Françoise de Verdun*, 1560); — une petite table servant à enffans, garnye de deux petites formes (*Arch. Not.*, 1566); — une table

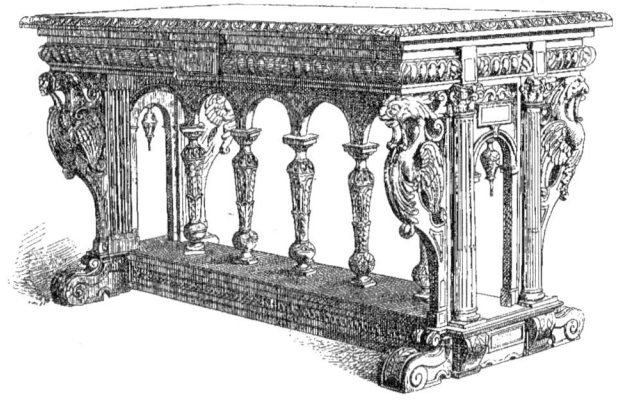

TABLE. — ILE-DE-FRANCE (?)
(Collection de Mme veuve Rougier.

de boys de noyer à marqueterie dessus d'un passement (entrelacs) de boys de Brezyl, assize sur un treteau à pilliers cannelez à marqueterie (*Vente de Gouffier*, 1572); — une grande table de marbre, assize sur un pied de bois doré et marqueté; une petite table d'ung pied quatre doitz en carré, couverte de velours noir; une table ovalle de pied et demy de hault sur quinze poulces de large; une table brizée façon d'Indie (de Chine?) sur ung pillier en ovale marqueté de buys; avec de petites medalles de cuivre (*Inv. Catherine de Médicis*, 1589); — ung comptoir long faict en forme de banc (*Inv. Jeanne de Bourdeille*, 1597)[1]; — payé à Jean Lallemand

1. Publié par M. le président H. de Montégut.

pour une fermeture d'assemblage qui se brize en deux, pour la table d'argent doré; payé à Nicolas Michault pour dix aulnes et demy de fustaine d'Angleterre, pour faire une enveloppe autour de la table de marbre et d'agathe qui est à la Gallerie des Cerfs. » (*Comptes du Palais ducal de Nancy*, 1606.)

Parmi les tables de la seconde moitié du XVIe siècle, quelques-unes ont eu la chance d'échapper aux ravages du temps et de la mode; ces beaux meubles, si rares et si enviés, sont le triomphe des collections parisiennes et lyonnaises. Nous nous bornerons à signaler les plus remarquables.

Au musée de Compiègne : — Magnifique échantillon de la fabrique parisienne. Sur chaque support, une cariatide de femme à gaine, soutenant des guirlandes et accompagnée d'amours, est accostée de deux chimères ailées formant consoles en éventail. Le patin se compose de deux chevaux marins. A l'aplomb de la cariatide centrale, la ceinture est interrompue par un panneau représentant une femme nue, couchée sur des tronçons de colonnes [1]. (Légué par Antoine Vivenel à la ville de Compiègne.)

Au musée de Dijon : — Table à éventail, fabrique bourguignonne. Le support, qui présente quelques traces de dorure, se compose d'un aigle debout, les ailes déployées, entre deux chimères ailées, à griffes de lion, dont les pattes sont entravées par une traverse. Patin ajouré, orné de feuilles et d'un mascaron. Les deux traverses, haut et bas, sont reliées par une décoration à claire-voie du plus beau caractère. Plateau supérieur entouré d'un filet de marqueterie [2]. (Acheté à Tart, Côte-d'Or, et restauré en 1829.)

M. le baron Nathaniel de Rothschild, à Vienne (Autriche), possède une table de la même main et d'un modèle à peu près analogue; l'aigle est remplacé par un vase et un cartouche d'armoiries. (Ancienne collection Récappé.)

Au musée de Lyon : — Deux tables, l'une à colonnes ornées de baguettes, l'autre à éventail formé d'un terme en gaine et de deux monstres à bec d'oiseau, dont les pattes se rattachent à la gaine du terme par un lambrequin.

1. Voir p. 181.
2. Voir le dessin, p. 183.

LA TABLE

Au musée de Cluny : — Table à éventail avec mascaron central entouré de cuirs; deux chimères, la gueule ouverte, forment console.

A l'hôtel de ville de Besançon : — Table à éventail ayant appartenu à Gauthiot d'Ancier, et décrite comme suit dans son inventaire après décès (1596) : « Une aultre table, aussi de bois

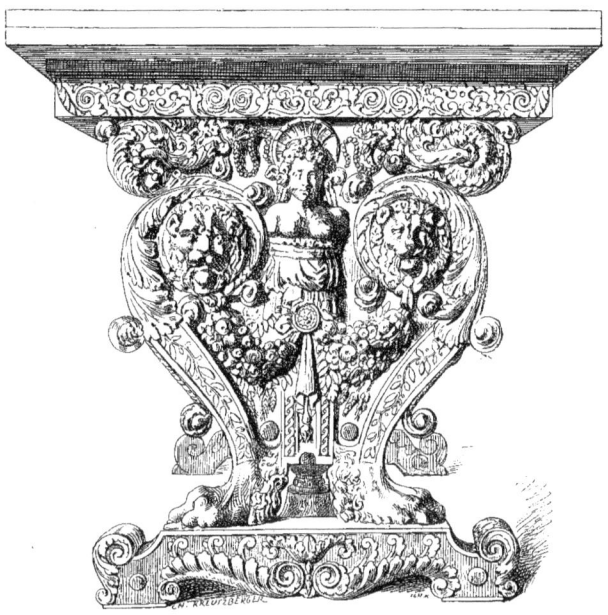

TABLE. — BOURGOGNE.
(Collection de M. Foulc.)

de nouhier, qui se tire, le tout de taille (sculpture), enrichy de deux demi-testes de bélier dans un chascun bout, et par le milieu (sur la traverse), de termes de molures, avec le chassy enrichy; taxée 14 francs. » M. Auguste Castan, qui a publié une notice fort curieuse sur cette table[1], nous apprend qu'elle a dû être faite comme le cabinet dont nous avons déjà parlé[2], par Pierre

---
1. La *Table de l'Hôtel de ville de Besançon*, 1880. Voir le dessin, p. 182.
2. Page 168.

Chenevière, menuisier à Besançon, sur les dessins ou d'après l'inspiration d'Hugues Sambin. On assure qu'un amateur a fait offrir 20,000 francs de ce bel exemplaire.

Chez M. le baron Adolphe de Rothschild, à Paris : — Petite table-console soutenue par deux chimères à pattes très allongées, dont la queue s'enroule en forme en coquille ; les chimères reposent sur des lions accroupis tenant un écusson. Dans l'entre-

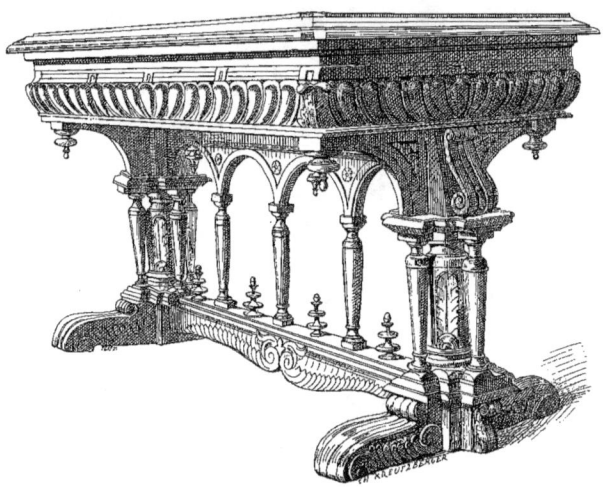

TABLE.
(Collection de M. le baron d'Yversen.)

jambes, un motif en manière d'éventail, avec un mascaron et deux animaux à tête d'oiseau et à pied de bouc. Le meuble était doré[1]. (École bourguignonne, ancienne collection Récappé.)

Chez M. Chabrières-Arlès, à Paris : — Table à colonnes, de l'école bourguignonne ; le châssis posé sur des consoles en encorbellement, soutenues par deux colonnes trapues, enveloppées de lierre. A chaque extrémité du patin, une tête de lion, la gueule béante[2]. (Ancienne collection Carrand.) — Deux autres tables

1. Voir le dessin, p. 184.
2. Voir le dessin, p. 185.

à éventails, l'une venant de Lyon (collection Desclaux)[1], l'autre trouvée à Saint-Cyr, aux environs de Lyon[2].

Chez Mme veuve Rougier, à Lyon : — Deux tables à éventails; dans l'une, le support est composé d'animaux chimériques, à pied de bouc, avec un trophée pour motif central; dans l'autre, le support est formé d'enroulements et de cuirs, avec une tête de lion de chaque côté et un mascaron au centre (école lyonnaise); — table à colonnes cannelées réunies par une arcature, et flanquées

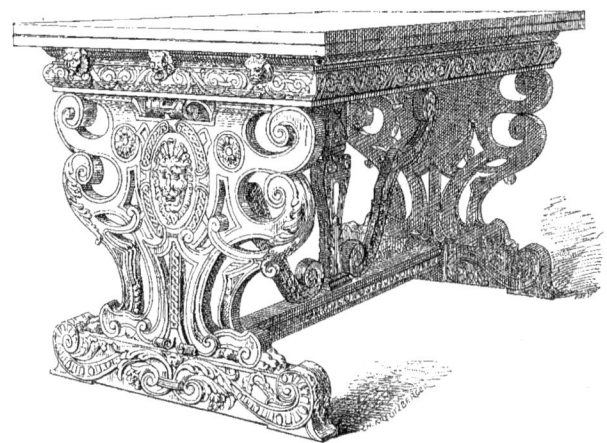

TABLE. — LYONNAIS.
(Collection de M. de Saint-Didier.)

de deux chimères formant consoles. Cette table, dont la composition sobre et architecturale rappelle la manière de Du Cerceau, paraît être une œuvre parisienne[3].

Chez M. Spitzer, à Paris : — Échantillon à éventail, formé de deux piliers à termes d'homme et de femme, rattachés par une arcature surmontée d'un mufle de lion; deux monstres à tête humaine sont disposés en consoles latérales[4]; — autre modèle à

---

1. *Recueil de l'Exposition lyonnaise.*
2. Voir le dessin, p. 187.
3. Voir le dessin, p. 189. Ces trois tables sont reproduites dans le *Recueil de l'Exposition lyonnaise.*
4. Voir le dessin, p. 188.

colonnes très courtes, à baguettes; la plate-bande de la ceinture marquetée de bois de couleur; aux quatre angles, des têtes de bélier.

Chez M. Foulc, à Paris : — Table à éventail, formée d'une planche de moyenne épaisseur. Au centre, une cariatide de femme en gaine, soutenue de chaque côté par deux consoles, avec une tête de lion. Ce support, d'un modèle excellent, présente quelque analogie avec celui de la table de Besançon (école bourguignonne)[1]; — autre modèle, porté par quatre chimères placées de biais et regardant les angles de la table; — table à quatre balustres finement sculptés, placés aux quatre angles et réunis par quatre traverses.

Chez Mme veuve Dardel, à Lyon : — Grande table à balustre central enveloppé de lierre et accosté de deux balustres plus petits; aux quatre angles, des pendentifs à chapiteau ionique[2]. (École lyonnaise.)

Toutes ces tables sont en bois de noyer.

On trouve encore d'autres spécimens intéressants chez MM. Benoît (de Lyon), Gavet, Roussel, de Saint-Didier[3], Bonnaffé, le baron d'Yversen (de Gaillac)[4], Victor Gay, Riggs, etc.

1. Voir le dessin, p. 191.
2. Recueil de l'Exposition lyonnaise.
3. Voir le dessin, p. 193.
4. Voir le dessin, p. 192.

VIII

LE LIT

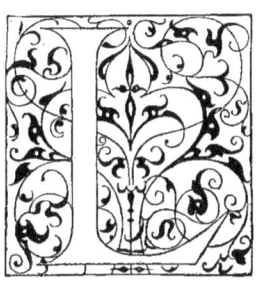E lit mériterait toute une histoire. C'est le meuble traditionnel et sacré de la famille; témoin et confident de la naissance, du mariage, de la mort, il entend le premier cri de l'homme et son dernier soupir; il rappelle toutes les joies, toutes les douleurs; il donne le repos et l'oubli. Nos ancêtres du xvie siècle l'entouraient d'une sorte de vénération, comme s'il eût gardé quelque chose de la sainteté du mariage et du respect de la mort; on le faisait bénir par le prêtre, on le conservait pieusement, on le décorait de son mieux. Le grand seigneur dans ses « pompeuses courtines à l'impérialle », le bourgeois dans sa « couchette à pilliers taillés en Hercules », comme le paysan « couché sur le costé en son lict bien clos et terrassé », chacun voulait un lit commode, pimpant, et de bonne mine. Gilles Corrozet lui dédie un de ses meilleurs *blasons* :

> Lict delicat, doulx et mollet,
> Lict de duvet si très douillet,
> Lict de plume tant bonne et fine,
> Lict d'un coutil blanc comme un cigne...
> Lict dont le chevet est si doulx,
> Qu'il semble que ce soit velouxs,
> Quand on y prent un bon repos...
> Lict dont les draps (comme on demande)
> Sentent la rose et la lavande...
> O lict le parement des chambres,

> Lict d'honneur, plein de toute joye ;
> Beau lict encourtiné de soye
> Pour musser la clarté qui nuict ;
> Lict qui attendz la trouble nuict
> Affin qu'on se repose et couche ;
> Lict soustenu en une couche
> Ouvrée de menuiserie,
> D'images et marqueterie.
> Lict très gentil tant qu'il peult estre ;
> Lict benit de la main du prebstre...
> O lict pudique, ô chaste lict,
> Ou la femme et le mary cher
> Sont joinctz de Dieu en une chair ;
> Lict d'amour sainct, lict honorable,
> Lict somnolent, lict venerable.....

Partager son lit avec quelqu'un est un honneur que François Ier faisait à Bonnivet, Charles IX au comte de La Rochefoucault, Henri IV à d'Aubigné, François de Guise au prince de Condé, son prisonnier. Entre gens bien élevés, c'est une formule de politesse courante : « Dormez-vous seul en ce lit-là ? demande un gentilhomme à un autre. — Ouy, monsieur, et si davantage vous vous trouvez tard en ce quartier, vous me ferez une grande faveur d'en disposer comme du vôtre [1]. »

Dans l'étiquette de la cour, le lit est le siège de cérémonie où se font les réceptions officielles. La femme en grand deuil doit garder le lit pendant un nombre déterminé de jours, pour recevoir les visites de condoléance : « Madame de Charrolois, fille du ducq de Bourbon, son père estoit trespassé, incontinent quelle sceut sa mort, elle demeura en sa chambre six semaines, et estoyt toujours couchée sur un lit couvert de drap blanc [2] de toile et appuyée d'orillicrs... quand madame estoit en son particulier, elle n'estoit point toujours couchée ni en une chambre [3]. »

---

1. *Dialogues de Ducz.*

> Et quand viendra que tu seras au lict...
> Si auprès de toy est couché quelque home,
> Tiens doucement tous tes membres a droyt
> Alonge toy et garde à son endroyt,
> De le fascher alors aucunement.
>
> (*Des bonnes mœurs et honnestes contenances*,
> PIERRE BROE. Lyon, 1555.)

2. Les princesses ont porté le deuil en blanc jusqu'au commencement du XVIe siècle.
3. Alienor de Poitiers, *les Honneurs de la Cour*.

C'est encore dans son lit que l'accouchée, parée de ses plus belles toilettes, reçoit ses premières visites. Chez les bourgeoises parisiennes, ces réceptions ont un éclat et un entrain particuliers : le lit est pompeusement paré, la chambre parfumée, le dressoir garni de sa vaisselle étincelante, les tables servies. A l'entour se tiennent les parentes, les voisines et les amies, plus richement vêtues les unes que les autres ; et tout ce monde boit, mange, fait de la musique et caquette à qui mieux mieux ; si bien qu'on appelait ces réunions des *caquetoires,* et que le *Recueil général des caquets de l'accouchée* a fourni la matière de tout un volume[1].

Le lit a une place d'honneur dans la chambre, près de la cheminée et le chevet adossé au mur. D'un côté, il est séparé de la cheminée par la chaire réservée aux matrones et aux vieillards ; de l'autre, on ménage un passage pour la ruelle, entre le lit et le mur en retour d'équerre. Autant que possible, le lit est placé à main droite, quand on regarde la cheminée ; nos bons aïeux fort amoureux du confort, quoi qu'on en dise, trouvaient avec raison plus commode, quand on est au lit, de s'accouder du côté droit pour regarder dans la chambre, et de se retourner du côté gauche pour descendre dans la ruelle. « Aulcuns desirent le lict estre au costé droit, comme c'est le meilleur », dit Philibert de l'Orme[2] qui recommande de « ne pas ériger les cheminées des chambres au milieu des faces desdites chambres[3], mais de les tirer plus à costé (plus d'un côté que de l'autre), pour donner espace et largeur suffisante à la place du lict et de la chaire qui doit estre auprès, et un aultre petit espace pour la ruelle. Telle largeur doit estre communément de neuf pieds pour le moins aux chambres moyennes qui ont vingt à vingt-deux pieds de large, et de dix pieds à celles de vingt-quatre[4]. » C'est-à-dire qu'en donnant à la couchette une largeur de 1^m,50, par exemple, il reste 60 centimètres pour la chaire et 90 centimètres pour la ruelle dans les chambres moyennes.

1. *Les Caquets de l'accouchée,* Éd. 1855.
2. *Arch.*, IX, 260.
3. Pour les *Salles,* au contraire, il recommande de les placer au milieu.
4. *Id., ibid.*

Il faut distinguer la *couche,* la *couchette,* le *lit de camp* et le *lit de parement :* « Quand les lits ne portoient que six pieds de long, sur autant de large, dit Sauval parlant des lits du xv⁰ siècle, on leur donnoit simplement le nom de couchettes ; mais lorsqu'ils étoient de huit pieds et demi sur sept et demi, ou bien de onze sur dix, ou de douze sur onze, en ce cas-là on les appeloit des couches [1]. » Claude Gouffier possède dans sa chambre, à Paris, « une couche de boys de noyer a marqueterie, à l'imperialle et une couchette de boys de noyer en marqueterie de pareille façon que la précédente, aussy à l'imperialle [2] ». Car les deux meubles sont généralement pareils, sauf que la couchette est plus petite ; la nuit elle sert à coucher un enfant de la maison, un serviteur ou une dame de compagnie ; le jour elle fait l'office de canapé ou de lit de repos.

Le lit de *camp, lectus viatorius* [3], est le lit de voyage à une place, légèrement construit, pouvant se replier, se briser, et d'un démontage facile ; on l'emporte quand on va aux champs pour quelques jours : — « Ung lict de camp de boys, mis en deux malles de cuyr (*Inv. de Ravestain,* 1527) ; — ung boys de lict de camp ou la Roine couchoit, faict en courbe par-dessus (*Inv. du château de Nérac,* 1569) ; — un boys de lict de camp de noyer, carré, les pilliers cannelez dorez, garny de ses crochetz de fer (*Vente Gouffier,* 1572) ; — bois de lict de camp brisé ou non brisé. » (*Statuts de 1580.*) Quelques-uns de ces lits sont luxueusement décorés ; François I⁰ʳ fait présent à Henri VIII d'Angleterre d'un « riche lict de camp estant sur champ de veloux cramoisy, remply de grans ruysseaulx a feuillages d'or gectant fruit de petites perles, de liayson de grosses perles [4] », qui lui avait coûté 13,500 livres. Quelquefois on dresse le lit de camp dans la chambre ; il remplace alors la couchette : « Deux bois de lict de camp servant journellement en la chambre de madame. » (*Inv. Marguerite d'Autriche,* 1523.)

1. Sauval, t. II, p. 280. — Du Fail dit que « du temps qu'on portoit souliers à la poulayne », les lits avaient « trois toises de long et neuf pieds de large ». (*Propos rustiques,* t. VI.) Au xvi⁰ siècle, la dimension des lits est à peu près la même qu'aujourd'hui.
2. *Vente Gouffier,* en 1572.
3. Nicot, d'après Budé.
4. *Comptes des Bâtiments Royaux,* t. II, p. 267 et 404.

Le lit de *parement* est le lit officiel qui ne sert qu'aux grands jours, pour les couches, les deuils, les réceptions de cérémonies, etc. : « Lict de parement, *a womans childbed, or a great sparver bed that serves only for show, or to set out a roome.* (Cotgrave.) Un appartement de luxe comporte toujours une chambre d'apparat, avec ses meubles et le lit de parement magnifiquement décorés, le tout inhabité le plus souvent et ne servant que pour la montre. Chez les princes, le lit de parement est protégé par une balustrade : « Aux licts des roys et princes, on met communément tout à l'entour, de petits baleustres, ou aultres ornements en façon d'appuy, qui sont de trois pieds de haulteur, et deux ou trois aultres loing du lict, afin que l'on n'en puisse approcher. Ce qui doit estre à propos du Ode (dais ou pavillon) qu'on met par-dessus le lict royal, auquel on accommode quelquefois des seconds rideaux de toille d'or, ou d'autre matière, ainsi que leur Majesté le requiert [1]. »

Pendant toute la durée des grands deuils, le lit de parement est garni d'étoffes noires. Nous avons décrit dans l'*Inventaire de Catherine de Médicis* le somptueux lit de deuil de la reine-mère; celui de Louise de Lorraine se compose de « sept pantes fond et doulcier, quatre quantonnières, parade et soubassement de velours noir, trois rideaulx de damas noir, ung dais de velours noir, garny de six pentes et sa queue, le tout chamarré de passemens, franges et crespine d'or et d'argent, quatre pommes garnyes de mesme ». (*Inv. de Chenonceaux.*)

De tous les meubles du xvie siècle qui sont parvenus jusqu'à nous, le lit est le plus rare; à ce point que le musée de Cluny n'en possède qu'un seul et que les plus grandes collections publiques et privées en sont dépourvues. Nous verrons tout à l'heure que déjà, vers la fin du siècle, le lit de bois sculpté commence à disparaître, remplacé par le lit d'étoffe sans bois apparent. Or, que faire des vieux lits démodés ? Le coffre, l'armoire, la table, le dressoir, une fois passés de mode, pouvaient, à la rigueur, servir dans les chambres hautes; au pis aller on les léguait à l'église, qui les plaçait dans la sacristie. Mais le lit,

[1]. Phil. de l'Orme, *Arch.*, IX, p. 260.

meuble encombrant, trop vaste pour les chambres d'amis, inutile à la maison comme à l'église, d'une construction fragile et d'une conservation précaire, était condamné fatalement à s'en aller pourrir dans le galetas. C'est donc un hasard si quelques spécimens ont échappé à la ruine. En étudiant les transformations du lit, de Louis XII à Henri IV, nous signalerons au fur et à mesure les rares monuments de ce genre qui ont été recueillis.

Louis XII — François Ier. — Au début du siècle, le lit, ainsi que tous les autres meubles, est encore gothique d'esprit, de forme et d'ornement. On a vu naguère au palais de l'Industrie un lit de cette époque[1] ou plutôt une *alcôve* provenant du château d'Argentelles (Orne). Cette boiserie, portée sur une estrade élevée de deux marches, comprend deux côtés à angle droit surmontés d'un dais. L'un de ces côtés est formé de petits panneaux de menuiserie, l'autre de panneaux et de montants sculptés; les ornements, comme ceux du dais à clochetons, sont fouillés avec une grande délicatesse.

La boiserie d'Argentelles n'est pas un *lit de justice,* comme on l'a prétendu, mais une alcôve destinée à renfermer un lit ordinaire, avec sa ruelle et ses armoires. Au château d'Angers, la « chambre du petit retraict du Roy (René) » renfermait « une couchette de bois toute enchassillée (entourée d'une boiserie à panneaux), sur laquelle a unes armaire (des armoires) de boys pour mectre le harnoys (les habits) du roy... item, au-devant des armaires, un rideau d'estamine blanche[2] ». Cette description s'applique exactement à la boiserie d'Argentelles : les panneaux d'un des côtés devaient servir pour former des armoires ou placards pris dans l'épaisseur du mur[3]; ils étaient recouverts d'un rideau, ce qui explique l'absence de toute sculpture de ce côté. On suspendait le ciel et les courtines au plafond du dais, suivant la mode en usage à la fin du xve siècle et dans les premières années du xvie.

1. Appartenant à M. le comte de Courtivron et gravé dans le *Magasin pittoresque.* Au palais de l'Industrie, le lit avait été mal remonté.
2. *Inv. du château d'Angers*, 1471-1472.
3. Voir plus haut, p. 157.

Le lit de la Renaissance n'a point d'alcôve; il est isolé, indépendant; le châssis à colonnes et à ciel porte lui-même sa garniture. Les châlits de *parement* sont peints et rehaussés d'or, les colonnes dorées ou enveloppées d'étoffe; les garnitures sont faites de soie de velours, de tapisserie ou de cuir doré : — « Ung

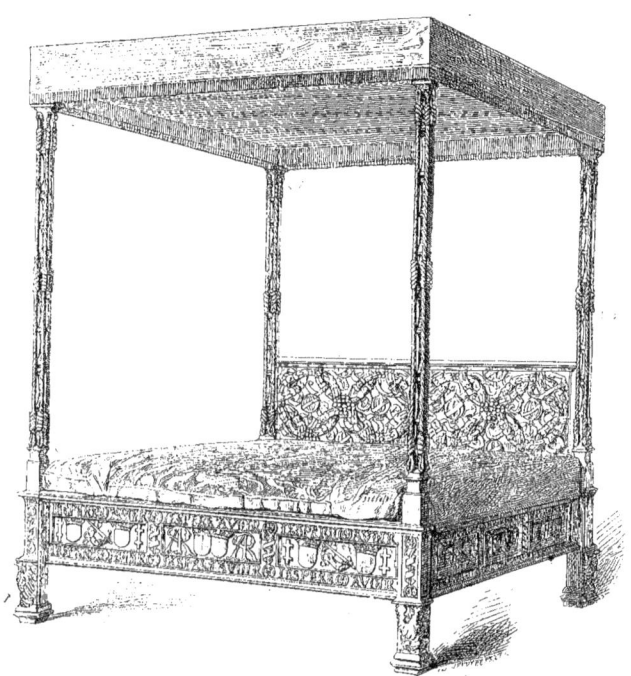

LIT D'ANTOINE DE LORRAINE.
(Musée lorrain de Nancy.)

chaslit, baston et deux carreaux (oreillers), garnys de cuir doré : ung chaslit painct d'or et d'azur, garny d'écarlate rouge; une couche à gros pilliers dorez (*Inv. de Gaillon*); — huict bastons de lict servans à deux lictz de can (camp), les quatre couvertz de satin broché, et les autres quatre couvertz de drap d'or, satin cramoisi et satin blanc; deux pommes d'argent, chascune une boucle dessus et troys soulleils dorez, pour servir à tendre pavillon de lictz (*Inv. de Charlotte d'Albret*, 1514); — pilliers de boys estans audict lict, painctz de rouge et dorez. » (*Inv. Marguerite d'Autriche*, 1523.)

Parmi les lits de cette période, le plus remarquable par son extrême rareté, la richesse de sa décoration et l'illustration de son origine, est sans contredit le lit d'Antoine, duc de Lorraine, conservé au musée de Nancy [1]. Ce remarquable monument vient du château de Vaudémont. Transporté à Nancy vers 1837, exposé en vente chez un marchand d'antiquités, amené à Paris et acheté par le Gouvernement pour le Garde-Meuble, le lit du duc Antoine, en vertu d'un prêt de l'État, est enfin rentré au

LIT D'ANTOINE DE LORRAINE. — DÉTAIL DE LA TRAVERSE.
(Musée lorrain de Nancy.)

palais ducal, en 1872. Le châssis mesure 2^m,31 de long, sur 2^m,19 de large. Les trois traverses rectangulaires se divisent chacune en trois panneaux allongés, qui sont ornés d'écus aux armes et aux chiffres d'Antoine et de Renée de Bourbon, sa femme, et entourés d'une frise portant la devise : IESPERE AVOIR; tous ces ornements sont sculptés dans le bois. Le chevet, de forme carrée, s'élève à 0^m,71 au-dessus du châssis; il offre une composition compliquée de couronnes (*chappeaux de triumphe*) entrelacées, de sphères et de banderoles (*roulleaux*) également sculptées. Quatre colonnes sont placées aux angles; elles sont formées d'un fût cantonné dans toute sa longueur de quatre cordes avec des nœuds aux extrémités et au milieu. Le lit est doré, le fond du chevet peint en vermillon et damasquiné d'or, formant un ensemble d'une grande richesse et du meilleur goût. Le mariage d'Antoine de

1. Voir les dessins, p. 201, 202, 203.

Lorraine et de Renée de Bourbon ayant eu lieu en 1515, la construction du lit doit remonter à cette année ou à l'année suivante [1].

Le dais et la garniture de ce lit princier ont disparu; mais on les retrouve exactement décrits dans les inventaires du château de Nancy [2] : « Ung autre bois doré servant au ciel de satin cramoisy chargé de chappeaulx de triumphe (*Inv. de 1532*); — Treizième tendue : ung lict satin cramoisy avec des chappeaulx de triumphe faictz en fondz de broderie de toile d'argent, des spères (sphères) toille d'or noire, pourfillé de cordon d'or, des roulleaux toille d'or et d'argent filés aux devises de « IESPERE

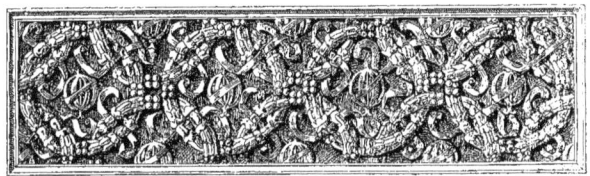

LIT D'ANTOINE DE LORRAINE. — DÉTAIL DU CHEVET.
(Musée lorrain de Nancy.)

AVOIR »; six pentes frangées de soye rouge aux crespines d'or nouées, le dict ciel garny de son dossier. Trois rideaux damas cramoisy à un passement d'or à jour sur les coustures, frangées de soye rouge et d'or. » (*Inv.* sans date, fin du XVIe siècle.) On remarquera que la garniture du lit reproduit les devises et les emblèmes sculptés dans le bois. Huit pièces de tapisserie, également de satin rouge brodé, accompagnent cette *treizième tendue* (tenture) et sont destinées à garnir les murs de la chambre.

Les lits ordinaires conservent la décoration gothique, « les bastons tortissez, le dossier ouvré à panneaux de menuyserie et à crête (*Inv. de Pierre Jaquoti*, 1523 [3]); — un grand lict de boys

---

[1]. Ces détails sont empruntés à la savante notice de M. Léon Germain, Caen, 1885. La photographie nous a été obligeamment communiquée par M. L. Wiener, conservateur du musée.

[2]. M. Émile Molinier, à qui nous devons ce curieux renseignement, a bien voulu transcrire pour nous le texte même de l'inventaire. (*Collection de Lorraine*, Bibl. nat.)

[3]. Publié par M. Albert Babeau.

de noyer, ouvré à cordelières, angelotz et lyons[1]. » (*Marché de Gatien Gillier,* 1516.)

Deux estampes au trait, qui paraissent de la main de Du Cerceau[2], représentent, l'une, un lit d'une décoration somptueuse, vu de face, enfermé dans une sorte d'alcôve à dais soutenu par des pilastres à fuseaux et à bases prismatiques ; l'autre, un lit plus simple vu latéralement, dont le châlit à médaillons, très élevé au-dessus du sol, porte des colonnes et des balustres finement travaillés ; sur la frise de la galerie supérieure, on lit : MVLTA RENASCENTUR QVE *(sic)* NVNC CECIDERE 1535.

HENRI II — HENRI IV. — Vers la fin du règne de François Ier, on avait déjà commencé à remplacer les colonnes de lit par des cariatides : — « Une couchette de bois de noyer à six pieds de long, quatre pieds de large, à pilliers tournez à hommes saulvaiges (*Inv. Raoul de la Faye,* 1544) ; — une couche de bois de chesne à pilliers taillez à Hercules. » (*Inv. Charles Cornu,* 1545.) La mode des cariatides fut très en faveur sous Henri II, sans cependant détrôner les anciennes colonnes et les balustres ; le lit du roi au palais des Tournelles, tel qu'il figure dans la planche de Tortorel et Perissin, est surmonté d'un pavillon porté par quatre termes à gaine. Du Cerceau a dessiné plusieurs lits, la plupart à balustres, dont quelques-uns, d'une invention bizarre, ne paraissent pas avoir jamais été exécutés[3]. Les jolies vignettes du Petit-Bernard fournissent de nombreux exemples de lits à cariatides ; elles indiquent également les diverses façons de disposer les ciels et les pentes, et de relever les courtines.

Ces garnitures sont parfois si dispendieuses que le lit lui-même devient un accessoire ; le sculpteur et le menuisier arrivent en seconde ligne et se subordonnent aux convenances du brodeur. En 1559, Raoulland Vaillant, un des maîtres menuisiers les plus renommés de Paris, très employé aux travaux du Louvre, s'engage

---

1. Voir ci-contre le lit de Brou.
2. Collection Foulc.
3. Voir p. 68, note 1.

vis-à-vis du sieur de Vassé « à faire bien et deuement le grand chalit du lit, avec les armes dudit sieur, et ce de pareille gran-

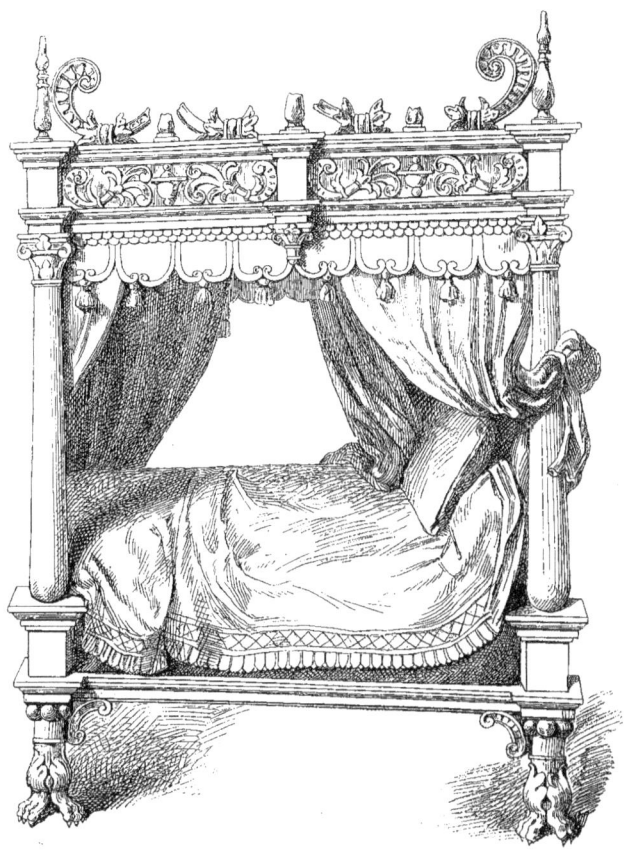

LIT.
(D'après un bas-relief de l'église de Brou.)

deur et largeur que est le ciel faict par le brodeur d'iceluy sieur de Vassé, lequel ledit Vaillant a vu et a dit estre propre à iceluy chalict, estant de la grandeur d'iceluy ; ensemble faire les graveures (sculptures) et moulures d'iceluy »[1].

Marie Stuart, dont tout le mobilier venait de France, avait emporté en Écosse une trentaine de lits magnifiques, les uns de velours vert, incarnadin, violet, cramoisi, écarlate, violet brun ; les autres de drap d'or, de satin rouge, bleu, jaune et blanc, ornés de chiffres, de fleurs, de feuilles de houx, de broderies d'or, avec

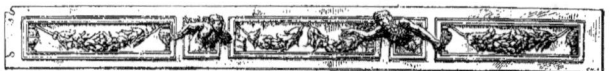

LIT. — LYONNAIS.
(Collection de MM. Desparin et Montel, de Lyon.)

franges, crépines et cannetilles d'or et d'argent. Chacun avait son nom, le lit de la *Chasse du roi,* des *Travaux d'Hercule,* des *Phénix d'or,* le lit *Souvienne vous en,* etc.[2]

A Paris, chez Claude Gouffier, grand écuyer de France, un des lits de parement est en « velours blanc brodé d'argent aux devises du feu roy Henry » ; un autre en « damas cramoisy

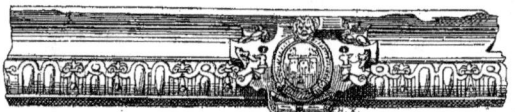

LIT D'URFÉ.
(A la Diana de Montbrison.)

à deux grandes espées de grand escuyer, les oreilletz de velours cramoisy garnys chascun d'un passement d'or » ; le ciel de lit « à l'imperialle, a cinq pommes de boys dorez, garnyes de leurs pleumaches ».

Comme on le pense bien, ces splendeurs ne sont pas l'affaire du petit bourgeois, ni même du gentilhomme de province, qui se contentent de serge, de toile ou de drap. Jehan de Caxoo, gentil-

---

1. Communiqué par M. le baron Pichon.
2. *Inventaire de Marie Stuart,* Édimbourg, 1863.

homme de Pau (1557), couche dans « ung lict garny de toille peincte ». Jehan de Charmolue, de Noyon, possède « un chalict faict en coffre, là où il couche, plus la paillasse, matras couvert de futenne, deux linceulx (draps de lit) des plus délyés, le plumion (édredon), la couverture verde, le loudier (grosse couverture) à la turque qui est de thoille de cotton peincte, les rideaulx avec le pavillon, le tout orangé et accoustré en broderye, avec le traversier et oreiller garny ». Quant aux serviteurs de la maison, ils ne sont pas trop mal partagés : la vieille servante couche dans un « chalict avec le lit de plume, traversin, couverture tannée, couverture de tapisserye, les matras et une paire de linceulx moyens »[1].

Sous Charles IX, la menuiserie parisienne renonce peu à peu aux cariatides monumentales, pour revenir aux colonnes qui masquent moins les garnitures, les rideaux et doubles rideaux ou custodes[2]. Ces colonnes sont tantôt unies ou cannelées, tantôt taillées en forme de balustres ou de fuseaux allongés, et plus ou moins décorées de sculptures : — « Quatre pilliers de bois de lict d'ébène, garnys de huict boëstes d'argent avec leurs verges de fer; quatre colonnes de gecz (jais) fermant à viz. » (*Inv. Catherine de Médicis.*) Ces colonnes ou balustres devaient se composer de plusieurs pièces en enfilage, reliées ensemble par une tige ou verge de fer : — « Une couche et une couchette, chascune à dossier et à pilliers tornez à vase par le bas, et les costez goderonnez. » (*Marché de Jacques Remard*[3], *M^re menuisier de Paris*, 1566.) Chez maître Ponce Jacqueau (*sic*), sculpteur et architecte du roi, la couche et la couchette sont « de boys de noyer à bas dossier, à

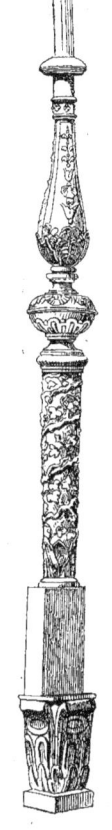

QUENOUILLE
DU LIT D'URFÉ.
(A la Diana
de Montbrison.)

---

1. Comte de Marsy, *Mobilier d'un gentilhomme noyonnais*.
2. « Tirez-moy ma custode que j'essaye à reposer », dit Charles IX mourant à son premier médecin. (P. de l'Estoile.)
3. Communiqué par M. le baron Pichon ainsi que l'inventaire suivant.

pilliers tornez, cannelez et par bas à pyramie (pyramide) renversée. » (*Inv. de Ponce Jacqueau*, 1570.)

On rencontre encore dans le commerce un assez grand nombre de ces quenouilles de noyer, sans sculpture pour la plupart, mais fort délicatement tournées. Le lit du musée de Cluny, qu'on a longtemps attribué au règne de François Ier, bien qu'il date de Charles IX, offre un modèle très riche de quenouilles formées de bagues, de gaines, de vases et de balustres superposés. Un

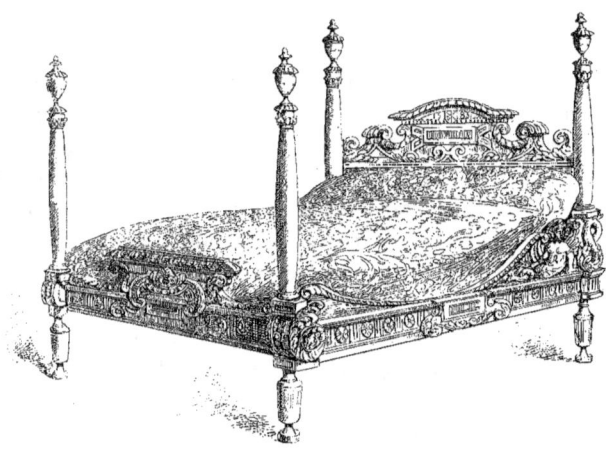

COUCHETTE.
(Collection de M. Chabrières-Arlès.)

modèle aussi élégant, mais d'un profil différent, existe à la Diana de Montbrison qui conserve quatre quenouilles et la traverse antérieure du lit d'Urfé provenant du château de la Bâtie [1]. Une couchette dont les quenouilles ont été tronquées fait partie de la collection de M. Chabrières-Arlès; elle porte la date de 1583, les armes des Béranger de Sassenage, et vient du château de Treminis, près de Grenoble [2]. Une autre couchette, ayant appar-

---

1. Nous devons la photographie de ce lit à M. Beluche, photographe à Montbrison. Voir les dessins, p. 206 et 207.
2. Ce lit a subi quelques restaurations; les vases qui surmontent les colonnes sont modernes. Voir le dessin ci-dessus.

tenu au sieur d'Yversen, qui fut ambassadeur de Henri II, se trouve encore à Gaillac, chez M. le baron d'Yversen [1].

On remarquera dans tous ces lits, comme dans ceux de Du Cerceau et de Henri II au palais des Tournelles, la grande élévation de la couche au-dessus du sol. C'était une mesure d'hygiène, de propreté et de sécurité tout à la fois; le lit devait être « haut terrassé », suivant le mot de Noël du Fail, et, pour l'enjamber, on se servait d'un marchepied volant qu'on glissait

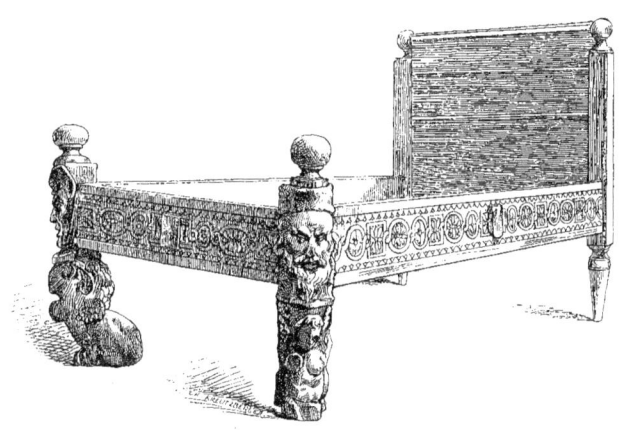

COUCHETTE.
(Collection de M. le baron d'Yversen, à Gaillac.)

sous la couche pendant le jour. Parfois, le marchepied lui-même formait un coffre. L'ancien lit du château d'Usson, qui passe pour avoir servi à Marguerite de Valois, repose sur des boules de 0^m,62 de haut, et les amateurs d'historiettes n'ont pas manqué de rapporter à cette occasion l'aventure du jeune galant que la reine faisait, dit-on [2], cacher sous son lit pendant les inspections de Canillac, le gouverneur du château.

Le musée de Quimper conserve un lit de chêne qui offre cette particularité que les traverses à godrons sont surmontées

---

1. Voir le dessin, p. 209. Le chevet n'est pas celui d'origine.
2. *Divorce satyrique.*

d'une petite balustrade à jour, interrompue de chaque côté pour permettre de monter aisément dans le lit[1].

Signalons, à titre de singularité, un des lits du château de Nérac « peint en noir poli, les colonnes faictes en bastons rompus, le dossier de mesme et les lozanges ou carreaux remplis de petits enfans faicts en cuivre esmaillé ». (*Inv. du château de Nérac*, 1569.) Cette disposition bizarre n'est pas sans analogie avec certains lits du xviie siècle qui nous viennent du Portugal.

Avec Henri III, le luxe des lits continue de plus belle. Jacques

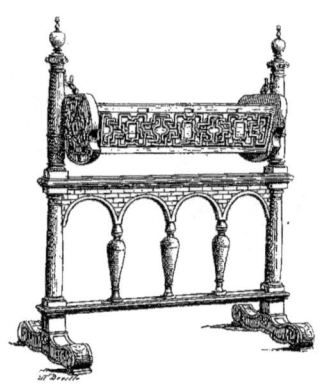

BERCEAU.
(Collection de M. Montalban, de Brioude.)

Malingre, avocat au Parlement de Paris en 1579, fait faire : « une couche à pilliers tournez, enrichie de taille (sculpture) bronzée ; les colonnes cannelées de boys de Brésil, les panz enrichiz de marqueterie de fleurs avec deux pièces de jaspe et une roze d'ébeine et d'ivoyre au millieu à chacun des deux pans. » (*Marché de Symon Hardouyn*[2], 1579.)

En même temps, les garnitures deviennent encore plus importantes ; on veut des ciels et doubles ciels, des pentes et doubles pentes, des rideaux et des bonnes grâces avec « deux oreillers de

---

1. Le dais est moderne ; nous avons fait dessiner ce lit d'après la gravure de *l'Art architectural en France*, de M. Eug. Rouyer. Nous saisissons cette occasion pour remercier le savant architecte et l'habile dessinateur des indications qu'il a bien voulu nous fournir.
2. Communiqué par M. le baron Pichon.

satin en broderie afin de soustenir les bras sans peine » [1]. C'est une lutte entre le tapissier et le huchier, lutte dans laquelle le tapissier gagne chaque jour du terrain et finit par détrôner son concurrent. Bientôt le lit ne sera plus qu'un bâtis invisible dont

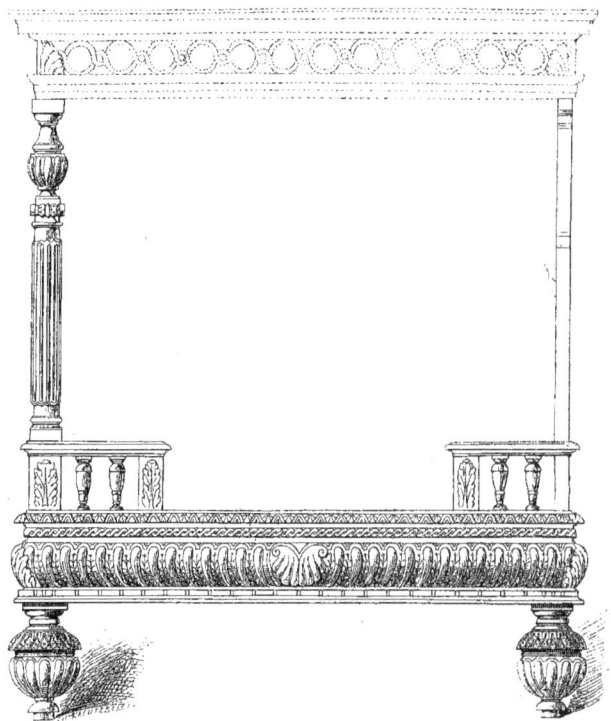

LIT.
(Musée de Quimper.)

les colonnes seront dissimulées au moyen de *chaussettes* ou de *fourreaux* et les traverses disparaîtront sous une enveloppe de velours ou de soie : — « Ung lict de réseuil (guipure) d'or, d'argent et de soye, quatre fourreaux pareils pour les colonnes ;

1. *Isle des Hermaphrodites.*

ung lict de damas blanc garny de franges d'or, les bonnes grâces et le soubassement de velours incarnat et jaune, quatre chosettes pour les piliers; les artebois dudict lict couvertz de damas blanc. » (*Inv. Catherine de Médicis,* 1589.)

Chez le bourgeois parisien et dans la province, la colonne et le balustre apparents persistent encore. On remplace les garnitures ruineuses par des broderies sur fond de serge ou de drap, que les femmes font elles-mêmes sans l'intervention du brodeur ou du tapissier. Il n'est pas rare de trouver chez les marchands des fragments de pentes ou de rideaux anciens brodés à la main, par petits carreaux d'un goût parfait, qui portent souvent des devises ou des monogrammes.

A partir de Henri IV, le lit de bois sculpté a vécu. En 1602, Jacques Lallemand, de Nancy, est chargé de faire, pour le palais ducal, « un *lict de repos* de noyer, façon d'Italie, à quatre colonnes et deux layettes qui se tirent l'une par devant et l'autre par le pied, fermé tout à l'entour de panneaux »[1]. Mais le lit véritable n'est plus l'œuvre du menuisier ni du sculpteur; c'est le triomphe du tapissier, un monument d'étoffe, de broderie et de passementerie, dont le lit du maréchal d'Effiat, au musée de Cluny, peut à peine donner une idée.

1. *Comptes du Palais ducal.*

IX

LE SIÈGE

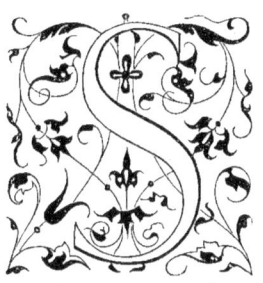

Si le meuble est l'image des mœurs, le siège en est l'expression la plus significative. Le coffre, la table, le dressoir, sont des meubles collectifs, impersonnels, faits pour la famille plus que pour l'individu, si bien qu'ils peuvent encore servir aujourd'hui. De même, nous dormons à merveille dans un lit du XVIe siècle, par cette raison que le lit est un cadre banal où chacun dispose à son gré la literie qui lui convient et qui seule est personnelle.

Plus voisin de l'homme, plus intime et plus enveloppant, le siège est fait exclusivement pour ses contemporains ; les générations suivantes s'y trouveront mal à l'aise. Chaque siècle, chaque peuple le façonne à ses modes, à ses costumes, à ses habitudes sociales, à ses attitudes quotidiennes. L'allemand vous offrira sa chaise raide et droite, en étoffe de crin; l'anglais, son fauteuil Brougham; le créole, sa balance; l'oriental, son divan; le français, sa causeuse. A mesure que les caractères s'abaissent, le siège descend et le dossier s'incline. Suivant qu'il est rare ou abondant, varié ou uniforme, majestueux ou intime, étroit ou large, rigide ou fondant, les mœurs de la maison seront différentes, graves ou familières, puritaines ou raffinées, casanières ou extérieures ; les gens seront plus ou moins sociables, plus ou moins amoureux du bien-être intérieur et du coin du feu.

La Renaissance taille ses meubles à son image. Rieuse, avenante et sans-façon, elle aura des sièges nombreux, variés, propres à la causerie; elle aime les bons contes et veut les écouter à l'aise. Mais il convient de s'entendre : le confort de la Renaissance n'a rien de commun avec le nôtre. Par exemple, les femmes, chez elles comme à l'église, préféraient s'asseoir sur des coussins jetés sur le sol, à la façon des orientales; nos françaises y trouvaient l'avantage de montrer leur souplesse et leur grâce, tout en déployant un bel étalage de toilette, ce qui n'a jamais été fait pour leur déplaire. Une miniature du XVIe siècle [1] représente Anne de Bretagne dans sa chaire à dais, entourée de ses femmes, assises par terre sur des coussins, et Brantôme nous apprend que, de son temps, « la coustume estoit à la cour qu'on ne s'assioit autrement qu'en terre quand la Royne y estoit »[2]. Certaines femmes, les duchesses, par exemple, avaient seules le droit de mettre le coussin sur un tabouret[3]. A la ville et dans l'intimité, les jeunes filles s'asseyaient sur des coussins par terre, les jeunes femmes sur des tabourets ou des chaises basses; les sièges à dossier et à bras étaient réservés aux matrones et aux personnes d'un certain rang. Quant aux hommes, accoutumés à la vie dure et au grand air, habillés de vêtements solides, résistants et peu maniables, ils aimaient les sièges élevés, qui maintiennent le corps droit, le font « asseoir haultement », sans lui rien retrancher de sa taille ni de sa dignité. On les eût fort humiliés en les jetant dans un de nos grands fauteuils dits confortables.

L'élévation du siège tient d'ailleurs à d'autres causes. Quoi qu'en dise Corrozet, qui célèbre la

> Chambre où pour faire un doulx marcher
> On a embrissé (lambrissé) le plancher,

les planchers de menuiserie sont une exception au XVIe siècle. Nos aïeux préféraient le carrelage de faïence ou de terre colorée;

---

1. *Gazette des Beaux-Arts*, 2e pér., t. IV, p. 504. Le même recueil (t. XXXIV, p. 337) contient la reproduction d'un tableau de Pourbus le vieux, où la jeunesse est assise sur le sol, pendant que d'autres personnages mangent, dansent et font de la musique.
2. *Dames galantes*.
3. Telle est l'origine du tabouret à la cour, si convoité par les femmes aux deux derniers siècles.

ils le trouvaient plus hygiénique, plus propre, plus attrayant à l'œil, et se bornaient à jeter çà et là quelques tapis mobiles. Pour éviter le contact des carreaux, les vieilles gens se servaient toujours d'un tabouret ou *marche haute;* dès lors on fut obligé de surélever le siège pour compenser la hauteur de la marche. De même, l'exhaussement du lit au-dessus du sol[1] a dû entraîner l'élévation de la chaire, invariablement placée à côté. Ajoutons que les anciens constructeurs ayant l'habitude de monter à trois pieds au moins l'allège ou mur d'appui des fenêtres, le siège devait avoir une hauteur suffisante pour permettre à une personne assise dans l'embrasure de regarder aisément au dehors.

Ainsi s'explique l'élévation des sièges, qui choque toujours au premier abord. Ces honnêtes bourgeois de la Renaissance, esprits sensés et positifs, entendaient parfaitement le bien-être matériel, n'en doutez pas; seulement ils l'entendaient et le pratiquaient à leur manière. Vouloir juger leur confort d'après les sièges conservés dans nos musées est une erreur commune. Nous ne connaissons qu'un fort petit nombre de modèles, presque tous étant détruits; en outre, les anciennes garnitures ont disparu. Dans l'origine, le dossier était doublé d'une « couverture » rembourrée, les accoudoirs entourés de manchettes et le siège garni de coussins. Or, le coussin c'est le confort rendu mobile, indépendant, portatif; « le coussin remplit les coins, adoucit les angles, épouse les formes, donne le moelleux et le fondant nécessaires. Chacun le place, le déplace comme il l'entend, et dispose son confort à sa guise, suivant sa posture du moment. L'entretien est des plus simples, et l'étoffe une fois usée, on la remplace sans être obligé de déménager périodiquement son mobilier. Cette combinaison ingénieuse laisse à l'ouvrier qui taille le bois toute sa liberté; il peut l'enrichir à son goût et faire œuvre d'art, le coussin se chargera du reste[2]. »

Ainsi « houssé et caparaçonné », le siège devenait fort habitable, et nous voyons les raffinés prendre, en s'asseyant, des attitudes indépendantes que ne désavouerait pas le *gentleman* le

---

1. Voir p. 209.
2. *Causeries sur l'art et la curiosité,* Paris, Quantin, 1878, p. 138.

plus américanisé de nos jours. Gratien du Pont, dans ses *Controverses* (1540), représente « ung muguet, trouvères et causeur, *par grand gloire couché* sur une chaire » garnie de ses coussins « de fin velours et de drap d'or ou broché ». Du Fail raconte l'aventure d'une femme qui sommeillait « en sa chaire, une après-disnée, moitié en guerre, moitié en marchandise, c'est-à-dire à demi renversée, les pieds assez hauts sur deux tabourets »[1]. Et Montaigne lui-même confesse qu'il « ayme à se reposer soit couché, soit assis, les jambes autant ou plus hautes que le siège »[2].

Quant au nombre et à la variété des sièges, si l'on veut s'en faire une idée, ce ne sont pas les musées, mais les inventaires qu'il faut interroger. Les renseignements qui suivent, tirés des inventaires contemporains, montrent à quel point la Renaissance savait multiplier les modèles pour satisfaire aux exigences les plus compliquées du bien-être.

CHAIRE, CHAISE, CACQUETOIRE, FAULDESTEUIL

Au XVIe siècle, *chaire* et *chaize* sont le même mot. Les gens du Nord et de l'Est écrivent et prononcent *chaière*, les Parisiens *chaire* et *chaize*. Cotgrave traduit chaize par *a pulpit*, une chaire à prêcher ; le devis des stalles de la chapelle d'Anet (1566) porte : « Item, fauct faire les chaizes pour asseoir les chanoines, au nombre de vingt. » Au XVIIe siècle, Martine, qui conserve, en dépit des *Femmes savantes*, le vieux parler parisien, dit encore :

Les savants ne sont bons que pour prêcher en chaise.

Le siège à dossier très élevé, que les amateurs appellent improprement une *stalle*, se nommait jadis *chaire* ou *chaize à hault dossier;* le siège à petit dossier, que nous appelons *chaise*, s'appelait *chaire* ou *chaize basse* ou *à bas dossier* : « Une chaize à hault dossier, à ung coffre fermant à clef (*Inv. Simon Drouet*, 1545); — une chaire de bois de noyer à hault dossier à marque-

---

1. *Eutrapel*.
2. Chap. III, t. IX.

terie; six petites chaires de boys de noyer à bas dossier, aussy à marqueterie (*Vente Gouffier*); — une petite chaize basse garnye de velours verd, le bois doré. » (*Inv. Catherine de Médicis,* 1589.)

Chaire a hault dossier. — C'est la chaire proprement dite, le siège d'honneur réservé aux vieillards et aux personnes de distinction. Elle se compose généralement d'une estrade, *estrier* ou *marche haulte,* servant de marchepied; d'un coffre dont le siège est le couvercle; de deux accoudoirs et d'un grand dossier surmonté d'un entablement ou d'un dais. On la place entre la cheminée et le lit, adossée au mur, et le revers n'est jamais façonné.

La chaire cache souvent une armoire ménagée dans l'épaisseur du mur, et s'ouvrant au moyen du panneau du dossier, monté à charnières dans sa partie inférieure. En se rabattant, ce panneau vient poser sur les accoudoirs de la chaire pour former tablette de nuit. Le coffre et l'armoire renferment le linge courant avec les objets nécessaires au service de la nuit[1].

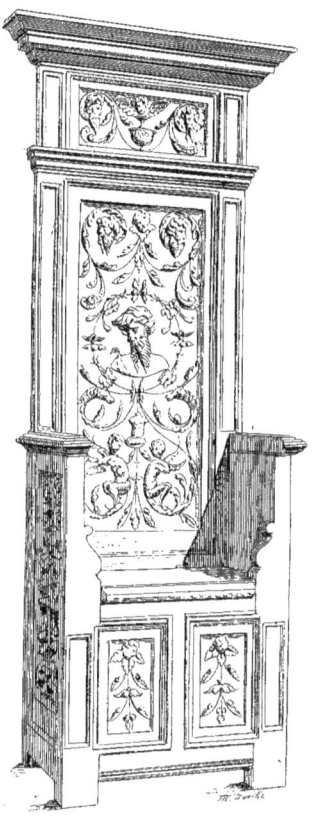

CHAIRE A HAUT DOSSIER. — AUVERGNE.
(Collection de M. Martin Le Roy.)

Voici comment Gilles Corrozet blasonne la *chaire* :

> Chaire pleine de bons ouvrages,
> Chaire enlevée (sculptée), à personnages,

1. La *Gazette des Beaux-Arts* (t. VII, p. 552) a donné le dessin d'une de ces chaires.

>Chaire de pris, chaire polye,
>Chaire de façon bien jolye ;
>Chaire ou l'ouvrier, par bonne entente,
>Tailla mainte table d'atente,
>Feuillages, vignettes, frizures
>Et aultres plaisantes figures.
>Chaire couverte à chapiteaux,
>Chaire garnie d'escripteaux,
>Dignes de la langue et de la bouche,
>Chaire compaigne de la couche.
>Chaire près du lict approchée
>Pour deviser à l'accouchée.
>Chaire faicte pour reposer,
>Pour caqueter et pour causer.
>Chaire de l'homme grand soulas,
>Quand il est travaillé et las.
>Chaire bien fermée et bien close,
>Ou le muscq odorant repose
>Avec le linge delyé,
>Tant souef fleurant, tant bien plyé ;
>Chaire belle, chaire gentile,
>Chaire de façon tressutile,
>Tu es propre en toute saison
>Pour bien parer une maison.

La chaire, avec son dossier monumental, offrait un champ tout disposé pour la décoration, et nos artistes n'ont pas manqué d'en tirer parti ; la plupart des chaires conservées dans les collections sont des spécimens excellents de sculpture [1].

Au début de la Renaissance, la chaire se fabrique en chêne, quelquefois en cèdre ou en bois blanc ; elle est peinte et souvent dorée : — « Une chaière de bois blanc, le siège ouvré d'or (*Inv. Marguerite d'Autriche*, 1523) ; — une chaire de sappin (*Inv. de Chambéry*, 1498) ; — chaizes de bois de cèdre et autres, pour servir à l'emmesnagement du château de Fontainebleau (1535) ; — une vieille chaire de boys paincte aux armes de feu Madame (*Inv. de Chambéry*) ; — trois chayses dorez, avec coussinez de vellours ; une autre chaire de bois doré à cordes, à la devise de Bourbon. » (*Gaillon*, 1508.) — Les meilleurs artistes ne dédaignaient pas de décorer eux-mêmes ces meubles somptueux ; en 1495, Jehan Bourdichon, peintre du roi, reçoit 24 livres « pour avoir fait faire deux grans chaires par luy paintes et toutes

---

[1]. Voir, p. 61, le dossier d'une chaire.

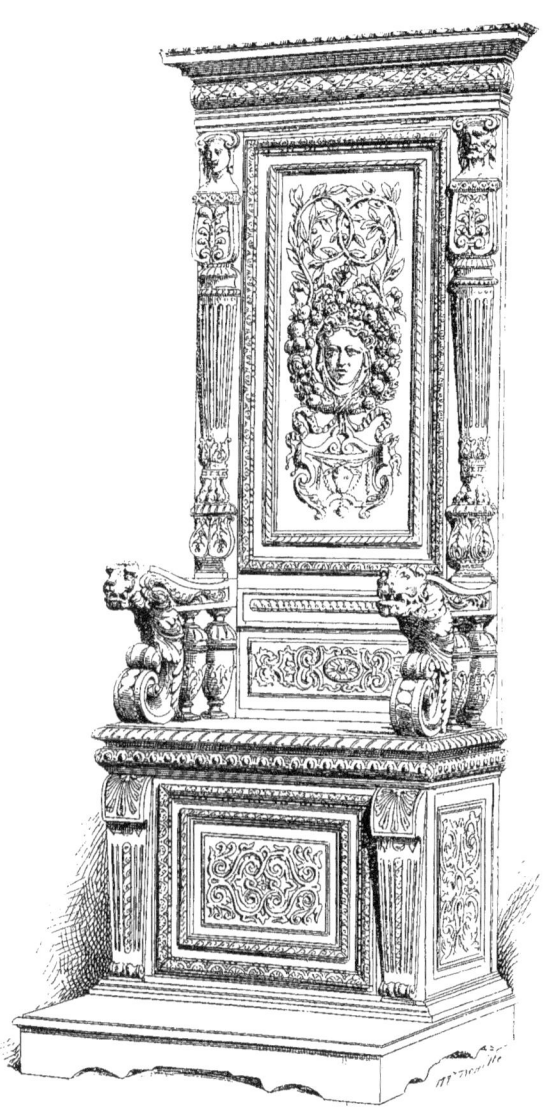

CHAIRE A HAUT DOSSIER. — LYONNAIS.
(Collection de Mme veuve Rougier.)

doréez pour le service de la Reine » [1]. Ces chaires étaient garnies de cuir rouge et frangées de soie noire et tannée.

La chaire du bourgeois est plus modeste ; Jehan Leclerc, enlumineur juré de la ville de Paris et relieur, rue de la Verrerie (1544), possède « une chaize de bois de chesne à hault dossier, fermant à clef, garnye de sa marche haulte, à un escu de France et rosètes » [2].

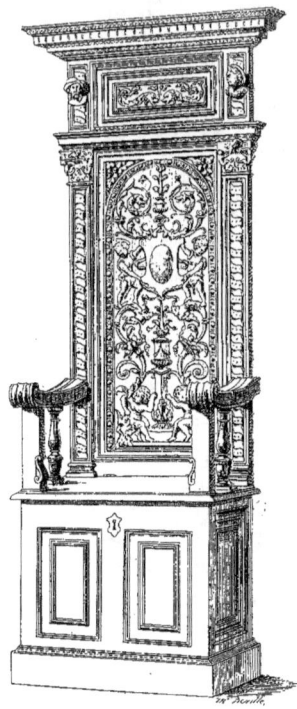

CHAIRE A HAUT DOSSIER.
(Collection de M. Hainauer.)

Le nouveau modèle introduit sous Henri II est moins massif et le siège plus large ; les museaux, dégagés et cintrés pour épouser la forme du bras, se terminent souvent par une tête de bélier. Les montants latéraux du dossier sont garnis de longues figures en gaine, de colonnettes ou d'ornements en forme de plumes ; le couronnement se découpe d'une façon pittoresque. La polychromie disparaît et le bois est relevé, tantôt par des incrustations de marbre et de marqueterie, tantôt par quelques touches d'or.

A l'église et dans les cérémonies officielles, la chaire du seigneur est surmontée d'un dais d'étoffe : — « Ung petit dez d'église à double pente de satin incarnadin et de toile d'argent ; un petit ciel de chaize d'église de toque d'or figuré de vellours noir. » (*Inv. de Catherine de Médicis.*)

CHAIRE A BAS DOSSIER OU CHAIZE. — Le XVIe siècle a fabriqué

---

1. De Laborde, *Renaissance des arts*.
2. Inventaire communiqué par M. le baron Pichon.

des chaises de toutes les façons et pour tous les usages. Les inventaires mentionnent la *chaize à bras*[1], qui correspond à notre fauteuil, la *chaize sans bras*[2], la *chaize de table*, la *chaize à trois piets* (*Inv. Ravestain*, 1527); la *chaize à dossier à asseoir au feu*

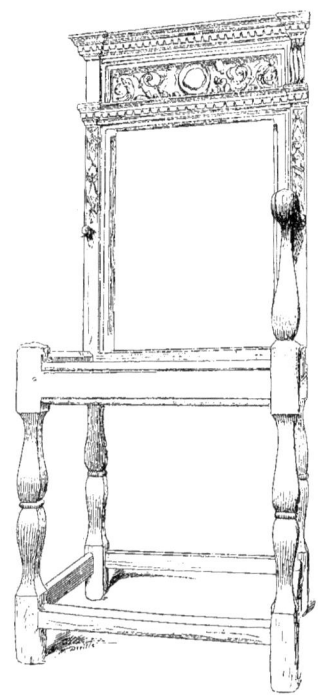

CHAISE A BRAS.
(Collection de M. Émile Peyre.)

(*Inv. Ch. Cornu*, 1545); la *chaize à femme* (*Inv. Charl. d'Albret*, 1514); la *petite chaize aysée à enfans* (*Inv. Gouault*, 1605); celle *fer-*

---

1. Voir, p. 221, le dessin d'une chaise à bras, du temps de François Ier, appartenant à M. Émile Peyre. — Nous donnons également, page 223, le dessin d'une autre chaise à bras, du temps de Henri III, qui fait partie de la collection de M. le baron Adolphe de Rothschild; ce meuble a été découvert à Besançon.
2. Voir, p. 222, le dessin d'une chaise sans bras.

mant à clef (*Inv. Charl. d'Albret*), dont le siège forme un coffre; celle *à vertugadin* (*Inv. Gabrielle d'Estrées*, 1599), dont le dossier est garni d'un bourrelet de cuir; la *chaize à barbier, laquelle est close tout à l'entour, garnye d'un coffre et de dossier* (*Comptes*

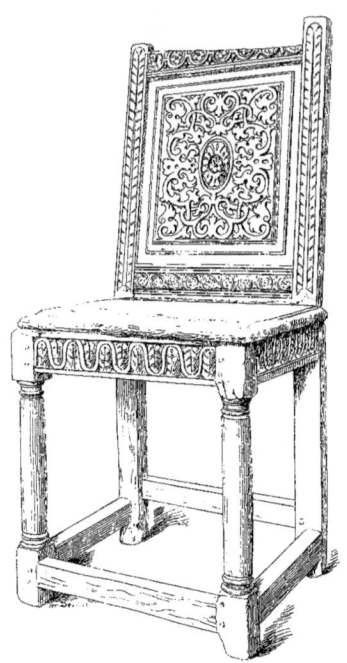

CHAISE SANS BRAS.
(Collection de M. Émile Peyre.)

de Plessis du Parc et de Gaillon); la *chaize à double dossier* (*Inv. de Catherine de Médicis*); les *chaizes à asseoir à table, à frises à cleres-voyes, taillées à l'antique.* (*Arch. Not.*, 1526.)

On trouve, dans l'inventaire du duc de Guise, à Joinville (1583), *une grande chaize couverte de velours noir, qui sert de couche et de table*, et se manœuvrait sans doute au moyen de rallonges. La *tour* ou *chaize tournante*, permettant de faire face sans se déranger à plusieurs interlocuteurs, est encore un siège fréquemment employé au xvie siècle : — « Une tour de bois, doublée

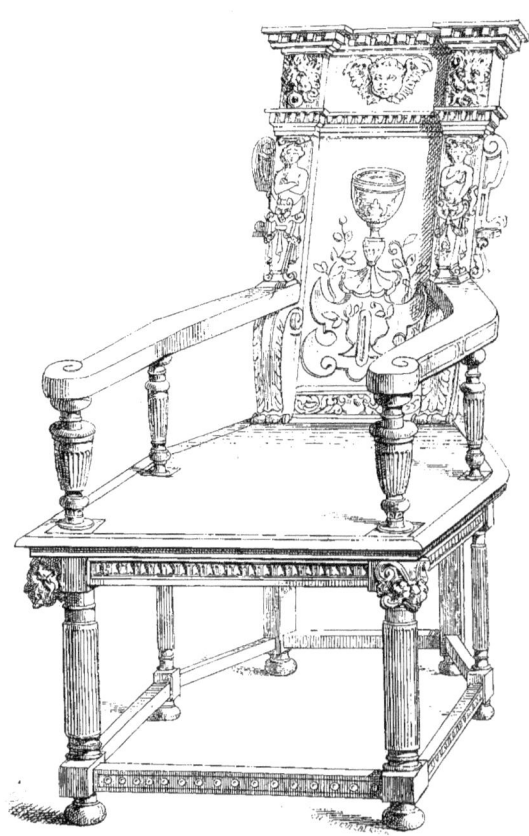

CHAISE A BRAS. — BOURGOGNE.
(Collection de M. le baron Adolphe de Rothschild.)

dedans de velours verd et le dehors tout doré (*Inv. Marguerite d'Autriche,* 1523); — une chaize brizée garnye de vellours noir, garnye de son estrier et pozée sur ung pivot, avec un oreiller de velours noir (*Inv. de Catherine de Médicis,* 1589); — une chaize à dossier qui se tourne. » (*Inv. Fr. Pithou,* 1597.)

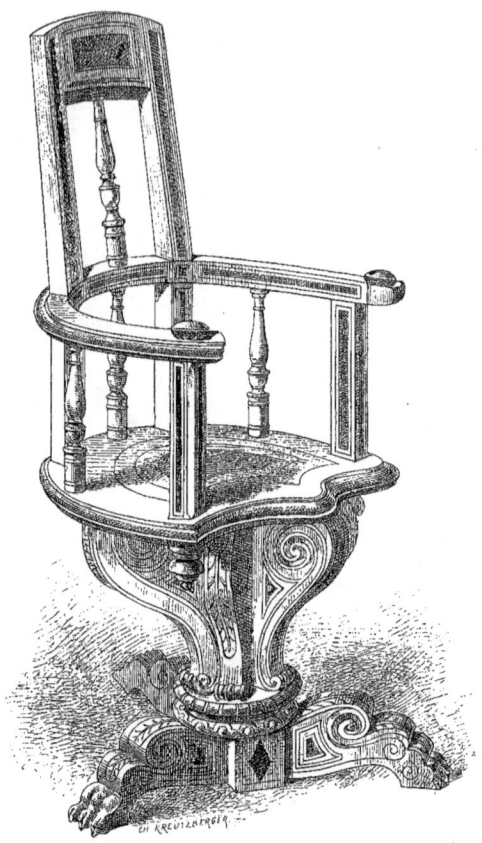

CHAISE TOURNANTE.
(Au Louvre, ancienne collection Davillier.)

La plupart de ces meubles étaient garnis de housses : — « Six couvertures de chaizes de tapisserie au petit poinct avec les six dossiers. » (*Inv. de Catherine de Médicis.*)

CHAIZE PERCÉE, CHAIZE D'AFFAIRES. — « Chez le roi, la chaise percée s'appelle chaise d'affaires. » (*Dictionnaire de Trévoux*.)

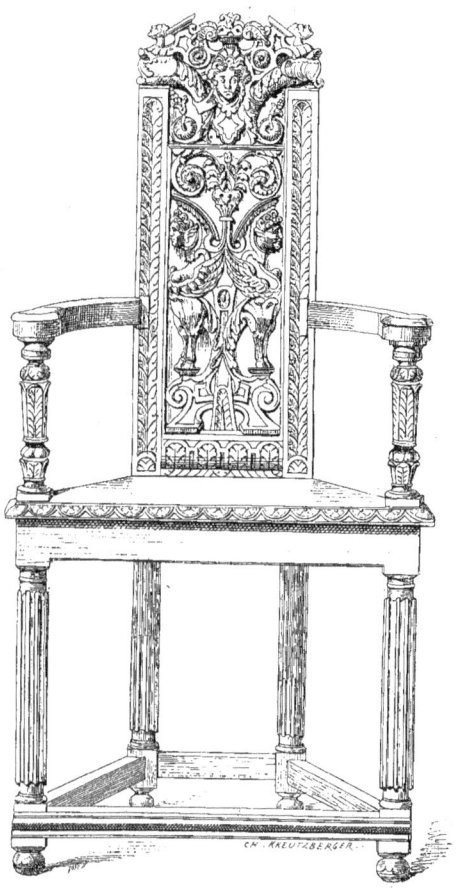

CHAISE A BRAS.
(Collection de M. Chabrières-Arlès.)

Chaque chambre avait sa chaise recouverte d'une housse ou pavillon, de la même étoffe que le reste de l'ameublement : —

« Une chese persée couverte de veloux viollet, avec un bassin qui sert à porter au chan (aux champs) pour le Roy (*Inv. de Marie Stuart,* 1565); — une chaize d'affaire garnye de velours bleu; une autre garnie de velours rouge à fond de satin; pavillons de damas blanc, de peluche blanche et velours vert, de taffetas vert, pour couvrir des chaizes d'affaires (*Inv. de Catherine de Médicis*); — chaizes percées qui se ploient. » (*Statuts de 1580.*) — Dans la chambre de deuil de la reine-mère, la chaise est garnie de damas noir, comme le lit, les tentures et les sièges.

CACQUETOIRE. — « Les dames de Paris, dit plaisamment Henry Estienne, ne se sont peu tenir d'appeler des *cacquetoires* leurs sièges, sur lesquels estans assises, et principalement si c'est à l'entour d'une gisante (accouchée), chacune voulet monstrer n'avoir point le bec gelé. »[1] Cotgrave dit également : « Caquetoire, *the seat whereon women use to sit at a meeting where they prattle together.* »

La cacquetoire ne date que de la seconde moitié du XVIe siècle; sa forme est clairement définie par le *Dictionnaire de Trévoux* : « Caquetoire, chaise *basse qui a le dos fort haut et qui n'a point de bras, où l'on babille à l'aise auprès du feu.* » C'est donc par erreur que l'on baptise aujourd'hui du nom imaginaire de *caqueteuses* les chaises à dossier étroit, avec accoudoirs à balustres, dont le siège, assez élevé au-dessus du sol, a généralement la forme d'un trapèze. Cette variété de sièges s'appelait *façon de talmouses*, à cause de sa forme triangulaire, qui était celle de ces gâteaux populaires[2] : « Chaises de bois de noyer faites à façon de tallemouses. » (*Inv. Renée de Gesbert,* 1571.) La cacquetoire est toujours petite, carrée, très basse, sans accoudoirs, avec un dossier allongé : — « Une petite chaize basse caquetoire (*Inv. de Philippe Hurault,* 1557); — petites chaizes cacquetoires en tapisserie (*Inv. de Catherine de Médicis, d'Étienne Cornu,* 1548, *de Pailly,* 1611); — chaire basse appelée cacquetoire (*Statuts de 1580*);

---

1. *Deux Dialogues,* etc., p. 162. *Apologie pour Hérodote,* ch. VIII.
2. Roquefort cite le mot *Tallemouze*, pour signifier une pièce de terre triangulaire. Voir le dessin de deux de ces chaises provenant, l'une de la collection Rougier (p. 227), l'autre de la collection Chabrières-Arlès (p. 225). Cette dernière offre une assez grande analogie avec une chaise du même genre de la collection de M. Gavet.

— deux couvertures de petites chaizes cacquetoires de soye de diverses couleurs, rehaulseez d'or et d'argent. » (*Inv. de Chenonceaux,* 1603.)

FAULDESTEUIL, CHAIRE BRISÉE, ETC. — « Une espèce de chaire à

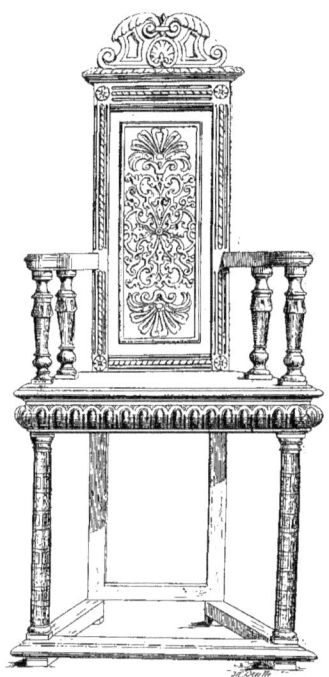

CHAISE A BRAS. — LYONNAIS.
(Collection de Mme veuve Rougier.)

dossier et à accouldoirs, ayant le siège de sangles entrelacées, laquelle se plie pour plus commodément la porter d'un lieu à l'autre ; et est chaire de parade, laquelle on tenoit anciennement auprès d'un lict de parade. » (Nicot, 1606.) *Fauldesteuil,* qui a une origine saxonne, est exactement le *faulding stuill* anglais du XVIe siècle, un siège pliant, bas et large, avec accoudoirs et dossier : — « *Twa auld faulding stuillis of cramosie velvot* (*Inv. de*

Marie Stuart, 1565); — *a low, large and easie foulding chaire, having both a backe and elbowers.* » (Cotgrave.) — C'est le fauteuil à X que les Italiens appelaient *a forbici* et les Espagnols *de tijera*, c'est-à-dire *à ciseaux*. En France, on disait indifféremment *fauldeteuil, chaire brisée, ployante, chaire à tenailles, à molette*, etc.
— « Un boys de faudesteuil peint de rouge ; un fauldesteuil brisé couvert de velours figuré bleu à fond d'argent ; une chaize brizée [1] couverte de velours cramoisy rouge ; une aultre chaize qui se brize, couverte de velours tanné (*Inv. de Catherine de Médicis*); — une chayère de bois ploiant, avec du cuyr rouge (*Inv. de Ravestain*, 1527); — chaizes à bras et à tenailles (*Inv. de Chenonceaux*); — une chaize à mollette de bois de noyer (*Inv. de Pailly*, 1611); — chaire de bois à mollette, *a foulding chaire of wood.* » (Cotgrave.)

Blaise de Vigenères définit exactement le mécanisme de ces fauteuils pliants quand il dit : « Les doigtz entrelassez l'un dans l'autre, à guise d'une chaire brisée [2] » ; de même, un vieil auteur les appelle des sièges « qui s'ouvroient et se fermoient comme un gauffrier pris à rebours [3] ». On les fabriquait de plusieurs manières, l'axe étant tantôt parallèle aux côtés, tantôt parallèle au dossier ; dans le premier cas, le meuble se repliait en rapprochant les accoudoirs ; dans le second, en rapprochant le devant et le dossier. Une autre combinaison, beaucoup moins usuelle, consistait à faire replier le siège au moyen de charnières : « Une chaire de boys de noyer, ploiant à charnières, à hault dossier, enrichie de clouds dorez. » (*Vente Gouffier.*) Il paraît même qu'à la cour de Henri III, on avait « des chaires brisées qui s'allongeoient, s'eslargissoient, se baissoient et se haussoient par ressorts, ainsi qu'on vouloit » [4]. A ce compte, nous qui croyons avoir inventé tant de choses, nous n'aurions même pas inventé le fauteuil mécanique !

Les statuts des huchiers-menuisiers de Paris (1580) défendent de faire « chaires de court qui se ploient, soit grandes, soit

1. Chaire brisée, *a foulding chaire*. (Cotgrave.)
2. *Philostrate*, p. 287.
3. *Isle des Hermaphrodites*.
4. *Isle des Hermaphrodites*, p. 27. — Mathurin Jousse, *l'Art du serrurier*, chap. LVII : *Chaires pour advancer, reculer*, etc.

petites, sans estre assembléez à tenons et mortaises carréez, et de bon bois vif, loyal et marchand ». La confection des sangles et des coussins de cuir regardait le sellier : « Que nul maistre sellier ne pourra faire aucune chaize brizée, que le siège ne soit garny par le dessoubz de bon tissu cousu ensemble, et le doucier pareillement, et le siège garny de croiset d'un beau feautre (feutre) par le dessoubz ; et s'il y a de la plume, sera enfermée d'un bon coitif ou peau de megre [1]. »

BANC, FORME

Le *banc* est un siège à deux ou plusieurs places ; la *bancelle* est le diminutif du banc ; la *forme* est un banc dont chaque place est séparée par un accoudoir. — « Sous le grand banc de la salle, large de trois pieds, la belle paille fresche pour coucher les chiens (*Eutrapel,* 1585) ; — quatre bancelles de bois de chesne, ayant chascune six pieds de long (*Inv. de Chenonceaux*)*;* — huict petis bancs perchiez et plombez servant (dans la baignerie) devant les dictes quatre cuves (*Inv. de Ravestain,* 1527) ; — une forme à gousset (console séparative) (*Inv. de Béthune,* 1560) ; — deux petites formes servans à enffans. » (*Arch. not. de Paris,* 1566.)

Le banc consiste en une large planche fixée, tantôt sur des montants servant de pieds, tantôt sur un coffre ouvrant par le siège ou par le côté : « ung banc ouvré à panneaux de draperye et colonnettes, avec une fenestre (ouverture) au bout du banc. » (*Marché de Gatien Gillier,* 1516.) On faisait aussi des bancs pourvus d'accoudoirs et d'un petit dossier tantôt fixe et tantôt mobile. Le dossier fixe est formé de panneaux pleins, plus ou moins ouvragés, ou de « frizes à clères-voies ». Le dossier mobile se compose d'une barre ou *reigle* de bois, dont chaque extrémité forme un coude et vient pivoter dans une feuillure pratiquée au milieu des accoudoirs. En manœuvrant la *reigle* en avant ou en arrière, on pouvait s'adosser tantôt d'un côté, tantôt de l'autre ;

---

[1]. *Statuts des selliers de Bordeaux,* 1620, cités par M. V. Gay.

la vignette du *Banc* dans Gilles Corrozet représente un banc disposé de cette façon. — « Ung banc sans reigle ; ung banc avec sa reigle (*Inv. de R. Clergault*, 1602) ; — ung banc tournoye avec la barre (*Inv. de Chambéry*, 1498) ; — le banc et barre couverts de velour verd. » (*Comptes de Gaillon*, 1550.)

Le banc, comme l'escabeau, est le siège habituel de la table à manger.

> Ainsi que la femme prudente
> Est au mary obediente,
> Tout ainsi la table se jecte
> Vers le banc comme à luy subjecte,
> Et luy faict ceste honnesteté
> Qu'il est premier en dignité,
> Et pour ceste grande raison,
> Mérite avoir le sien blason ;
> Or, donc plaisant banc de noyer,
> Banc qui fait les genoux ployer,
> Et asseoir le corps haultement,
> Banc tourné si très proprement,
> Banc à dossier pour le repos,
> Qui soustient les rains et le dos ;
> Banc plus luysant que blanc albastre,
> Banc assis vis-à-vis de l'astre,
> Banc faict à petitz marmouzetz,
> Banc des plus beaux boys des foretz,
> Qui donnes un labeur nuysant
> Pour te faire bien reluysant,
> Et es froté en si grand'peine
> Que les gens en sont hors d'alaine.
> O banc qui repares la salle,
> Qui n'es jamais croté ne salle,
> Je désire qu'en froid hyver,
> Près du feu te puisse trouver [1].

Les inventaires mentionnent souvent des bancs à deux fins, comme nos canapés-lits, servant le jour pour s'asseoir, la nuit pour dormir ; dans ce cas, le siège est plus large et mesure au moins trois pieds : — « Bancs à couche (*Mémoires de Claude Haton*, 1562) ; — ung banc à coucher, garny de matelas et traversins (*Inv. de la Ve de Nicolaï*, 1597) ; — ung petit banc à sangles, servant de lit de camp. » (*Inv. de Charlotte d'Albret*, 1514.)

Le banc est toujours garni de son *banquier*, composé de

---

1. Gilles Corrozet, *Blason du Banc*, 1539.

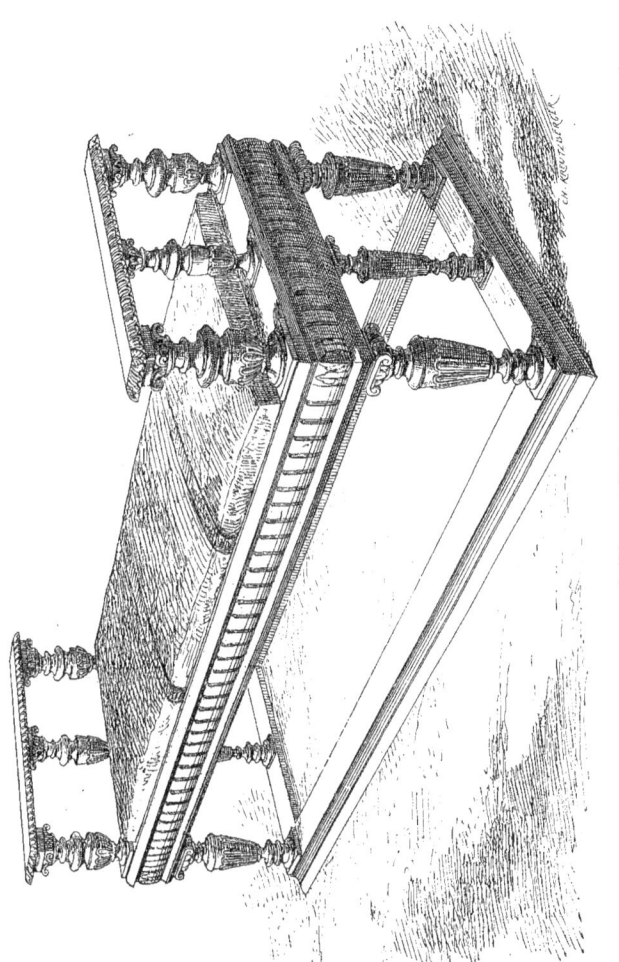

BANG. — NORMANDIE.
(Collection de M. Bonnaffé.)

coussins, de tapis d'Orient ou de tapisseries : — Banquier, *a bench cloth, or a carpet for a forme or bench* (Cotgrave); — neuf banquiers à feuillage de Felletin. » (*Inv. de Charlotte d'Albret.*)

Le *banc à haut dossier* est exactement la *chaire à haut dossier*, élargie de façon à servir à plusieurs personnes à la fois. Il se compose d'une marche, d'un siège à coffre avec accoudoirs, et d'un dossier à panneaux allongés, généralement terminés par un dais : — « Ung banc de chesne à hault dossier, à deux coffres fermant à clef, taillé à panneaux de draperye et par le haut de medalles. » (*Inv. de Jehan Leclerc,* 1544.) L'église de Flavigny conserve un de ces bancs qui porte encore les traces de son ancienne garniture [1]. Une forme à trois places et à dais de la même époque, provenant de l'abbaye de Langeac, appartient à M. Foulc [2]. Les trois sièges de cette forme, séparés par des accoudoirs, vont en se dégradant par étages, le siège plus haut devant servir pour le célébrant, et les sièges inférieurs pour un diacre et un sous-diacre. Une forme analogue à cinq places existait jadis à la cathédrale de Sens [3].

Vers le milieu du xvie siècle, le banc à haut dossier disparaît, il n'a plus sa raison d'être. C'est un reste de l'ancien régime, volumineux, encombrant, difficile à manier, une sorte d'immeuble dont la place est plutôt à l'église qu'à la maison. On lui préfère le banc à bas dossier ou les sièges pliants qu'on rapproche par deux ou par trois, s'il y a lieu, et qu'on manœuvre à volonté. Dans les grandes cérémonies, on les surmonte d'un dais à queue; une des planches de Tortorel et Perissin, l'*Assemblée des trois états tenus à Orléans,* fait comprendre cette disposition.

Le dais à queue ou tente honorifique, destiné à surmonter les bancs aussi bien que les chaires et les lits d'apparat, s'appelait au Moyen-Age *canapeum* (du Cange) ou *conopœum* (Junius, *Nomenclator*), du grec κωνωπεῖον qui, dans son sens primitif et oriental, signifie une moustiquière. Au xvie siècle, Rabelais dit : « Entre

---

1. Dessiné dans le *Dictionnaire du mobilier* de Viollet-le-Duc.
2. Voir le dessin d'un panneau, p. 105. — Les sièges ont été refaits, mais la division en étages ou gradins était indiquée par les panneaux du dossier.
3. Viollet-le-Duc, *Dictionnaire du mobilier*, p. 119.

les précieux conopées, entre les courtines dorées », et Cotgrave traduit *conopée* par *a canopie, a tent or pavilion.* Sous Louis XIV, le dais à queue a passé de mode depuis longtemps, mais le siège à plusieurs places lui survit, gardant le nom de la tente ou dais qui ne le surmonte plus ; c'est notre canapé. « *Canapé,* espèce de chaise à dos fort large où il peut s'asseoir deux personnes. Ce mot est nouveau dans la langue et quelques-uns l'appellent *sopha.* » (*Dictionnaire de Furetière,* 1689.)

TABOURET, PLACET, CARREAU, ESCABEAU, SELLE

Nous venons de passer en revue les sièges élevés, à une ou plusieurs places, ayant la plupart des accoudoirs ou des dossiers, les sièges faits pour se reposer. Mais un *Salon* du XVIe siècle, — qu'on nous pardonne cet anachronisme, — n'est pas uniquement la réunion de gens graves, majestueusement assis dans leur chaire ; les jeunes gens et les jeunes femmes avaient, pour leur usage, des meubles bas, à une seule place, d'un modèle léger et maniable, sans dossiers ni accoudoirs, des sièges pour causer. Semés çà et là dans la salle, placés et déplacés par chaque nouvel arrivant, ces petits meubles familiers donnaient aux réceptions d'autrefois un aspect vivant et pittoresque ; l'esprit y gagnait plus d'aisance, de liberté, d'imprévu. Car rien n'est froid, monotone et apprêté comme l'uniformité des sièges ; elle a pour conséquence inévitable l'uniformité des attitudes et de la conversation.

TABOURET, PLACET. — « Tabouret signifie ce petit siège bas, embourré, couvert de tapisserie de point ou autre estoffe, où les femmes s'asséent tenans leur cacquetoire, ou faisant leur ouvrage » (*Nicot,* 1606) ; Cotgrave appelle le tabouret *a cushion stoole, or a little low stoole,* et le placet *a low stoole.* Les deux mots se prennent indifféremment l'un pour l'autre. Le tabouret, comme le placet, est large, bas, carré, garni d'une housse ou d'un coussin ; c'est le siège des jeunes femmes. Dans le tableau du Louvre, *Un Bal sous Henri III,* la dame de gauche qui tourne le dos est assise sur un tabouret muni de son coussin ou carreau.

> Placet côpaignon de la selle
> Ton Loz ne fault pas que je celle,
> Car tu es du carreau parent,
> Placet en la chambre apparent,
> Tout couvert de tapisserie
> Ou fœminine seigneurie
> Se siet en plaisir et lyesse...
> Placet assis esguallement
> Sur quatre pilliers bien gentilz
> Non pas trop grands ne trop petis,
> Ou se tient le plaisant caquet
> De Gaultier de Jehan et Iaquet,
> Je te supplie que m'amye
> Ung jour sur toy trouve endormie
> Affin que la puisse baiser,
> Pour mon mal d'amour appaiser [1].

« Deux tabourets de velours vert, à entretailleures de toile d'or, enlevés et pourfillés de fil d'or et de soye (*Marché de Bénard, brodeur de Tours pour François I*^{er}*,* 1518) ; — placetz à pilliers cannelez ; placetz à pilliers tornez (*Vente Gouffier*, 1572) ; — neuf scabelles fasson de placetz, de bois de noyer (*Inv. V*^{e} *de Nicolaï,* 1597) ; — un placet de boys peinct, couvert de velours vert (*Inv. Ph. Hurault,* 1599) ; — huict couvertures de tabouret. » (*Inv. de Chenonceaux.*)

CARREAU, QUARREL, QUARREAU. — « Quarreau, un oreiller de tapisserie ou autre estoffe, rempli de laine, ou cotton, ou bourre, ou de paille, sur lequel on se met à genoux en l'église, et les femmes sont assises en la maison, besoignans de l'éguille en quaquetant. » (*Nicot*, 1606.) Nous avons déjà parlé de cette habitude orientale que les jeunes femmes avaient conservée de s'asseoir sur des carreaux ou coussins. Guillaume Coquillart, dans son poème des *Droits nouveaux*, parlant du luxe des accouchées et de leurs réceptions, dit que

> Les carreaux sur quoy séént les filles
> Sont paints d'un tas de semi-dieux ;

et Jehan du Castel mentionne les « fins carreaux pour asseoir les femmes qui surviennent ». (*Spécule des Pécheurs,* 1498.)

---

[1]. Gilles Corrozet, 1539.

Ces coussins, comme on l'a dit plus haut, sont l'élément indispensable du confort au xvie siècle. On en faisait de toutes les formes, de toutes les étoffes et de toutes les façons ; les châtelaines et les bourgeoises s'occupaient chez elles à les confectionner, en utilisant des débris de velours, de damas ou de tapis, sans compter ce que le brodeur, le tapissier et le coustier fabriquaient journellement. Dans presque tous les inventaires, on trouve une quantité de carreaux ; nous en avons relevé un millier chez Catherine de Médicis.

L'habitude de s'asseoir sur des carreaux a persisté fort tard. Dans l'inventaire après décès de Molière, figurent « douze carreaux de brocatelle de Venise et deux porte-carreaux de bois verny, façon de la Chine » ; le porte-carreau est un « petit meuble de bois qui n'a d'autres pieds que des pommes tournées, sur lequel on met des piles de carreaux. » (*Dictionnaire de Furetière.*)

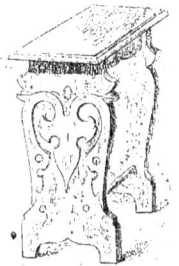

ESCABEAU.
(Collection de M. Chabrières-Arlès.)

Escabeau, scabelle, selle, sellette. — L'*escabeau* ou *scabelle* est un siège étroit, sans bras et sans dossier ; il diffère du tabouret en ce que celui-ci porte sur quatre pieds, tandis que l'escabeau porte sur deux ou quatre supports de bois plein. La *selle* est l'escabeau du paysan : *any illfavoured, ordinary or country stoole of a cheaper sort than the joyned or buffet-stoole.* (Cotgrave.) *Sellette*, selle très basse, un petit tabouret.

L'escabeau, comme le banc, est le siège habituel de la table. La table et ses escabelles marchent toujours de compagnie ; même au xviie siècle, on ne les vend pas l'une sans l'autre : « Plus une grande table de bois de noyer, à douze colonnes ou pilliers tournés, qui se tire par les deux bouts et garnie par le dessous de ses escabelles [1]. »

Scabelle bonne et profitable,
Scabelle pour s'asseoir à table,

[1]. Molière, *l'Avare.*

> Quand on veult disner et soupper,
> Scabelle qui n'as point de per
> En beaulté dont tu as saisine,
> De la chaire seur et cousine,
> Faisant toutes deux une office.
> Scabelle mignonne et propice,
> Jaune comme l'or, et unie
> Tresclere, luysante et brunie,
> Scabelle de bonne haulteur,
> Ou le menuisier et facteur
> A monstré son gentil sçavoir,
> Scabelle tres plaisante à veoir,
> Faicte de boys sans aulcuns neux,
> Il y a long temps que je n'euz
> Tant de bien à te veoir, sans faindre
> Comme j'ay de peine à te paindre.

« Huict grands escabeaux de noyer et quatre petis, ouvrez par les goussetz et escailles (*Marché de Gatien Gillier, de Tours,* 1516); — six escabeaux ouvrez à asseoir à table (*Marché de Guill. Percier,* 1531); — une escabelle ouvrée autour (*Inv. Jeanne de Sacaze,* 1573); — six escabelles bordées d'un filet de marqueterie, une roze de coulleur au meilleu et une mousque autour de ladite roze; les pièces de dessoubz garnyes de deux filets de brezil (*Marché de Symon Hardouyn,* 1579); — escabelle soit carrée, ronde, à pans ou tiers point (*Statuts de 1580*); — huit escabeaux de camp (*Inv. de Catherine de Médicis*); — une selle à trois pietz (*Inv. de Ravestain,* 1527); — une selle ronde, couverte de velours à franges (*Inv. Chambéry*); — sellette, *a foot stoole or low stoole.* (Cotgrave.)

On ménageait souvent au milieu du siège une ouverture pour introduire la main et faciliter le transport : « Deux escabeaux carrez de boys de noyer, à marqueterie, le dessus à moresque, à une auvalle (ouverture ovale) à jour. » (*Vente Gouffier,* 1572.)

X

LA SALLE

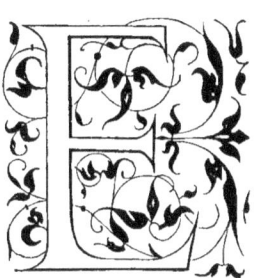

E N rimant ses *Blasons domestiques,* notre ami Gilles Corrozet, dont nous avons tant parlé le long du chemin, n'a eu garde d'oublier le « blason de la sasle ou chambre ». Comme lui, nous allons essayer de *blasonner* quelques salles du xvie siècle, nous bornant à un très petit nombre d'exemples choisis parmi les moins connus et les plus significatifs. Sans faire une recherche approfondie de la matière, recherche qui dépasserait les limites de notre programme, nous pensons que le lecteur nous saura gré de lui faire visiter quelques-uns des logis dont il vient d'étudier les principaux meubles.

Commençons par le « Blason de la sasle » de Corrozet :

> Chambre tres clere et très quarrée,
> Chambre au corps humain préparée...
> Chambre dont les vitres sont telles
> Qu'on n'en vidt jamais de plus belles ;
> Chambre où, pour faire un doulx marcher,
> On a embrissé le plancher.

Les planchers de bois sont une innovation au xvie siècle, où presque toutes les salles étaient encore pavées de « quarreaux plombés », c'est-à-dire émaillés [1].

> Chambre natée en toute place ;

On garnissait les murs et le sol de nattes qui se fabriquaient

---

[1]. Brantôme, *Dames galantes,* p. 383.

très habilement à Paris. En 1537, Robert de Paris, « prince des nattiers », est mandé à Nancy pour natter la chambre de la duchesse de Lorraine. En 1548, Jehan Donart, Jehan Touroude, Denis Petit et Abraham Crossa sont les nattiers les plus à la mode, ceux qui ont la clientèle de la cour; ce dernier reçoit « 908 livres 16 solz pour 2,197 toises de nattes neufves qu'il a faites pour la Reyne en son chasteau de Saint-Germain-en-Laye »[1]. L'hiver on recouvrait les nattes par des tapisseries :

> Chambre tapissée si bien
> Qu'on ne sçauroit dire combien,
> Ou on void les ruses et les tours
> D'armes, de chasses et d'amours,
> Les boys, les champs et les fontaines,
> Les monts et vaulx, et vertes plaines.

La chambre est encore

> illustrée de tableaux
> Tant bien faictz, tant riches, tant beaulx ;
> Chambre dorée, chambre paincte,
> Chambre de riches couleurs taincte ;

ce qui veut dire que les plafonds, les lambris et la cheminée, sont décorés de peintures et de dorures. Bien entendu, le logis est confortable.

> Le vent rude et divers
> N'entre jamais ès froids hyvers ;
> Chambre bien seurement fermée,
> Chambre d'herbe verte semée,

d'herbe fraîche et odorante, qu'on renouvelait fréquemment. La pièce est garnie d'un mobilier assorti,

> d'ung buffect
> Et d'aultre mesnage parfaict,
> Comme de lict, de banc, de table,
> De coffre et chaire profitable,
> De Placet, de selle et scabelle.

Corrozet a omis le *dressouer* qui ne trouvait pas de place dans son vers; mais il en parle plus tard et lui consacre un de ses *blasons* que nous avons reproduit.

1. *Comptes des Bâtiments*, t. II, p. 323.

En somme la chambre rêvée par notre poète est une

> Chambre d'honneur, chambre bragarde,
> Chambre d'amour, chambre gaillarde ;

malheureusement, dit-il dans son avis au lecteur : « Je n'ay

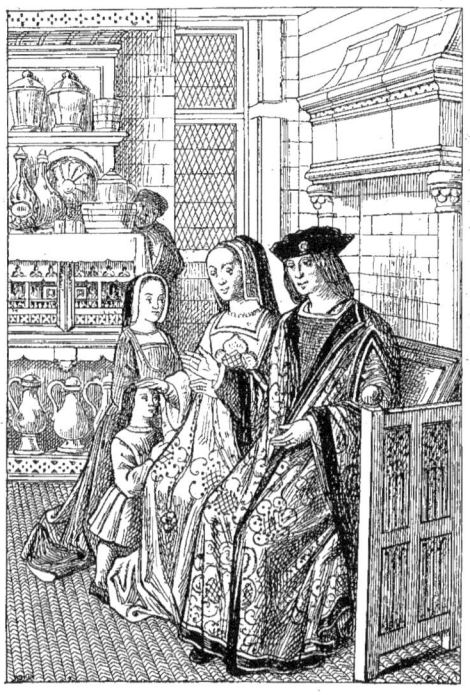

SALLE.
(Vignette de manuscrit de la collection de M. Delaherche.)

l'usage et commodité d'aulcune de ces choses blasonnées, dont je suis le plus marry ; mais un ancien proverbe dit : « la bonne « volonté est reputée pour le faict ».

Une chambre à coucher, dont nous avons signalé presque tous les meubles, est celle de Claude Gouffier, duc de Roannès, grand écuyer de France, mort en 1570. Mise en vente le 22 septembre 1572 avec tout le mobilier de l'hôtel, cette chambre fut achetée en bloc, ce qui permet de la reconstituer d'une façon complète. Elle est tendue de « huict pièces de tapisserie de Flandres à feuillage d'eau, au milieu desquelles il y a des lions, liepvres et aultres bestes, avec bordures et colonnes ». Sur la haute cheminée on voit « une toille paincte en huille, clouée sur ung chassis, auquel est figuré la Royne mère du Roy ». Les « deux chenetz de fer sont couvertz d'arain (airain), cannelez, les piedz à griffe, le vase dessus taillé à moresque au troys ovalles emboutez, armoyés des armoyries dudict sieur deffunct, garnys de leur feu et deux chevrettes (landiers) aussy de fer. »

On a déjà décrit le lit et la couchette de cette chambre, la table, le cabinet et le buffet, le tout de marqueterie de bois et garni de velours cramoisi rouge. Les sièges sont nombreux, six chaises « à bas dossier, quatre placetz », une chaire ployant à charnières, deux escabeaux, et la chaire d'honneur de noyer marqueté comme le reste, couverte « par le siège et dossier, de velours rouge cramoisy à franges de soye cramoisye de fil d'or. » Dans un coin de la pièce, « une cuvette d'arain » pour la toilette « tenant deux seaulx ou environ, garnye de son pied de noyer. »

L'ensemble de ce mobilier, « faisant la garniture complecte de la chambre du deffunct duc de Rouannoys, est vendu à M. de Villeroy pour la somme de 1800 l. t. »

Toutes les chambres de l'hôtel sont décorées de tapisseries, qu'on remplace pendant l'été par « quinze pièces de cuyr doré faict à la moresque ». A Gaillon, la chambre de Georges d'Amboise a une tenture « de velours vert aux armes de monseigneur, faicte à rozies de drap d'or et à chacune d'icelles quatre escriptiaulx de toille d'argent où sont escriptes les devises de monseigneur ». Des tapis de velours vert recouvrent la table et le « dreschoir ». A la Motte-Feuilly, résidence de Charlotte d'Albret, duchesse de Valentinois et femme de César Borgia, une des chambres est tapissée de « satin violet broché à grans et petites rouzes d'or »[1]. A Bury, chez Florimond Robertet, secrétaire des finances de François Ier, le meuble de « la chambre

---

1. *Inv. de la duchesse de Valentinois.* Paris, 1878.

de la Royne est de toylle d'argent semé de cœurs et doublé de satin blanc[1] »; une tapisserie de soie encadre cette décoration blanche qui devait être d'un excellent goût.

Voici une disposition analogue, un parti-pris de blanc sur blanc, de la toile blanche brodée à jour et de la guipure : « Entré qu'il fut en la chambre de la dame, il la referma au courreil (verrou) et veid toute ceste chambre tendue de linge blanc, le pavement et le dessus (le plancher et le plafond) de mesme; et un lict de toille for delyée, tant bien ouvré de blanc qu'il n'estoit possible de plus; et la dame seule dedans, avec son scofion (coiffe de nuit) et sa chemise toute couverte de perles et de pierreries. Ce qu'il veid par ung coing du rideau, avant que d'estre apperçeu d'elle; car il y avoit un grand flambeau de cire blanche, qui rendoit la chambre clère comme le jour. Et, de paour d'estre cogneu d'elle, alla premièrement tuer le flambeau[2]. » Le petit tableau d'intérieur n'est-il pas achevé et l'arrangement d'une coquetterie bien française ?

Louis Vivès décrit dans l'un de ses *Dialogues* (1539) l'intérieur d'une maison flamande qui devait ressembler à la plupart des riches maisons bourgeoises de nos grandes villes du Nord; nous détachons de son dialogue les passages suivants :

« Vitruvius. — Montons cette vis ; chaque marche est large comme vous voyez, et faite d'un seul morceau de marbre foncé. Le premier étage est le logement du maître, l'étage supérieur est pour les hôtes. Non pas que mon maître le donne en location, quand il est absent; mais il est toujours prêt et décoré pour recevoir les amis... ceci est la salle où l'on mange.

Jocundus. — Seigneur! quelles fenêtres brillantes! quelles peintures habilement faites! quelles couleurs, quelle vivacité! quels tableaux, quelles statues, quelles boiseries! que représentent ces vitraux ?

Vitr. — La fable de Griselidis ingénieusement imaginée par Jean Boccace. Mon maître a décidé d'ajouter à la fiction l'histoire véritable de Godeline de Flandre et de Catherine reine d'Angle-

---

1. *Inv. de Florimond Robertet*, par Eug. Grésy.
2. *Heptaméron*, XIV.

terre, qui surpasse la fable de Griselidis. Ces statues représentent d'abord saint Paul... Mucius Scevola... Hélène.... Homère.

Joc. — Le plafond est doré, on y a mêlé des perles.

Vitr. — En effet, mais des perles de mince valeur.

Joc. — Sur quoi donnent les fenêtres ?

Vitr. — Celles-ci sur les jardins, celles-là sur la cour. Cette pièce sert de salle à manger pour l'été ; à côté se trouve la chambre à coucher et la garde-robe. Cette chambre est ornée de tapisseries et le plancher de bois couvert de nattes. Voici les portraits de la sainte Vierge et du Christ sauveur ; les autres représentent Narcisse, Euriale, Adonis, Polyxène qui passent pour avoir été des types de beauté... Dans cette chambre close on conserve les meubles, les ustensiles, etc. Cette autre partie du logis sert pour l'hiver. Vous voyez que tout y est plus sombre, plus abrité. Voici le poêle qui sert à réchauffer également la chambre à coucher.

Joc. — Où sont les latrines ?

Vitr. — Nous en avons en haut de la maison, dans le grenier, pour éviter la mauvaise odeur. Dans les chambres à coucher, mon maître se sert de bassins, de vases et de pots de nuit... Descendons. Voici la cuisine, la reserre, la cave, le garde-manger... Ceci est le derrière de la maison toujours fermé de deux serrures, l'une fixe, l'autre mobile, si ce n'est quand le maître est à la maison. »

Revenons à Paris pour visiter l'hôtel de la reine-mère, à Paris, rue des Deux-Écus [1]. Catherine de Médicis conserva toujours le deuil depuis la mort du roi ; « durant sa viduité, dit Brantôme, elle ne se para jamais de mondaines soyes, sinon lugubres, mais tant bien proprement pourtant et si bien accommodées, qu'elle paroissoit bien la Reyne pardessus toutes. » Son appartement, comme sa toilette, conserve le même aspect sévère et royal. Il comprend plusieurs pièces tendues, les unes de guipure blanche sur fond de satin noir, les autres de velours noir coupé de montants « semés de devises de la reine sur broderie en toile d'argent ». Les tentures d'été sont « de cuir noir, les montants

[1]. *Inventaire de Catherine de Médicis*. Paris, 1874.

argentez et dorez ». Un des lits « de velours noir brodé de perles, semé de croissans et de soleilz », porte quatre quenouilles de mesme velours et broderie de perles »; un autre a des « pilliers de boys d'ébène » montés en argent; un troisième des « coulonnes de geez » (jais)[1]. Le « coffre de nuict » est couvert de velours noir et brodé aux devises de la reine, et la « chaize d'affaires » disparaît sous un « pavillon de damas noir ». Des sièges et des cabinets d'ébène, des « chandeliers de jais » sur des tables couvertes de velours noir brodé de blanc, complètent cette décoration funèbre.

Une des pièces les plus remarquables de l'hôtel, le « Cabinet des émaux » se compose de « trente-neuf petits tableaux d'esmail de Limoges en forme ovalle, et de trente-deux portraitz d'environ un pied de hault de divers princes, seigneurs et dames, enchassez dans le lambris[2] »; tableaux et portraits sont de la main de Léonard Limosin. L'ajustement de ce cabinet doit être remarqué; il montre quelle était, dans l'origine, la destination décorative des plaques émaillées dont quelques spécimens sont parvenus jusqu'à nous. Enchâssées dans les boiseries rehaussées d'or et de couleurs et surmontées de tapisseries d'or et de soie, ces plaques formaient autour de la pièce une ceinture chatoyante de l'effet le plus pittoresque. Le *cabinet des miroirs*, formé de « cent dix-neuf miroirs de Venise et de quatre-vingt-trois petits portraictz de demy-pied en carré, enchassez dans le lambris », présente une disposition analogue à celle du *cabinet des émaux*.

Le cabinet personnel de Catherine, attenant à son appartement, n'est pas moins curieux. « C'est une vaste pièce entourée d'armoires et de « vingt tableaux de païsages ». La cheminée monte jusqu'aux poutrelles du plafond, d'où pendent des peaux de crocodiles « pleines de foing » et un « grand massacre de cerf ». Entre les deux fenêtres, une armoire à quatre vantaux contient la bibliothèque intime de Catherine. Au milieu de la pièce, sont des tables et des cabinets de toute sorte remplis de curiosités[3].

1. Voir p. 207.
2. Inventaire déjà cité, p. 14 et 155.
3. *Id., ibid.*

En sortant de chez la reine-mère, nous pourrons, grâce aux indiscrétions d'un contemporain, jeter un coup d'œil sur la garde-robe, ou, pour mieux dire, sur le cabinet de toilette d'un des mignons de Henri III. Malgré la forme satirique de l'auteur, il est facile de voir qu'il peint d'après nature : « Cette garderobbe estoit assez spatieuse, et accommodée tout à l'entour à peu près comme la boutique des merciers ; car il y avoit des chappeaux, en un autre lieu des ceintures, icy des jartières, ailleurs des fraises, les unes à gros gauderons, les autres à plus petits. En un lieu, la toilette et des peignes, et dedans, de certaines petites boëttes que je n'avois point encore veuës. Cela me fit demander de quoy cela pouvoit servir ; on me dit que quelquefois le Seigneur et Dame en mettoit dans sa poche pour s'en servir en temps et lieu ; cela me fit en prendre une pour voir ce qui estoit dedans, et j'y trouvay du vermeillon tout préparé qu'il s'appliquoit sur les jouës, quand celuy qu'on luy avoit mis le matin estoit effacé. Aussi il y avoit de ces petites tenailles dont on les frisoit, et un peu plus loing force boëttes et petites bouteilles, les unes de verre simple et sans façon, les autres dorées et façonnées, dans lesquelles il y avoit plusieurs sortes d'eaux, tant de senteurs que pour les fards, avec tout plein de boëttelettes et de petites escuelles peintes de rouge par le dedans, toutes lesquelles estoient sur de petites tablettes qui avoient été mises là pour cet effect. On y voyoit aussi une grande table, au-dessus de laquelle il y avoit une forme de dais assez bas qui la couvroit. Sur cette table on avoit mis à l'un des bouts toutes sortes d'accoustremens, à l'autre quelque quantité de livres ; un peu plus loing que les accoustremens, estoit attaché contre la tapisserie une certaine sorte de demies testes. J'estois estonné que vouloit dire cette marque de cruauté qui me sembloit merveilleusement estrange ; mais cet honneste homme me dit que la chose n'estoit pas si cruelle que je l'estimois et, là dessus, il détacha cela qui ne tenoit qu'à une épingle et se la mit dessus la teste ; car en effect ce n'estoit rien que des cheveux qui estoyent ainsi couppez et tressez ensemblement. Je luy demanday à quoy cela pouvoit estre propre ; il me dit que c'estoit pour ceux qui avoient la teste un peu desgarnie... A l'autre bout de ce lieu, il y avoit force armes pendues qui gardoient fort religieusement leur virginité; elles estoient fort dorées, fort légères, et mignonnement elabourées, aussi n'estoient elles là que pour parade et non pour l'usage; car il n'y a point d'espée qui eust osé pénétrer une chose si riche et si curieusement fabriquée...... Il y avoit un lict au milieu de cette garderobbe pour coucher le valet de chambre, et tout à l'entour d'icelle tout plein de coffres[1]. »

Du cabinet de toilette à la salle de bains, la transition est facile : chez Françoise de Verdun, femme de Geoffray de Morru, payeur des gages de MM. de la Cour du Parlement de Rouen (1560), la chambre à bains comprend « une baignoire de bois de genevre et quatre petits piliers servant autour de ladite baignoire; ung chassis, une petite table servant à accouchée; ung petit ciel de toile de lin à franges de fil d'Espinay à cinq custodes (rideaux) aussi de toile de lin, le tout servant à mettre sur ung bain »[2].

Mais l'installation la plus complète et la plus curieuse que nous ayons rencontrée est celle de Philippe de Clèves, en 1527[3]. La baignerie comprend trois pièces, la chambre à bains, l'étuve et la chambre de chauffage. La chambre à bains renferme « quatre grandes cuves baignoires » adossées au mur; elles sont séparées l'une de l'autre, et fermées sur les côtés et en avant par des courtines de toile blanche, de manière à former quatre tentes ou cabines entièrement closes. Ces courtines sont « pourpointées aux devises de mondit feu seigneur ». Les quatre cuves ainsi disposées sont surmontées d'un « grant ciel de toille blanche faict à la fachon de Millan, garny de plusieurs pommettes dorées et de cinq grands escuchons par dedans le dosseret, et de trois gourdines (courtines) avec franges y pendant ».

A côté se trouve un lit également garni de toile blanche aux armes de la famille, avec un « drescheoir, une chayère à trois pietz et huict petis bancs perchiez et plombez servans dedans les

---

1. *Isle des Hermaphrodites*, p. 113 et suiv.
2. Communiqué par M. le baron Pichon.
3. Philippe de Clèves, seigneur de Ravenstein, nommé membre du Conseil par Charles-Quint, eut des démêlés avec Marguerite, gouvernante des Pays-Bas; il se retira dans son château de Wynendalle, où il mourut. Son inventaire fait partie des archives de Lille.

dites quatre cuves ». Ces bancs sont percés à jour et garnis de plomb pour faciliter l'écoulement de l'eau à la sortie du bain.

En face de la porte d'entrée, « il y a ung grant tableau de peinture encastré dans le mur et tenant ferme à la gallerie, de l'histoire de Venus (Diane) et Acthéon et de plusieurs femmes nues ». D'autres tableaux du même genre garnissent la pièce : « une grande paincture d'une femme nue faicte sur toille ; ung petit tableau de paincture d'ung homme et une femme nue faict sur toille ; un grant tableau de paincture sur bois d'une femme nue et ung vieillart tenant une verge à la main, estudiant et professant ».

La chambre des étuves est entourée de bancs et tendue comme la précédente de « toille blanche pourpoinctée avec une courtine de toille blanche ». Sur le sol, « un grand blanchet (drap de laine blanche) servant par terre », pour garantir les pieds. La pièce renferme encore « quatre autres petis blanchetz, quatre pieches de toille servant sur les bancs desdites estuves, trois oreillers de duvet couverts de fustaine blanche, et deux petis bacz de plomb ».

La chambre de chauffage des étuves, où couche l'homme chargé de ce service, ne contient qu'un « chalit de bois, un lit, traversin et une couverture rouge, un grant coffre de bois et deux puisettes d'arain à gecter l'eaue ».

Le réfectoire des gentilshommes est encore une pièce assez bien décrite dans l'inventaire de la duchesse de Valentinois (1514). La « salle basse où ont accoustumé menger les gentilshommes est tendue de six pièces de tappicerie de Felletin à bestes, oyseaulx et verdure ». Les gentilshommes ont, pour se reposer, deux lits de « tappicerie à franges, jaulnes, rouges et vertes », et une couchette. La table est portée sur des tréteaux, avec un banc sur l'un des côtés. Près de la haute cheminée garnie de ses landiers, se trouve une chaise « couverte de cuyr ». Autour de la salle, pour servir de sièges et de garde-robe en même temps, « quatre grans coffres de cuyr et deux coffres blancs à la mode d'Italie ». Ce sont des *cassoni* couverts d'applications de pâte blanche dorée rapportés d'Italie par César Borgia.

Si nous quittons Paris, la cour et les châteaux princiers pour visiter la province et les provinciaux, nous pourrons conduire le lecteur chez un gentilhomme campagnard de la Bretagne, du temps de François I[er][1] : « Dedans la salle du logis — car en avoir deux, cela tient du grand — la corne de cerf ferrée et attachée au plancher, où pendoient bonnets, chapeaux, gresliers (cors de chasse), couples et lesses pour les chiens, et le gros chapelet de patenôtres pour le commun. Et sur le dressouer ou buffet à deux étages, la *sainte Bible* de la traduction commandée par le roi Charles le Quint (Charles V) il y a plus de deux cents ans, les *Quatre fils Aimon, Ogier le Danois, Mélusine,* le *Calendrier des Bergers,* la *Légende dorée* ou le *Roman de la Rose.* Derrière la grand'porte, force longues et grandes gaules de gibier ; et, au bas de la salle, sur bois cousus et entravés dans la muraille (sur des râteliers de bois), demi-douzaine d'arcs avec leurs carquois et flèches, deux bonnes et grandes rondelles (rondaches, boucliers) avec deux épées courtes et larges, deux hallebardes, deux piques de vingt-deux pieds de long, deux ou trois cottes ou chemises de mailles dans le petit coffret plein de son, deux fortes arbalètes de passe avec leurs bandages et garrots (traits) dedans. Et, en la grand'fenêtre, sur la cheminée, trois hacquebutes, — c'est pitié, il faut à ceste heure dire harquebuses. — Et au joignant, la perche pour l'épervier, et plus bas, à côté, les tonnelles (filets pour les perdrix), esclotouères (filets pour le poisson), rets, filets, pantières (filets verticaux), et autres engins de chasse. Et, sous le grand banc de la salle, large de trois pieds, la belle paille fraîche pour coucher les chiens, lesquels, pour ouïr et sentir leurs maîtres près d'eux, en sont meilleurs et vigoureux. Au demeurant, deux assez bonnes chambres pour les survenants et étrangers, et en la cheminée de beau gros bois verd, lardé d'un ou deux fagots secs qui rendent un feu de longue durée. »

Il est curieux de comparer cet intérieur du gentilhomme breton, vivant sur ses terres, avec le logis d'un citadin picard, retiré à Noyon un demi-siècle plus tard. Passer de François Ier à Henri IV, du fond de la Bretagne en pleine Picardie, c'est passer d'un monde à un autre, du Moyen-Age à l'âge moderne. La chambre

---

1. Noël du Fail, *Contes d'Eutrapel,* chap. XXII.

de Jean de Charmolue[1] est garnie de tapisseries et de « trois tableaux là où sont paincts les neuf preux ». Une « figure de Venus qui est de marbre, et une autre statue de terre qui représente Mars qui est doré », se font pendant de chaque côté de la porte d'entrée. Dans la cheminée brillent deux « landiers de cuivre ». Le mobilier comprend un lict « faict en coffre » avec sa garniture, « son loudier (matelas) à la turque et les rideaux orangés avec le pavillon », un buffet sur lequel se dressent « deux grandes statues », une grande et une petite table couvertes de tapis et « une douzaine et demye d'escabelles ». Contre le lit, « un petit coffre de chambre avec le pot de plomb qui est dedans », et « dans la ruelle, une harquebuze de Blamont ». Car Jean de Charmolue, « escuyer capitaine entretenu par Sa Majesté », a fait le voyage de Terre-Sainte et guerroyé contre le Turc; il a conservé le goût des armes, c'est un véritable collectionneur, et sa chambre renferme un « râtelier garni de pièces curieuses » dont la description fort attrayante nous entraînerait trop loin.

Pour finir, Noël du Fail va nous mener chez un paysan breton, non pas un riche fermier, mais un « prudhomme rustique, bon vilain « qui avoit construict de ses propres mains sa bicoque » de dix-sept pieds en carré et vingt-huit en large et non plus, à raison que le villageois disoit le nid estre assez grand pour l'oyseau. Escoutez donc comme le vilain estoit logé. Entré, voyez justement près l'huys une cheville à laquelle pendoit d'ordre (en ordre) colliers, estulles, aguillons, fouëtz, paronnes[2], brides et semblables esquipages du mestier, et ce à main gauche; de l'autre, vous destournant comme si quelqu'un vous frappoit sur l'espaule, voyez tout en juste ordre, tant que l'un ne passoit l'autre, faucilles, vouges, serpes, fourches, leviers, socz, coutres, avec un boisseau plein de clouz, tenailles, marteaux, cordes, alesnes et menuës ferrailles, qui toutes servoient à mesnage... De là en avant poussant outre, trouveriez, si voyez l'avoir affaire, une table de bonne estoffe sans mignarderie, sans autre ouvrage que plain, sur le bout de laquelle la touaille ou nape, ce m'est tout un, estoit

1. *Le Mobilier d'un gentilhomme noyonnais*, par le comte de Marsy. Saint-Quentin, 1876.
2. Pièce de la charrue.

encore du reste du disner, comme voulant inviter et semondre l'étranger ou le las, se recréer et solatier (consoler) avec elle..... Tirant vers le foyer, estoit un coffre auquel estoient en élégante disposicion les hardes du bourgeois champestre, comme chapeau, gibessière, sa ceinture bigarrée et demy ceint de sa femme, entremeslée d'odorante marjolaine ; et là dessus estoient les escuelles de bois et un pichier (pichet) de terre, vous appelez cestuy-cy un pot à eaue, une bue ou un cruon, un tranchoir ou, selon la petite bouche, une toude. Baste le lit du bonhomme estoit joignant le foyer, clos et fermé de mesme et assez haut enlevé. Je laisse les selles et chaises de boys tortuës de nature et les pièces bien raportées... [1] »

[1]. Du Fail, *Baliverneries*, chap. IV. M. Albert Babeau, dans la *Vie rurale dans l'ancienne France* (Paris, Didier, 1885), a donné des détails très curieux sur la vie et le logement des paysans d'autrefois. Nous ne pouvons mieux faire que de renvoyer à cet excellent livre le lecteur désireux de pousser plus loin ses recherches.

XI

HUCHIERS-MENUISIERS

LA CORPORATION, LES OUTILS, LES PROCÉDÉS

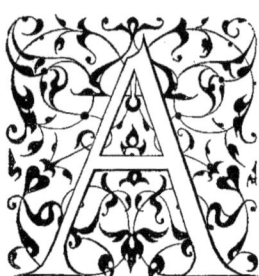u Moyen-Age, les *huchiers* font partie de la grande corporation des charpentiers, sous l'autorité du premier charpentier du roi. Les comptes du xiiie et du xive siècle mentionnent des payements faits « à Givart de Wyers, huchier et charpentier; à Guillaume de Boubon, *carpentario de platea Mauberti, pro ostiis, fenestris et dressorio* »[1]. A la fin du xive siècle, la corporation se partage en *charpentiers de la grande cognée* et *charpentiers de la petite cognée,* ou *huchiers* proprement dits. Les statuts des huchiers de Paris sont de 1396[2], confirmés en 1467 par Louis XI; ceux des huchiers de Rouen datent de 1416[3], ceux des huchiers de Bordeaux de 1476[4]. Mais à quelle époque précise les huchiers prirent-ils le nom de huchiers-menuisiers, par allusion aux ouvrages *plus menus* dont ils étaient chargés? Un arrêt de 1382 mentionne déjà les menuisiers; on les retrouve dans une ordonnance de 1497. A la même époque, Dominique de Cortone figure sur les états de payement comme « menuisier de tous ouvrages de menuiserie »; quelques années plus tard, Bar-

---

1. Fagniez, *Études sur l'industrie*. Paris, 1877.
2. Savary des Bruslons, *Dictionnaire du commerce*, 1724.
3. Langlois, *Stalles de la cathédrale de Rouen*.
4. Confirmés par Charles VIII, en 1491.

thélemy de Chasseneuz écrit : *Qui vulgo vocantur menusarii, cum digniorem et elegantiorem dent formam lignis, sunt præferendi carpentariis qui grossiorem formam dant* [1]. La corporation des huchiers-menuisiers a conservé ce nom jusqu'au xviiie siècle.

Au xvie siècle, les anciens statuts de 1396 étaient tombés en désuétude ; leur rédaction, en vieux français du temps de Charles VI, n'était pas toujours intelligible, l'interprétation de certains articles soulevait des querelles et des procès. D'ailleurs, le régime industriel inauguré par la Renaissance réclamait une législation nouvelle : des étrangers, des italiens, appelés par le roi, venaient s'installer à Fontainebleau ou à Paris et, sans passer par l'apprentissage, le chef-d'œuvre et les degrés de la maîtrise, ouvraient publiquement des ateliers et faisaient concurrence aux nationaux. Grâce à la faveur royale, ils obtenaient gratuitement et d'emblée un droit que les regnicoles n'avaient pu acquérir qu'à la longue, à grand'-peine et à grands frais. On comprend l'opposition de nos vieux maîtres, élevés dans les traditions séculaires de la corporation, jaloux de leurs prérogatives et convaincus d'ailleurs de leur supériorité.

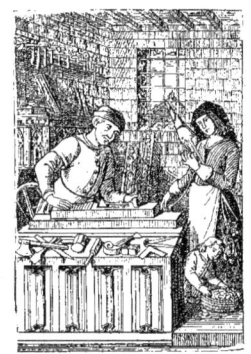

ATELIER DE HUCHIER.
Vignette du commencement du xvie siècle
(Collection de M. Delaherche.)

Sans doute, il fallait s'incliner devant l'autorité royale et les caprices de la mode ; mais si les plus jeunes fermaient les yeux et se laissaient faire, les anciens n'avaient pas cessé de protester, réclamant de nouveaux statuts pour fixer définitivement leurs droits et mettre ordre aux abus.

Ces doléances, sans cesse renouvelées, n'étaient pas personnelles au corps des menuisiers ; elles intéressaient tous les corps d'état pratiquant un art décoratif quelconque. Une première satisfaction leur fut donnée en 1560 par les États d'Orléans, disposant que « toutes personnes prétendant à la maîtrise par

---

1. *Catalogus gloriæ mundi,* 1529.

lettres de don du Roy, quelques lettres qu'ils puissent obtenir pour quelque cause et occasion que ce soit, seraient tenuz faire chef-d'œuvre et payer les droits envers le Roy et jurez, comme ceulx qui auront fait chef-d'œuvre ». Vingt ans plus tard, en 1580, Henri III consentit enfin à homologuer les nouveaux statuts préparés par les maîtres jurés de Paris. Nous allons résumer ce document d'après le manuscrit inédit de la Bibliothèque Nationale [1].

Le préambule expose que les maîtres jurés, voulant « pourveoir aux entreprises qui se font ordinairement sur ledict mestier, et aussi pour assoupir les procès et differends qui se pourroient mouveoir », ont arrêté « en langage intelligible » et non dans la vieille langue de Charles VI, « leurs ordonnances tant anciennes que modernes et icelles fait corriger et augmenter ainsi qu'il est besoing ».

Aux termes de ces nouveaux statuts, « d'ancienneté il n'appartient que ausdictz maistres huchiers menuisiers de faire et parfaire entièrement tous et chacuns les ouvrages dependant et appartenans dudict mestier de menuisier ». Tout ouvrier qui, ayant l'approbation des quatre maîtres jurés, voudra tenir boutique, « il y sera receu en faisant un chef-d'œuvre de ses mains suffisant en la maison de l'ung des jurez » [2]. S'il est fils de maître, il devra, en outre, « trois écus au receveur dudict mestier pour employer aux affaires communes d'icelluy et ung écu à la confrairie Madame Sainte Anne ». S'il n'est pas fils de maître, il payera « un écu sol pour le droit du Roy, pour chacun desdictz jurez demy écu sol, six écus au receveur et ung écu à la confrairie ».

La durée de l'apprentissage est de six ans.

L'article 5 confirme pleinement l'ordonnance précitée des États

---

1. On trouvera à l'appendice le texte *in-extenso*. Les statuts des menuisiers de Nantes datent de 1570.

2. « Ledict aspirant besognera en une chambre privée et particulière en la maison d'un des maîtres-jurez, et dont le maître aura la clef, qui fera serment à justice de non aider, ne conseiller ledit aspirant en sa pièce de chef-d'œuvre, aussy ne luy faire tort ny préjudice en son ouvrage, qui puisse empescher en la perfection d'icelle. » (*Statuts des menuisiers de Nantes*, 1570.) A la fin du XVIIe siècle, le chef-d'œuvre pour être reçu maître menuisier était « une armoire ou un coffre moderne à fond de cuve (arrondi dans les angles) ». En 1382, l'aspirant à la maîtrise devait subir la double épreuve d'un examen et d'un chef-d'œuvre consistant en un meuble dont la valeur était de 4 à 6 francs. (Fagniez, *Études sur l'industrie*.)

d'Orléans contre ceux qui se prévaudraient de lettres de don du roi pour se dispenser du chef-d'œuvre et des droits.

Les articles suivants énumèrent tous les ouvrages qui sont du domaine de la menuiserie, en indiquant les conditions dans lesquelles ces ouvrages doivent être exécutés et la pénalité en cas de contravention. Le tout doit être « de bon bois vif, loyal et marchant, à peine d'amende et d'estre l'ouvrage ars et brullé devant la maison de l'ouvrier ».

Ces ouvrages sont :

Art. 6. — Pour les églises, cloisons, chaises haultes ou basses pour asseoir les gens d'église et autres pupitres, viz, rampes pour monter en iceux, puppitres, ceinture de cueur d'église et table d'autel, haultes chaires pour la prédication, jubez, fust d'orgues, closture et banc d'œuvre des marguilliers.

Art. 7, 8. — Grande ou petite porte pour les églises, chasteaux et autres endroits.

Art. 9, 10 et 11. — Huis forts, colombés[1], enchassillez[2].

Art. 12. — Porches quarrez, ronds à pans, ou placarts.

Art. 13, 14. — Trappes d'aiz et d'assemblage.

Art. 15. — Contrefenestres.

Art. 16, 17. — Plancherz d'ais par terre et plancherz assemblez en manière de compartiments ou lozenges pour parquets.

Art. 18. — Huis et fenestres communes servans à greniers, estables ou ailleurs.

Art. 19, 20. — Fermeture, loges, cloisons, devanture et closture de boutique.

Art. 21. — Manteaux de bois servans pour les cheminées, ornemens et clostures d'icelles, garde astre[3].

Art. 22. — Auvent.

Art. 23. — Couches et couchettes.

Art. 24. — Buffets de salles, dressoirs de chambre, cabinets pour mettre bagues et joyaux, tables de chambre pour tirer, table à desservir, bois de lit pour couvrir de velours, de drap vert ou

---

1. En pans de bois.
2. A panneaux encadrés.
3. Écran de cheminée, devant de foyer.

d'autre couleur et estoffe, table sur tréteaux, table sur une chaise.

Art. 25. — Chaire et scabelle, soit carrée, ronde, à pan ou tiers poinct, placet, chaire basse appelée caquetouere, pieds de bassin, pieds de cuvette et fontaine, pattes de bahuts.

Art. 26. — Aulmoires à mettre des habits, papiers, bagues, vaisselle.

Art. 27, 28. — Huches et pétrains.

Art. 29. — Coffres-forts.

Art. 30. — Bureaux, comptoirs, bancs à coucher, bancs à dossiers, montres [1] et autres accommodemens dudit estat de huchier-menuisier.

Art. 31. — Bancs à taverne, formes, selles pour s'asseoir et tables pour boutique.

Art. 32, 33. — Fonds et bordure de tableau.

Art. 34. — Corniche, frise et architrave.

Art. 35. — Fustz [2] de harquebuzes, de pistollet, mousquetz.

Art. 36. — Tresteaux et chevalets.

Art. 37. — Lances.

Art. 38. — Bois de lict de camp brisé ou non brisé.

Art. 39. — Table de court et de camp à tresteaux en façon de croix Saint André ou tresteaux faicts avec le dessus, chaires de court qui se ploient, formes, scabelles, chaires percées qui se ploient.

Art. 40. — Bois de litière, coche ou carosses, charriots branlants à la mode de Flandre, charriots de triomphe.

Art. 41. — Chambre, couche, cloisons d'assemblage ou ais.

Art. 42. — Montre d'orphevre, montre de patissier et autres montres de boutiques, cages de boullanger, comptoirs et bureaux.

Art. 43. — Mestier pour besongner les rubanniers, passementiers, tapissiers de haulte lisse, brodeurs.

Art. 44. — Obligation de n'avoir qu'un apprenti, qui s'engagera pour six ans.

Les articles 45, 46, 47, 48, 49, 51 et 53, sont relatifs à la police des « varlets et serviteurs de maîtres menuisiers ».

---

1. Pour l'étalage des marchandises.
2. La fabrication des *fusts* à cardes ou autres a toujours été une spécialité des huchiers; d'où est venu le nom de *fustiers* conservé dans le midi et en Espagne; voir p. 102, note.

L'article 50 interdit « à toute personne de ne jaulnir, ne déguiser le bois de tout ouvrage de menuisier, vieille et neufve, que premièrement il n'ait esté vendu, sur peine de confiscation ». Les statuts de 1723 expliquent cette rédaction un peu obscure : « Deffenses sont faites à toutes personnes de jaunir et déguiser le bois de hestre pour du noyer, de toutes sortes d'ouvrages de menuiserie neuve. »

Art. 54. — Le corps des huchiers-menuisiers aura quatre jurés, dont deux élus par la communauté; ils seront « tenus d'eux transporter ès maisons et hostels des ouvriers et aultres endroits et prendront avec eulx ung ou plusieurs sergens pour les assister et faire les recherches des faultes, fraudes, mesprentures et malversations, abbus et malice qu'ilz verront commestre contre lesdictz statuz et ordonnances cy-dessus; lesquelz jurez en feront leur rapport dedans vingt-quatre heures après leur dicte saisie faite ».

Art. 55. — Les jurés exerceront leurs fonctions pendant deux ans; ils seront « exempts pendant le dict temps de la commission de faire curer et netoyer les rues et commission pour la charge des lanternes du quartier ».

Art. 57. — Interdiction pour les maîtres menuisiers de vendre un ouvrage de menuiserie neuve à des tapissiers, fripiers ou revendeurs, à moins « d'appeler les jurez pour visiter la dicte besongne, et, estant trouvée bonne et loyale, lesdits jurez poseront la marque dudict mestier sur ledict ouvrage; et, où il se trouvera aucun ouvrage sur lesdictz revendeurs sans estre marquez de la dicte marque, ils seront confisquez et condamnez en six escus d'amende ».

Les articles 58, 59, 60, 61 et 62 sont relatifs à l'achat des bois servant à la menuiserie. « Deffenses sont faictes à toutes personnes de n'achepter aucun bois de menuiserie flottante que prealablement il n'ayt tenu trois jours francz le port après avoir été déchargé. »

Suivent les « lettres d'approbation, autorisation et emologation des anciens statuts et nouveaux règlemens », en date du mois d'avril mil cinq cent quatre vingt, « vérifiées et enterinées en Parlement » le 28 juin de la même année.

Ces dispositions sont reproduites, sauf quelques modifications, dans les nouveaux statuts de 1658 et de 1723.

Le marché pour la fabrication de meubles se faisait par-devant notaire. Voici la formule d'un de ces marchés du 29 avril 1577 [1] :

« Estat de la besongne que doibt faire Jehan Renoul, M⁰ menuisier, demeurant à Paris, à M⁰ Loys Raquin, procureur en la court :

« Premièrement, une table qui se tire, à terme, semblable à une qui est en la boutique dudit Renoul; l'enchasseure enrichie de taille, et les termes, les goussets et les pattes aussi taillés;

« Une autre table de chambre de 4 p. 9 p. de long sur 2 coulonnes par chaque bout et 3 coulonnes par voyes dessoubz, ladite table et les goussetz par les boutz taillez.

« Ung buffet de salle à 4 gros vasses (vases) par bas, et en haut 4 fuzées tournées, garni de 2 layettes en façon de vaze, garniz de leurs moulleures, comme celui de la salle de Racquin, fermé par en bas sur le derrière à panneaulx de relief.

« Plus une couche de bois de 6 p. 3 p. de long et de large 4 p. 9 p., avec 4 piliers tournez en coulonnes et 4 vases par bas et une moullure au-dessus du dossier; avec les pans de 6 p. de large moullez en façon de vazes à angles recouvrant par dessus le pied, et les tenons des pans fourchez à 2 mortaises.

« Plus 1/2 douzaine d'escabelles à piliers terminés en façon de coulonnes; et le tout mesnage ci dessus de bon bois de noyer,

---

1. Nous donnons le prix fait (1526), avec Jehan Malhorquin de Marseille pour la menuiserie du retable des calfats : « Et primo, es de pacti que lodit mestre Johan Malhorquin fara ou fara faire lodit retaulle (retable) de la haultour, enclus la escabella, de quinze paulmes o plus haut, se la crotte et la place lo pot portar, et de la larguor de treze paulmes et miech, de bon et sufficient bosq de nouguier, essuch, espes a cognoissanca de maistres elegis per los partidos. — Item, es de pacti que lodit mestre Jehan Malhorquin sera tengut de faire cinq parquets al corps del dit retaulle, ambe sos pilliers revestis de cappiteaulx, basses, ambasses, candelabres, et tot sera fact como lo retaulle de Sancta Barba de Sanct Augustin. — Item, lo parquet dau mitant del corps dau retaulle, onte sera nostra Dama de Pietat, sera de la larguor de tres paulmes et miech, tout d'una peça et ung tabernacle relevat per dessus, entretalhah de tres pans à l'antique segond que la besonha requier. — Item, es de pacti que los autres quatre parquets restants seran de la larguor que se porron faire et que la placa requier. Et sera fact ung architravi, revestit de sas moluras, et entre talha d'arcs, et devisis de sex pilliers et fusadas, revestis de leurs cappiteaulx et fulhages a l'antiqua coma aqueon de Sante Barbe, et melhor si se poudra faire..... — Item, es de pacti que fara l'escabella de dos pans et miech d'ault, revestide de cinq parquets ambe quatre pilliers et dos pillastres ambe sos capiteaulx et basses, candelabres entretalhas à l'antiqua..... (Document inédit, communiqué par M. le Dʳ Barthélemy de Marseille.) Sur Jehan Malhorquin, voir p. 102.

sans qu'il y ait de veynes de bois blanc et de neuz, ni bois pourry, le tout bon, loyal et marchant.

« Jehan Renoul, M⁰ menuisier à Paris, promet à honorable homme L. Racquin, procureur en la cour du parlement à Paris, de luy faire ou faire faire tous les ouvrages ci-dessus et iceulx luy livrer en sa maison vis à vis le parvis de l'église Notre-Dame devant le samedy Vigile de Pentecoste; faire les dits ouvrages de bon bois, l'enfonceure de la couche avec ses sangles et 2 barres, ensemble les couchetz, le tout pour la somme de 53 l. 17 s. sur lesquels 27 l. 9 s. payés et le surplus lors de la livraison [1]. »

La fourniture du bois regarde tantôt le client, tantôt le fabricant. En 1566, Jacques Remond, M⁰ menuisier de Paris, fait marché avec Jehan Sanson, orfèvre, pour la confection de tout un mobilier : « ledit Sanson baille et délivre audict Remond certaine quantité de bois de noyer pour faire lesdicts ouvrages, et, le reste, s'il convient en employer davantage, ledict Remond sera tenu le quérir et livrer ».

Le salaire des huchiers-menuisiers, pendant le cours du xvi⁰ siècle, subit une augmentation sensible. En 1493, lors de l'entrée d'Anne de Bretagne à Bourges, Guillaume l'ymaigier est payé 5 sols par jour; à Lyon, en 1499, Gilles Huart et Claude Leonez, menuysiers, reçoivent le même salaire. En 1508, Jehan Turpin et Arnoul Boullin, maîtres menuisiers d'Amiens, gagnent 7 sols tournois par jour, y compris leur apprenti. Jacquinet Cordonnier, le plus habile maître de la ville de Troyes, reçoit 6 sols 6 deniers par jour à l'occasion de l'entrée projetée de Louis XII ; un demi-siècle plus tard, dans la même ville, Dominique Florentin et François Gentil, chargés des travaux pour l'entrée de Henri II [2], sont payés, le premier, 30 sols, et le second, 15 sols. La journée du menuisier est de 3 sols à Amiens en 1508, de 4 sols à Bourges en 1520, de 6 sols à Amboise en 1551.

A partir de Charles IX, l'augmentation de la main-d'œuvre devient considérable, et les échevins de Dijon se décident à prendre des mesures pour essayer d'enrayer la hausse. Le « Regle-

---

[1]. *Archives not. de Paris*; communiqué par M. le baron Pichon.
[2]. *Entrées à Troyes*, par Albert Babeau.

ment politicque fait par les vicomtes Maieur, Prevost et échevins de la ville de Dijon, émologué par la cour de Parlement du duché de Bourgogne en février 1580, à Dijon, par I. des Planches », expose qu'on « s'appercoit les denrées, marchandises et journées estre accreues de prix seulement puis deux ou trois ans, de près de la moitié ». En conséquence, les journées d'ouvriers sont fixées comme suit : ..... « Menuisiers : la journée du menuisier nourry, en temps d'été, 4 solz; en temps d'hyver, aussy nourry, 3 solz, et pour la journée entière, sans nourriture, 9 solz. — Charpentiers : la journée du charpentier, aux grands jours, 9 solz, et en hyver, 7 solz. »

L'outillage du menuisier, au XVIe siècle, est à peu près le même qu'aujourd'hui :

« L'establier (établi), sur lequel on fait la besogne. — Le vallet. — Le varlop-entier. — Guillaume. — Cizeau, ciseler. — Le fermoir. — Rabot. — Le bec d'asne. — Feuilleret pour dégauchir. — Reiglette à pied. — L'esquierre. — Le triangle. — Quille-bouquet pour dresser les mortaises. — Compas. — Eschantillon, mouchettes qui font les choses rondes. — Les outils de moulures. — Guillaume debout, ou de costé. — Bouvet. — Fermoir à nez rond. — Outil de taille : taille c'est ouvrage avec des testes et des figures. — Enrichissement : c'est ouvrage de feuillages, branchages, rosaces, etc. — Outil d'enrichissement. — Sie à fendre, à débiter, à tenons, à tourner. — Arminette pour dégrosser le bois. — Hache. — Gouche (gouge). — David. — Virebrequin ou vibrequin. — Le crochet, qui arrête les aix. — Fer de rustique, c'est-à-dire, qui imprime des roses et estoilles, etc., tout en un coup. — Esmorcher le tenon, c'est-à-dire entamer avec la tarière, pour y planter après le clou. — Detiroir. — Un desie chevilles. — Le maillet de bois. — Sauterelle : c'est quasi le maistre instrument des compagnons de boutique. — Le polissoir. — Le gré ou affiloire. — Riflard. — Ciseau à lumière. — Le banchiar ou le soc, où l'on degrosse la besogne avec l'herminette, c'est le premier métier de boutique et l'apprentissage du compagnon [1]. »

---

[1]. René François, *Essay des merveilles*, 1625. M. Paul Le Blanc, de Brioude, veut bien nous communiquer un extrait de l'inventaire après décès de Moyse de Jax, menuisier de

Les bois les plus usités sont le chêne et le noyer, « bon et gentil à estre mis en œuvre, à faire de beaux ouvrages, à cause qu'il est lissé et poly de son propre naturel [1] ». On trouve dans le Midi quelques meubles de tilleul ; mais ce bois sert plutôt pour les grandes pièces de menuiserie qui demandent de la légèreté ; ainsi, le plafond de la salle de Henri II, conservé au Louvre, est composé de noyer et de tilleul.

Le frêne s'emploie en placages : « On le scie en ais tenues, dont sont faictes tables précieuses ; leur beauté native consiste en variété subtile et ondoyante [2] ».

« L'érable est plus madré, figuré et damasquiné que nul autre bois et, pour ceste cause, les Flamans en font des tables merveilleusement belles [3] ».

Les anciens ont souvent confondu le cèdre et le cyprès. Dans la première moitié du siècle, on en fait des meubles de toute sorte, bancs, tables, lits, etc. ; plus tard, on emploie encore le cyprès pour faire « coffres, cabinets et garderobbes, parce qu'outre la bonne odeur qu'il rend, il dure une infinité de temps sans se corrompre, ni ne se vermoult aucunement ; et tant est résistant à toute vermine, que les cocques et feuilles, meslées parmi les habillemens, les garantissent des vers [4] ».

L'ébène, qui ne peut guère être employée qu'en feuilles de placage et par petites parties, entrait dans la fabrication des meubles de luxe, des cabinets, etc. En 1542, un menuisier français, du nom de maître Jacques, *maestro Jacopo francese falegname*, exécute à Rome, pour le pape Paul III [5], le pied d'une table d'ébène.

Brioude, fait le 21 décembre 1659 : « Dans la boutique où ledit de Jax travailloit de son ar de menuisier, deux grands bancs audit usage, avec leurs crosses. — Plus, six verlopes, deux feuillerets, quatre guillaumes, deux verlopes onglet, six rabots ronds, six mouchetes, trois rabots, quatre triangles, trois bouvets, quatre raspes, une lime, une douzaine de gouges, quatre bedanes, quatre fourmoirs de tablie, trois valets et aultres menus outilz ; — quatre scies ; — un marteau appelé masse d'assemblage ; — un paire de tenalhes ; — deux paires de regloires à pied ; — trois bouvets ; — un banc à tour avec ses poupées ; — une douzaine outilz, gouges, formoirs ou autres ; — une arminette ; — deux taroyres et six bigorres petites ou grandes ; — un guillaume ; — une cognée. » L'approvisionnement de bois est considérable, il se compose d'ais de noyer, de pin, de poirier et de cerisier.

1. Ch. Estienne, *Maison rustique*, 1589.
2. Palissy, *Recepte véritable*.
3. *Id., ibid.*
4. *Maison rustique.*
5. Eug. Müntz, *Chronique des arts*, 1875.

Quant au buis, « auquel ne défaut que la bonne senteur, pour le rendre du tout bien qualifié[1] », il sert exclusivement pour les coffrets et les menus objets de toilette[2].

L'obligation d'employer du bois « sec, vif, loyal, marchand et sans obier (aubier) », était statutaire, et les maîtres-jurés sont spécialement chargés de la faire respecter. Les statuts de Nantes et ceux d'Angers sont même plus rigoureux; ils défendent « de non assembler pièces de noyer avec bois de chesne, poirier, cormier ou autre bois différant l'un de l'autre; mais seront les ouvrages de mesme espèce et nature de bois ». Le devis pour la menuiserie de la chapelle d'Anet (1566) stipule que le bois sera « bien assaisonné[3] », c'est-à-dire débité dans la saison convenable; Olivier de Serres parle aussi du bois qui doit « estre seché et assaisonné à propos ». « Prends garde au bois de noyer, dit Palissy[4], et tu treuveras que, quand il est vieux, le bois est madré ou figuré et de couleur noire par le dedans du tronc; et, pour ceste cause, les vieux noyers sont plus estimez à faire menuiserie que non pas les jeunes; car le bois des jeunes est blanc et n'y a aucune figure. »

On voit quelle importance on attachait jadis au choix de la matière première. « Couppé et débité quatre à cinq ans au plus devant que de le mettre en œuvre », suivant la recommandation de Philibert de l'Orme[5], choisi minutieusement, sans tare aucune, conservé dans des lieux un peu humides, quelquefois même exposé à l'action de la fumée, le bois arrivait entre les mains de l'ouvrier avec un premier ton qu'il devait à sa qualité, à son âge et aux procédés employés pour sa conservation. Une fois mis en œuvre, il était soumis à de nouvelles manipulations destinées à le revêtir d'une nuance artificielle, chaude et transparente. On le « frottoit d'ecorce de noix verde[6] », ou, ce qui revient à peu près au même, de brou de noix; car nos pères connaissaient

---

1. Olivier de Serres.
2. Voir p. 110.
3. *Arch. de l'art français*, 2ᵉ série, t. Iᵉʳ, p. 385.
4. *Recepte véritable*.
5. *Art de bâtir à petis fraiz*.
6. René François, *Essay des merveilles*.

aussi le brou de noix, cette panacée favorite des modernes pour vieillir le bois, le faire passer pour ancien et le vendre plus cher : « Si vous faites bouillir dans un chaulderon, dit Charles Estienne[1], les escorces de noyer lorsqu'elles sont cheutes de l'arbre pour estre escloses d'elles-mêmes, et de cette eau frottez quelque bois que ce soit, il deviendra de couleur de noyer, mesme en deviendra plus beau. » C'est à ce procédé sans doute que les statuts de 1580 font allusion, quand ils défendent « de jaulnir ne déguiser le bois pour du noyer ». L'huile de lin joue aussi un grand rôle dans la coloration du bois : « Le meuble que vous aurez frotté de lie d'huyle et que vous aurez poly, aura une merveilleusement belle et gentille couleur », dit Mizault[2] ; « quand les tables ont bu de l'huile de lin, la splendeur et la couleur est adjoustée, non caduque, mais durable à jamais[3] ».

Une fois teinté, le bois était verni et finalement « lustré avec un filet de cire[4] ». Tous les meubles d'un certain prix sont *vernys;* les anciens inventaires, surtout quand ils sont rédigés par un homme du métier, ne manquent pas de le signaler. Chaque maître avait son secret pour la composition des teintes et des vernis : « Les menuisiers les tiennent entre eux de telle excellence, que l'un frère ne le veut pas dire à l'autre[5]. »

Ces belles patines sombres ou claires, fauves ou blondes, qui font les délices de nos raffinés, sont dues tout d'abord à ces préparations d'origine ; le temps a fait le reste. Nos industriels font donc fausse route quand ils fabriquent à grands frais des imitations *style Henri II en noyer naturel*, s'imaginant de bonne foi reproduire l'aspect primitif des anciens meubles. Nos pères avaient le goût plus délicat et se seraient bien gardés d'introduire dans leurs appartements ces boiseries blafardes qui ne meublent pas. Nous avons souvent parlé de la dorure et de la peinture, que les artistes savaient distribuer avec tant d'à-propos pour corriger la pâleur et la monotonie du bois ; les inventaires de la seconde

---

1. *Maison rustique*, 1589, et *Dictionnaire du commerce* de 1723, au mot *Noix*.
2. *Les Secrets de N. Wecker*.
3. Cardan, 220 A.
4. René François, *Essay des merveilles*
5. *Les Secrets du seigneur Alexis*, 1573.

moitié du siècle mentionnent des meubles *dorés* ou *argentés* en partie, *peincts et dorés, peincts en rouge, haulsés d'or moulu*, avec *figures de bronze* ou *moresque bronzée*. La belle salle de Henri II, au Louvre, était dorée à « l'or mat, à qui la couleur de bois sert d'ombre. Cet or y est appliqué fort tendre et délié, afin de ne pas cacher les ornemens, et il est disposé doctement, avec art, et justement aux endroits où il en doit avoir »; ailleurs, Sauval revient sur la description de cette chambre et nous apprend que le bois était verni « et l'or moulu couché à la colle [1] ». Les fabricants de meubles employaient sans doute un procédé analogue pour éviter les empâtements et laisser à la sculpture toute sa fraîcheur.

Un de nos confrères parisiens, M. Leroux, possède un document précieux pour l'histoire de la fabrication des meubles au xvie siècle; c'est l'album d'un atelier de menuiserie, comprenant 81 dessins originaux. Le volume, petit in-folio de 35 feuilles, a conservé sa reliure primitive de parchemin. Les dessins, grossièrement collés sur les pages, au recto et au verso, sont faits à la plume, avec des parties de mine de plomb, et rehaussés d'une teinte bistre ou rosée. En voici le détail :

Six portes; — Vingt-quatre motifs d'ornements, cartouches, figures pour panneaux, cariatides, épures, coupes et profils, etc.; — douze têtes de femmes réunies sur la même page; — deux coffres; — douze dressoirs; — treize cabinets; deux tables; — neuf chandeliers, dont un à suspendre; — une chaise à bras.

Ces dessins sont de plusieurs mains et d'une valeur inégale; la majeure partie semble faite à l'atelier, le reste a été recueilli çà et là. Quelques-uns, comme les douze têtes de femmes, les deux coffres et un dressoir, dénotent un maître distingué. Les dressoirs et les cabinets sont généralement bien traités, les coupes tracées avec soin et les assemblages minutieusement indiqués. Certains ornements ont été estampés sur les originaux et repris à la plume.

Les modèles sont variés comme type et comme origine. Les échantillons les plus nombreux ont plutôt le caractère des écoles du Midi. Une des armoires est la réplique exacte, mais d'une

---

1. Sauval, t. II, p. 35, et t. III, p. 19.

autre main, du dessin signé *Loris* de Toulouse (collection Foulc), mentionné page 114. Quelques-unes des portes et les dressoirs à grandes colonnes, enveloppant une table intérieure, sont des variantes du modèle de Du Cerceau. Quant aux têtes de femmes, aux deux coffres et au dressoir très allongé, ils viennent de l'Ile-de-France et de Fontainebleau.

La date du recueil n'est pas plus facile à préciser que sa provenance; toutefois, nous pensons qu'il provient d'un atelier qui florissait sous Henri III et disparaît avec Henri IV.

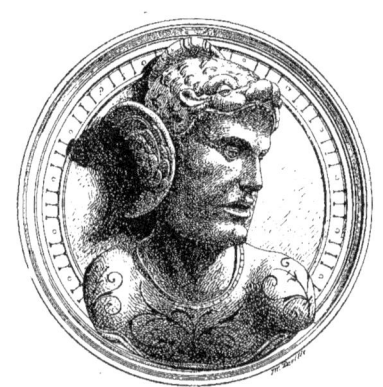

MÉDAILLON.
(Collection de M. Bonnaffé.)

APPENDICE

STATUTS ET ORDONNANCES

DES

MAISTRES JUREZ HUCHERS MENUISIERS DE PARIS

ET LETTRES PATENTES PORTANT CONFIRMATION D'ICEUX (1580)[1]

Henry par la grâce de Dieu, Roy de France et de Polongne, à tous présens et advenir salut. Scavoir faisons nous avoir receu l'humble supplication des maistres jurez huchers, menuisiers de nostre bonne ville de Paris contenant que noz predecesseurs d'heureuse et très louable mémoire pour la police, conduite et entretenement dudict mestier, et pour obvier aux fraudes et abuz qui s'y pourroient commettre, leur ont des longtemps concedé et octroyé plusieurs beaux statutz et ordonnances pollitiques à plain déclarées ez lettres, qui leur en ont cydevant fait expedier registrées en la chambre de nostre procureur au Chastelet de Paris. Lesquelz par la negligence et mauvais soing de leurs predecesseurs jurez dudict mestier, sont depuis quelque temps demourez sans execution et ledict mestier sans reglement et police au grand prejudice et détriment de tout le public. Pour a quoy remedier et pourveoir aux entreprinses qui se font ordinairement sur ledict mestier et aucuns autres mestiers de ladicte ville et fauxbourgs, et aussi pour assoupir les proces et differends qui pour raison de ce se pourroient mouvoir entr'eux et lesdictz mestiers, ilz ont puis nagueres d'un commun accord en presence de nostre procureur audict chastelet, fait veoir et arrester en langage intelligible leurs dictes ordonnances tant anciennes que modernes, et icelles fait corriger et augmenter ainsi qu'il est besoing pour le bien et commodité de la chose publique, police et entretenement dudict mestier selon la forme et teneur qui ensuit :

1º Premierement, pour ce que d'ancienneté il n'appartient que ausdictz maistres huchers menuisiers de faire et parfaire antierement tous et chascuns les ouvrages de quelque mode et façon que ce soit, dépendans et appartenans dudict

---

1. *Bibliothèque nationale*, fs. fr. 21,679, tome V. *Bâtiments*, Delamare, p. 35.

mestier de menuisier, quant ung ouvrier expert et congnoisseur audict mestier et tel approuvé prealablement par les quatre maistres jurez d'icelluy voudra tenir boutique en la ville et fauxbourgs de Paris, il y sera receu en faisant ung chef-d'œuvre de sa main suffisant tant en assemblage que taillé soit de mode antique, moderne ou mode françoise, garny d'assemblage, liaisons et moulures, et ce en la maison de l'ung des jurez dudict mestier et selon l'ordonnance d'iceulx jurez, en payant les devoirs d'entrée au Roy, a la confrairie, et jurez d'icelluy mestier ainsi qu'ilz sont cy-apres déclarez.

2° C'est assavoir que ung fils de maistre dudict mestier sera tenu faire chef d'œuvre selon l'ordonnance desdictz jurez et payer trois écus au Receveur dudict mestier pour employer aux affaires communes d'icelluy et ung écu a la confrairie de Madame Sainte Anne.

3° Item, ceulx qui ont esté et seront doresnavant apprentiz, audict mestier en la ville de Paris, leur temps d'apprentissage finy, seront tenuz faire chef d'œuvre suffisant comme dessus est speciffié en l'hostel de l'ung desdictz jurez, et payer pour le droit du Roy un écu sol, pour chacun desdictz jurez demy écu sol, six écuz au Receveur dudict mestier pour employer aux affaires communes d'icelluy et ung écu à la confrairie Madame Sainte Anne.

4° Item, nul ne pourra demander chef d'œuvre ausdictz jurez qu'il n'ait fait apprentissage en ladicte ville en la maison d'ung maître dudict mestier de menuisier par l'espace de six ans dont il fera apparoistre du brevet avec certifficat de son maitre, et s'il n'est apprenty de la ville, sera tenu servir les maistres par quatre ans avant que demander chef d'œuvre et avoir certifficat du maistre ou il aura servy.

5° Item, toutes personnes pretendans a la maistrise dudict mestier par Lettres de don du Roy, quelques Lettres qu'ilz puissent obtenir pour quelque cause et occasion que ce soit, ilz seront tenuz faire chef-d'œuvre ou expérience à l'ordonnance des jurez, et payer les droits envers le Roy et jurez comme ceulx qui auront fait chef-d'œuvre, ainsi qu'il est contenu par le quatre vingt dix huitième article des Ordonnances des Etats tenuz es assemblées en la ville d'Orléans par le feu Roy Charles Neufviesme du nom que Dieu absolve.

6° Item, que nul ne fera pour les églises, *cloisons, chaises haultes ou basses* pour asseoir les gens d'église et autres *pupittre, viz*, rempartz [1] pour monter en iceulx pupittres, *ceinture de cueur* d'église et *table d'autel, haultes chaires* pour faire la predication, *jubez, fustz d'orgues, closture* et *banc d'œuvre* des marguilliers, s'il n'est maistre dudict mestier et que lesdictz ouvrages soient bien et deuement faits tant en ornemens, architecture, assemblage, tournecure, taille a la mode françoise, antique ou moderne, les liaisons des assemblages bien et deuement observez, garniz de tenons, pitons et mortaizes aux saillies des mouleures, et faict en sorte que ladicte taille ne corrompe point les assemblages et gardes, fourchemens et embrassemens ou il appartiendra, le tout de bon bois vif, loyal et marchant à peine de dix écus d'amende et destre l'ouvraige ars et bruslé devant la maison de l'ouvrier.

---

1. Rampes pour monter à la chaire.

7º Item, que nul ne face *grand porte* soit pour les églises, portes de villes, chasteaux et devant de maisons, qui ne soient bien et deüement faites, assemblées avec des battans, traversains et monteures de bois, d'épaisseur et largeur suffisante selon les grandeurs desdictes portes, panneaux ouvraigez par devant remplissant leur rayneure tant en hauteur qu'en largeur, collez et assemblez a clef et languettes dedans les joints, barrez en lozenge par derriere, lesquelles lozenges seront ung tiers plus haultes que larges, dont l'assemblage desdictz lozenges portera tenon assemblé à mortaizes dedans lesdictz battans traversans et montans, les tenons espaullez comme il appartient tant au bout des battans que au droit des reyneures, remplissant leur mortaise sans estre decouverte, le tout de bon bois de chesne sec, vif, loyal et marchant, et la ou lesdictz ne seront bien et deüement faitz comme dit est, l'ouvrier sera condamné en dix écus d'amende et l'ouvrage ars et bruslé devant la maison de l'ouvrier.

8º Item, que nul ne face autre *grande ou petite porte* pour les églises, chasteaux et autres endroits que les battans, traversans et montans ne soient suffisans d'épaisseur et largeur selon les grandeurs et que les assemblages seront bien et deüement faitz comme dit est, et s'il y a des enrichissemens de taille en mode antique, françoise ou moderne, sera bien et deüement faite ; et s'il y a des croix saint André escharpé ou barré par derriere, au lieu de barre en lozenge, le tout sera assemblé et chevillé en mortaize et tenons dedans les battans et traversans, le tout de bon bois vif, loyal et marchant, à peine de dix écus d'amende et l'ouvrage estre ars et bruslé devant la maison de l'ouvrier.

9º Item, que nul ne face *huis forts* qui ne soient collez et assemblez a clefz et emboistez par les deux boutz, les reyneures desdictes emboistures ne passeront oultre, et là ou les huis fermeront sur rüe dedans les courtz, jardins ou endroitz ou le soleil donnera, il y aura des languettes dedans les joincts, le tout de bon bois, vif, sec et loyal et marchant sur les peines susdictes.

10º Item, que nul ne face *huis colombez* qui ne soit de bois de largeur et épaisseur suffisante des espaullemens gardez tant au bout des battans que au droit des reyneures, des panneaux enrasez d'un costé et barrez avec des barres a queüe ; et aussi que nul ne fasse *huis barrez* qui ne soient a doubles barres joinct ou languette avec des goujons, garniz avec trois ou quatre croix Saint-André, s'il y échet, le tout de bon bois vif loyal et marchant en peine que dessus.

11º Item, que nul ne fasse *huis enchassillez croisez, caiges* en saillie soit dedans ou hors œuvre, ensemble toute sorte de *lambris* et *fenestres*, qu'ilz ne soient bien et deüement faitz tant en assemblage que taille de quelque mode que ce soit, le bois de largeur et épaisseur suffisante et les *chassis a verriere* desdictes croizées, caiges et fenestres remplissant leur feuillure avec un recouvrement par dessus, tant ausdictz chassis que aux guichetz qui seront par dessus les tenons, espaullez tant au bout des battans que au droit de la profondeur des reyneures, et sans que les mortaizes soient decouvertes, le tout de bois vif, sec, loyal et marchant en peine que dessus.

12º Item, que nul ne fera *porches* quarrez, ronds a pan, ou *placars*, soit pour servir aux entrées des chambres, salles, cabinets ou pour autres endroits, que les battans et traversans ne soient de largeur et espaisseur suffisante portant feuilleure pour mettre l'huis, lequel huis joindra sur ladicte feuilleure avec ung recouvrement par dessus, le tout assemblé bien et deüement avec des mortaizes, tenons, pitons, emboîtemens, s'il y echet, au droit des saillies des moullures ; et s'il y convient de l'enrichissement pour aorner ledit ouvrage, seront bien et deüement faitz à la mode françoise, mode antique, moderne ou marqueterie, lesquels enrichissemens ne corrompront point lesdictz assemblages ; et s'il advient que ladicte saillie de moullure ou autre ornement ne se puisse faire de bois tout d'une pièce, y aura des clefs, languciage a reyneure dedans les joints, mortaizes et tenons ou il appartiendra, et le tout de bon bois, vif, sec, loyal et marchant sur les peines susdictes.

13º Item, que nul ne face *trappe d'aiz* qui ne soient d'épaisseur suffisante et joint a la varloppe, et assembler chacun joint avec trois clefs et des goujons ; et si lesdictes trappes ont plus de trois pieds et demy de large d'ouverture, y aura a chacun manteau deux barres a queüe et les torillons qui entrent dedans seront de droit fil et espaullez autant dessus que sur les costez, et le tout de bon bois vif, loyal et marchant en peine de cent solz tournois d'amende.

14º Item, que nul ne face *trappe d'assemblage* que les battans et traversans ne soient d'épaisseur et de largeur suffisante, les aiz servans de panneaux avec les battans qui seront feuillez a double joint, et goujonnez et chevillez sur les traversans qui sont par voie assemblez dedans lesditz battans a mortaizes et tenons. Semblablement les trappes qui se mettent entre deux caves ou colliers qui sont a claires voies, pour donner ayr a la cave basse, seront aussi de bois d'épaisseur et largeur suffisante, assemblez a mortaizes et tenons, lesquelz tenons seront espaullez tant aux montans que traversans des deux costez, pour contregarder les tenons remplissant leur mortaize, le tout de bon bois, vif, loyal et marchant bien et deüement fait. Sur les peines que dessus.

15º Item, que nul ne face *contrefenestres* qui ne soient feuillez a double joint ou languette a reyneure dedans, iceux jointz goujonnez et emboîtez par hault et barrez de deux barres, lesquelles deux barres du costé du dedans le bastiment bien et deuement fait de bon bois sec, loyal et marchant, en peine que dessus.

16º Item, que nul ne face *planchers par terre*, assavoir ceux qui seront d'aiz seront à languette et reyneure, l'ung dedans l'autre, dont les reyneures seront au milieu desdictz aiz et les joües aussi espoisses fortes et carrées tant a ung endroit que a l'autre garnies de lambourdes par dessoubz. Lesquelles seront espassées de quinze poulces l'une a l'autre, et le tout de bon bois, vif, loyal et marchant, en peine de dix ecus d'amende et d'estre l'ouvrage ars et bruslé devant la maison de l'ouvrier.

17º Item, que nul face *plànchers assemblez en maniere et façon de compartiment ou lozenges par parquetz* ou autrement, qu'il ne soit de bois d'épaisseur suffisante bien et duement assemblez et enrasez par dessus, dont tous les traversans et petits montans seront assemblez a mortaizes et tenons dedans les battans longs et petits pieces. Lesquelz tenons seront espaullez de la profondeure de leur reyneure remplissant leur mortaize, toutes les joües carrées aussi fortes en ung endroit que en l'autre, tant a l'endroit des mortaizes que reyneures. Et il y aura une partie des frises et panneaux qui affleuront par dessoubz a l'espoisse de l'assemblage et battans pour poser sur les lambourdes, lesquelles lambourdes seront espoisses de neuf poulces de joüe l'ung de l'autre, et le tout de bon bois, vif, loyal et marchant sur les peines susdictes et de dix écus d'amende.

18° Item, que nul ne face *huis et fenestres communes* servans a greniers, estables ou ailleurs, qui seront sans emboisture et assemblage, sinon que les aiz seront feüillez a double joinct où y aura des languettes dedans les joües, goujonnez de dix huit poulces en dix huit poulces, et barrez en queuë avec chevilles; le tout de bon bois vif, loyal et marchant sur peine de cent sols tournois d'amende.

19° Item, que nul ne face *fermeture de boutique* qu'elle ne soit d'espoisseur competante tant en poteaux, pillastres que fenestres, et si les fenestres sont d'assemblage, seront bien et deüement faites, les espaullemens et assemblages faits et gardez ou il appartiendra même a l'endroit des reyneures et au bout des battans; et si les bourgeois veulent que les fenestres soient d'aiz sans assemblage, ce neantmoings s'ils sont de deux pieces seront les joints assemblez avec des clefs et languettes collez et barrez avec des barres a queue, le tout bien et deüement fait de bon bois vif, loyal et marchant. Sur les peines cy-dessus.

20° Item, nul ne fera *loges, cloisons, devanture ne closture de boutique* estant d'assemblage a traversans et montans et panneaux de bois estant a reyneures, il y aura epaullemens gardez aux mortaizes de la profondeur de la reyneure; et le tout bien et deüement fait de bon bois sec, vif, loyal et marchant. Sur mêmes peines.

21° Item, nul ne fera *manteaux de bois servans pour les cheminées, ornemens et clostures d'icelles, garde astre,* que le tout ne soit bien et deüement assemblé et de bon bois vif, loyal et marchant. Et s'il y a des moulleures et taille de quelque mode que ce soit, le tout sera bien et deüement fait; sur les peines que dessus.

22° Item, nul ne fera *auvent* soit pour servir dedans les cours, jardins dehors œuvre sur rue ou autres endroits, qui ne soient bien et deüement faitz et assemblez a tenons et mortaizes tarrez, les aiz recouvrans l'un sur l'autre de trois poulces. Le tout en bon bois vif, loyal et marchant sur les peines que dit est.

23° Item, que nul ne fasse *couches et couchettes* de quelque bois longueurs, largeurs et haulteurs que ce soient, qui ne soient bien et deüement faites tant en assemblage, tourneure, taille à la mode françoise, mode antique, marqueterie ou autre invention nouvelle ou maniere que ce soit au gré de ceux qui les commanderont; seront les pants assemblez avec des tenons et mortaizes dedans, les pieds portans epaullement dessus et dessoubz pour empêcher que les joües ne se fendent remplissant leur mortaize. Et si les pants ont plus de quatre poulces de large y aura ung fourchement au milieu de la mortaize, les pants auront joue devant et derrière, les tringles, qui portent l'enfonceure, porteront languette collée dedans lesdictz pantz; et s'il y a des feüillures ausditz pants recouvrans

sur lesdictz pieds, porteront fourchement et emboistement dedans lesdictz pieds
neüement. Et si lesdictz pants ne sont tout d'une piece, seront collez dedans
ledict joint avec des languettes, clefs, montants portans tenons et mortaize dedans
les pieces, s'il y echet, et le tout bien et deüement fait, le dossier mis a reyneure
dedans les pieds ; et si lesdictes couches ont plus de quatre pieds de large, il y
aura deux barres, dont les portans qui les soutiendront par un bout seront collez et
embrevez a queüe dedans les pants. Et le tout bien et deüement fait sur peine de
dix écus d'amende, et d'estre l'ouvrage ars et bruslé devant la maison de l'ouvrier.

24° Item, que nul ne face *buffets de salle, dressoirs de chambre, cabinets
pour mettre bagues et joyaux, tables de chambre pour tirer, table a desservir,
bois de lit* pour couvrir de velours, de drap vert ou d'autre couleur et etoffe,
table sur treteaux, table sur une chaire et autre meuble qui ne soient bien et
deüement faits, le tout tant en assemblage tourneure, taille à la mode françoise
et mode antique, moderne, marqueterie ou autre invention nouvelle, et seront
tenus les maîtres garder des fourchemens et embrevemens où il appartiendra, et
garnir toutes les saillies des corniches de mortaizes, tenons, pitons, languettes a
reyneures, clefs et autres liaisons d'assemblage ou il appartiendra ; et si aura une
barre soubz le fond des dressoirs et cabinets, et les layettes seront assemblées a
queüe et les reyneures des emboictures ne passeront oultre le tout, sans que les
mortaizes soient découvertes, tant a l'endroit de l'assemblage que des enrichissemens de taille et marqueterie, le tout de bon bois vif, sec, loyal et marchant, sur
les peines cy-dessus spécifiées.

25° Item, que nul ne face *chaire* ne *scabelle* soit *carrée, ronde, a pan ou
tiers poinct, placet, chaire basse appellée caquetouère, pieds de bassin, pieds de
cuvette* et *fontaine, pattes de bahuts,* de quelque grandeur, largeur, haulteur ou
mode nouvelle, qui ne soient bien et deüement faits et assemblez a mortaizes et
tenons carrez, les testes des escabelles et les ornemens de tourneure taillez a la
mode françoise, antique, moderne et marqueterie qu'il y conviendra faire, seront
aussi bien et deüement faits et de bon bois viffe, loyal et marchant sur peine de
cent sols d'amende.

26° Item, que nul ne fera *aulmoires* soit a mettre des habits, papiers, bagues,
vaisselle, ou autre meuble, que les pieds et traversans ne soient de largeur et
espoisseur competante, les traversans et montans espaullez de la profondeur de
leur reyneure remplissant leur mortaize, les guichets portans recouvrement et
feuillure sans que les mortaizes soient decouvertes, les panneaux et fonds rempli-
ront leur reyneure ; et y aura une, deux ou trois barres soubz chacun fond, selon
la grandeur desdites aulmoires, le tout de bon bois vif, sec, loyal et marchant
bien et deüement fait ; sur les mêmes peines.

27° Item, que nul ne fera *huches* et *petrains*, que les pieds et traversins ne
soient de grosseur, largeur et espoisseur competante, lesdicts pieds tournez, a
fonds de cuve, le tout enrasé par dedans et assemblé a mortaizes et tenons, les
pants et fonds a double joint ou languette, et y aura deux barres soubz le fonds,
le tout de bon bois vif, sec, loyal et marchant bien et deuement fait, sur lesdictes
peines.

28° Item, que nul ne face autre *huche a mettre pain ou viande* de quelque bois que ce soit, qui ne soient bien et deuement faites et barrez par dessoubz le fond. Le tout de bon bois vif, sec, loyal et marchant; sur semblables peines que dit est.

29° Item, que nul ne fera *coffres forts* de quelque grandeur que ce soit, que les pieds et pants ne soient de grosseur et espoisseur suffisante, assemblez a mortaizes, tenons et languettes dans les pieds, les joints collez avec les clefs et languettes seront enrase, par dedans les pieds tournez, a fond de cuve, le couvercle emboisté et embouttte, fermé a angles sur le devant et boutz, une barre dessoubz le fond, le tout de bon bois vif, sec, loyal et marchant, sur peine que dessus.

30° Item, que nul ne face *bureaux, comptoirs, bancs a couches, bancs a dossiers, montres* et autres accommodemens estant dudit état de hucher menuisier, pour accommoder toutes sortes de personnes que ce soit, que le tout ne soit bien et deuement fait en assemblage, tourneure, taille et autres ornemens de quelque mode que ce soit, et les tenons espaullez de la profondeur des reyneures, les panneaux et les fonds remplissans leur reyneure; et y aura une ou deux barres, selon la grandeur des fonds, le tout de bon bois, vif, sec, loyal et marchant. Sur les peines que dessus.

31° Item, que personne ne face *bancs a taverne* et pour autre *estallage*, soit a panneaux ou autrement, *formes, selles* pour s'asseoir et *table* pour boutique ou autre endroit, soient assemblez avec mortaizes et tenons carrez. Le tout bien et deuement fait sans aubier; sur les peines que dit est.

32° Item, que nul ne face *fonds de tableau* qui ne soient depoisseur suffisante selon la grandeur des tableaux et collez avec des goujons et languettes, si le cas y échet, le tout sans aubier bien et deuement fait de bon bois, vif, loyal et marchant. Sur les peines que dessus.

33° Item, que nul ne face aucune *bordure de tableau* qu'elle ne soit bien et deuement assemblée à mortaizes et tenons, reynure et languette dedans les jointz, les ornemens de moulure et taille, tant a la mode antique, françoise, que moderne, qu'elles ne soient bien et deuement faites sans corrompre et decouvrir les assemblages. Sur les peines que dessus.

34° Item, que nul ne face *corniche, frise* ne *architrave* de quelque mode que ce soit, que l'assemblage, moullure et taille ne soient bien et deuement faits, tant en assemblage, moullure que taille. Sur les peines que dessus.

35° Item, que nul ne face *fustz de harquebuzes* soit a croc, roüet, grand ou petit ressort, qu'a meche, *fusts de pistollets, pistollets, mousquets*, tant pour le service des armes du Roy même que utilité du public, qui ne soient faits tout d'une piece, excepté les encornemens qui seront appliquez sur lesdictz fusts; les canons, roüets a grands ou petits ressorts, serpentins et canons seront bien et deuement adjustez et mis dedans leurs dictz fusts, avec leurs verges et baguettes, seront bien et deuement faits et de bon bois, vif, loyal et marchant, sur peine de cent sols d'amende, et d'estre l'ouvrage ars et bruslé devant la maison de l'ouvrier.

36° Item, que nul ne face *tresteaux*, ne *chevalets* soit pour monter de petites pièces pour la force du Roy et utilité du publicq, qu'ils ne soient bien et deuement faits, les pieds d'iceux assemblez dedans les testes a tenons et mortaizes carrées, ayant leur pente comme il appartient, les traversins de pareil assemblage. Le tout de bon bois vif, loyal et marchant sur peine que dessus.

37° Item, que nul ne face *lances* qu'elles ne soient bien et deuement faites et dressées de bon bois, vif, loyal et marchant, le fer desdictes lances bien adjusté et bien tenant et cloüé auxdictes lances. Sur peine que dessus.

38° Item, que nul ne face *bois de lit de camp brisé ou non brisé* de quelque mode ou façon que ce soit, qui ne soient bien et deuement faits tant en assemblage que tourneure, les pants et pieds assemblez a mortaize et tenons; et si y aura des tenons et mortaizes a l'endroit des boisures de la profondeur de quatre a cinq lignes seulement. Et si y aura des coulisses elegies ou mises a reyneures dedans les pieds de derriere pour tenir le dossier, le tout de bon bois, vif, loyal et marchant. Sur semblables peines que dessus.

39° Item, que nul ne fera *table de court* et *de camp* et *treteaux en façon de croix Saint-André*, ou *trétaux faits avec le dessus, chaires de court qui se ploient, soit grandes ou petites, formes et scabelles, chaires percées qui se ploient ensemble* tout autre meuble de *court* de quelque mode que ce soit; le tout sera assemblé a tenons et mortaizes carrées et de bon bois vif, loyal et marchant sur les peines que dessus.

40° Item, que nul ne face *bois de litiere, coches* ou *carosses, charriots branlans a la mode de Flandres, charriots de triomphes* tant pour le service des Roys, Roynes, Princes, Princesses et autres, qui ne soient bien et deüement faits et assemblez a mortaize et tenons carrez; et pour le regard des courbes servans aux dosmes desdictz carosses, elles auront leur ceintre relevez de plain suffisant pour empêcher que les eaux demeurent sur ledict carosse, et que le tout soit bien et deuement fait tant en assemblage que taille de quelque mode que ce soit, et de bon bois vif, loyal et marchant sur peine de dix écus d'amende, et l'ouvrage ars et bruslé devant la maison de l'ouvrier.

41° Item, que nul ne face *chambre, couche, cloisons d'assemblage* ou *aix*, sinon qu'ils ne soient bien et deuement faits et les aix feuillez a double joint ou languette et reyneure; et ou il y aura assemblage, y aura des espaullemens ou il appartiendra. Et si les panneaux sont de plus d'une pièce, seront collez avec des goujons. Le tout de bon bois vif, loyal et marchant. Sur les peines que dessus.

42° Item, que nul ne face *montre d'orphevre, montre de patissier*, et *autres montres de boutiques, cages de boullangers, comptoirs et bureaux* servans a quelque estat que ce soit, estallage de draperies ou d'autres marchans qui ne soient bien et deuement faits et de bon bois, vif, loyal et marchant sur les peines que dessus.

43° Item, que nul ne fera *aucun mestier pour besongner, les rubaniers, passementiers, tapissiers de haulte lisse, brodeurs, enseignes sur rue* qui ne soit assemblé a mortaize et tenons carrez et de bon bois vif, sec, loyal et marchant sur les mêmes peines que dessus.

44° Item, que tous maistres dudict mestier ne pourront avoir qu'un apprenty, lequel peut obliger six ans, et six mois auparavant; la fin de l'apprentissage finy, ledict maistre en pourra prendre ung autre qui sera pareillement obligé six ans. Et n'en pourront aucuns avoir ne prendre davantage, sur peine de vingt écus d'or sol d'amende comme dessus applicable a tous dépens, dommages et interests des apprentis.

45° Item, deffenses sont faites a tous varlets ou serviteurs de menuisier de ne faire fait de maistre dedans la ville et fauxbourgs de Paris, ains seront tenus servir les maistres pour subvenir au service du publicq, sur peine de confiscation des ouvrages, oustilz, establie et de deux écus d'amende.

46° Item, que nul varlet ne serviteur de menuisier, estant aux forsbourgs de ladicte ville, ne pourra tenir aucun varlet ne apprenty. Ains besongneront eux seuls en peine de perdition de leurs ouvrages, establis, oustilz, et de dix écus d'amende.

47° Item, nul ne pourra bailler a besongner a aucun varlet ou serviteur de maison ou chambre dedans la ville ou forsbourg, ains les pourra embesongner en sa boutique et maison sur peine de confiscation des ouvrages.

48° Deffenses sont faites a tous maistres de ne substraire, suborner ne attirer aucun vallet ne serviteur, qu'il n'ait premierement sceu qu'il a servy, s'il est content dudict vallet ou serviteur, sur peine de dix écus d'amende applicable comme dessus.

49° Item semblablement, nul varlet ou serviteur ne pourra sortir hors d'avec son maistre pour besongner pour autre maistre, qu'il n'ayt servy son maistre ancien, achevé sa besongne entièrement, et s'il n'ayt satisfait avec sondict maistre, en peine de dix écus d'amende applicable comme dessus.

50° Item, deffenses sont faites a toutes personnes de ne jaulnir ne déguiser le bois de tout ouvrage de menuiserie, vieille et neufve, que premierement il n'ait esté vendu, sur peine de confiscation desdits ouvrages et marchandises et de telle amende qu'il se trouvera le cas le meriter.

51° Item, si aucun varlet ou serviteur de menuisier va ouvrer et besongner en l'hostel d'aucuns bourgeois ou autres personnes a sa journée, il sera tenu faire leur ouvrage bien et loyaulment, suivant les ordonnances cy-devant transcriptes dudict mestier de menuisier. Et neanmoins pour faire tel ouvrage que le bourgeois vouldra pour son user, pourveu qu'iceluy bourgeois fournisse audict varlet ou serviteur de menuisier le bois et qu'il soit nourry aux depens dudict bourgeois et non autrement, sur les peines que dessus.

52° Item, deffenses sont faites a toutes personnes tant tapissiers, frippiers que autres revendeurs et regratiers, de ne vendre ne exposer en vente aucuns ouvraiges de menuiserie contenus cy-dessus, sur peine de perdition et confiscation desdits ouvraiges et de cent sols tournois d'amende.

53° Item, les varlets et serviteurs desdictz maistres menuisiers, incontinent qu'ilz auront besongné seulement dedans ladicte ville, ils payeront aux jurez pour leur entrée cinq sols tournois pour une fois pour appliquer et employer aux affaires dudict mestier.

54° Item, audit mestier de hucher menuisier aura quatre jurez, lesquels seront chacun deulx mis seulement en ladicte charge, dont deux d'iceux seront esleuz par la communauté toujours apres le jour de Madame Sainte-Anne par devant le procureur du Roy au Chastelet. Et a l'instant ilz feront bien fidellement, loyaulment et en leur coustume faire observer, garder et entretenir lesdictes ordonnances ; et lesquelz jurez seront tenuz deux transporter ez maisons et hostelz des ouvriers et autres endroits hault et bas, où il se fera et y aura besongne neufve pour vendre, même arrester toute besogne neufve qui se trouvera par ladicte ville et forsbourgs, tant de jour que de nuit et prendront avec eulx ung ou plusieurs sergens pour les assister a faire les recherches des faultes, fraudes, mesprentures et malversations, abbuz et malice qu'ilz verront commettre contre lesditz statutz et ordonnances cy-dessus. Lesquelz jurez en feront leur rapport dedans vingt quatre heures après leur dicte saisie faite a justice pour estre ordonné ce que de raison.

55º Item, lesdictz quatre jurez et principal, pendant ledict temps de deux ans qu'ilz exerceront leur charge, seront exempts de la commission de faire curer et netoyer les rües et commission pour la charge des lanternes du quartier ou ils seront demeurans.

56º Item, que tous les ouvraiges dessusdictz se feront bien et deuement par les maistres menuisiers qui entrepreignent de faire ou faire faire lesdictz ouvrages. Ilz seront confisquez et les ouvrages condamnez en tel amende qu'il plaira a justice arbitrer.

57º Item, si aucun maistre menuisier par necessité ou autrement vend quelque ouvraige de menuiserie neuve a des tapissiers, frippiers ou revendeurs, seront tenuz lesdictz maistres, incontinent que la vendre, appeller les jurez dudict mestier pour visiter ladicte besongne, et estant trouvee bonne et loyalle, lesdictz jurez poseront la marque dudict mestier sur ledit ouvraige sans pourvoir faire peindre aucune chose ; et ou il se trouvera aucun ouvrage sur lesdictz revendeurs, sans estre marquez de ladicte marque, ils seront confisquez et condamnez en six écus d'amende.

58º Item, lesdictz maistres huchers menuisiers pourront achepter toute sorte de bois servant a leur estat, incontinent qu'il sera avenu et deschargé a terre ou sur le pave des portz de cette dicte ville de Paris. Et chacun maistre qui sy trouvera avant que destre lotty et enlevé, en pourra avoir sa part et portion comme celuy lequel en aura fait le marché, et non autrement ; semblablement le bourgeois qui s'y trouvera, comme dit est, en pourra prendre son lot pour son user seulement et non pour revendre.

59º Item, deffenses sont faites a toutes personnes de n'achepter aucun bois de menuisier flottant, en peine de dix écus d'amende et de confiscation dudict bois.

60º Semblablement, deffenses sont faites a tous revendeurs et revendeuses et autres personnes, s'ils ne sont maistres dudict mestier de hucher menuisier dans ladicte ville, de n'achepter, ne mettre a prix, ny faire aucune offre dudict bois, que préalablement il n'ayt tenu trois jours francz le port après avoir esté deschargé, a peine de dix écus d'amende et de confiscation dudict bois.

61° Item, après lesditz trois jours que ledict bois aura tenu ledict port, ledict bourgeois et maistres menuisiers pourront avoir leur part et portion dudict bois, comme celuy qui l'aura achepté.

62° Item, deffenses sont faites a toutes personnes de quelque état qu'ilz soient, lesquels achepteront dudict bois de menuisier sur les ports de Paris, de ne le revendre, ny exposer en vente sur lesdictz ports, en peine de dix écus d'amende et de confiscation dudict bois.

De tous lesquels anciens statuts et nouveaux reglemens cy devant specifiiez et déclarez, lesdictz maistres jurez dudict mestier nous ont fait très humblement supplier leur octroyer noz Lettres d'approbation, autorisation et emologation en tel cas requises et nécessaires; a quoy ayans egard, avons en inclinant liberalement à leur supplication et requeste et leur continuant et confirmant leursdictz anciens, lesdictz articles ratiffiez et esmologuez et approuvez, ratiffions, esmologuons et approuvons, et de nostre grâce spécial, pleine puissance et autorité Royale, partant que besoing est, iceulx nouveaux articles, ausdictz exposans et communaulté dudict mestier de maistre hucher menuisier de nostredicte ville et forsbourgs de Paris, de nouveau donnons et auctroyons par ces presentes, pour en jouir et user doresnavant, et estre cy apres inviolablement observez en nostredicte ville et forbourgs, de point en point selon leur forme et teneur, sans y estre contrevenu ny y nuire en aucune manière. Si donnons en mandement au prevost de Paris ou son lieutenant, et a tous nos autres justiciers et officiers qu'il appartiendra, que cesdictes présentes ilz facent publier et enregistrer, et du contenu joyr et user lesdictz exposans et leurs successeurs dudict mestier plainement, paisiblement et perpetuellement, sans souffrir ny permettre que ores ny pour l'avenir, il y soit contrevenu en aucune manière, contraignant a ce faire souffrir et obéir tous ceulx qu'il appartiendra et qui pour ce feront a contraindre par toutes voyes deües et raisonnables mesures, ceulx qui se vouldront entremettre de l'exercice dudict mestier, non receuz maistres d'iceluy ny approuvez selon la forme et contenu desdictz articles, et s'en abstenir et desister sur telles peines et amendes qui se trouvera au cas appartenir, nonobstant oppositions ou appellations quelzconques, pour lesquelles et sans prejudice d'icelles, ne voulons estre differé, car tel est nostre plaisir. Et affin que ce soit chose ferme et stable a toujours, nous avons fait mettre nostre scel a ces dictes presentes, sauf en autres choses nostre droit et l'aultruy en toutes. Donné a Paris au mois d'avril l'an de grace *mil cinq cent quatre-vingt* et de nostre Regne le dixième, ainsi signé. Par le Roy en son conseil, BOULART, visa, LE BOSSU. Registrées, oy sur ce le procureur general du Roy pour joüir par les impetrans et leurs successeurs desditz statutz et articles y mentionnez, ainsi qu'ilz en ont bien et deuement joy et usé, joyssent et usent de present à Paris, en Parlement, le *vingt-huitième jour de juin mil cinq cent quatre vingt*. Ainsy signé.

Henry par la grace de Dieu, Roy de France et de Polongne a nos amez et feaulx conseillers les gens tenans nostre court de Parlement à Paris, salut. Nos chers et bien amez les maistres huchers menuisiers de nostredicte ville nous ont fait remontrer qu'ilz ont puis nagueres obtenu de nous Lettres de confirmation de leurs privilèges, ordonnances et statutz dudict mestier cy attachées soubz nostre contrescel a la veriffication et enterinement desquelles ils doubtent que vous faites difficulté de procéder soubz pretexte que par erreur et inadvertance elles ne vous ont esté addressées, si par nous ne vous est mandé, ce qu'ilz nous ont tres humblement supplié faire, nous a ces causes et inclinans liberalement à leur supplication et requeste et desirant le contenu en icelles estre entretenu, garde et observé, vous mandons et commettons par ces presentes que, sans vous arrester ny avoir egard audit erreur d'addresse, vous ayez à procéder à la veriffication et enterinement desdictes Lettres et du contenu, les faire joüir tant ainsi et par la même forme et maniere qu'il est porté par icelles, et que eussiez fait ou peu faire, si elles eussent esté a vous adressantes. Et nonobstant ledict default, que ne leur voulons nuire ne préjudicier et dont partant que besoing est, nous les avons relevés et relevons par ces dictes présentes, car tel est nostre plaisir. Donné à Paris le *dix-septième jour de juin* l'an de grace *1580* et de nostre règne le 7e, ainsi signé. Par le Roy a la relation du conseil, LE BOSSU et scellées sur simple queue en cire jaulne du grand scel, registrées. Oy sur ce le procureur général du Roy pour joüir par les impétrans et leurs successeurs des statutz et articles y mentionnez, ainsy qu'ilz en ont bien et deüement joy et usé, joyssent et usent de present en Paris en parlement le 28 juin 1580, ainsi signé DEHENEZ.

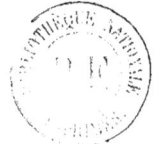

TABLE GÉNÉRALE DES MATIÈRES

A

ABAQUESNE. 96
ABBEVILLE, porte. 41
AIX, portes de Saint-Sauveur 100
ALBRET, lit de Jeanne d'Albret 118
ALEM 118
ALLEMAGNE (La Renaissance en). . . . 14
AMBOISE (Georges d'). . . . 45, 57, 114, 240
— (Jacques d'). 103, 125
— (Louis d'). 114
AMÉ le Picard. 43
AMIENS, stalles. 40
ANET, boiseries 63
ANGERS (Atelier d'). 70
ANGERS (Musée d'). 134
ANGLETERRE (La Renaissance en). . . . 11
ANGO 44
ANNECY, dressoir d'Annecy. 96
ANTHOINE 88
Antique, ouvrage à l'antique. 128
ANTOINE DE LORRAINE. . . . 77, 201, 202, 203
Arche. 120
ARGENTELLES, lit. 47, 200
ARPHE (Juan de). 13
ARMAGNAC (George d'). 114
ARMAILLÉ (Ancienne collection d'). . . . 172
Armoire. 157
— à cavaliers. 99, 101, 176
— à suspendre 168
— de Catherine de Médicis . . . 243
— de Clairvaux. 75, 170
— de Fontainebleau 157
— de Gaillon. 157
— de M. Aynard 172, 174, 175
— de M. Bligny. 159
— de M. Bonnaffé. . . . 25, 165, 176
— de M. Chabrières-Arlès, 69, 97, 172, 174
— de M. Foulc. 174
— de M. Gavet. 170
— de M. Hochon 172
— de M. Jourdan. 174
— de M. Leclanché. 174
— de M. de Saint-Didier 172

Armoire de M. Servier 176
— de M. Spitzer . . 170, 172, 173, 174
— du baron Ad. de Rothschild, 170, 172
— du baron Nath. de Rothschild . 172
— du Louvre. 89, 91, 169, 170
— du musée d'Avignon 99
— du musée de Cluny 176
— du musée de Lyon. 93
— du musée de Toulouse. 176
— lilloise. 37
— normandes. 52, 174
— (Porte d'). 25, 27
— (Vantail d'). 67
ARNAY-LE-DUC. 78
ARQUES (Formes de l'abbaye d') 47
ARSTÉBÉ. 118
ASSEZAT (Hôtel d'). 117
Atelier de huchier-menuisier. 251
AUCH, stalles. 111, 117
AUBUSSON (Jacques). 170
AUGEROLLES. 106
AUGIER (Pierre). 113
AUVERGNE, son école. 103
AVERNIER (Antoine). 40
AVIGNON (Musée d') 99
AYNARD (Collection de M.), 107, 154, 172, 174

B

BACHELIER 13, 116
Bahut. 120, 121
Bahutiers de Bordeaux 121
Banc 77, 229
Banc à haut dossier. 232
— à règle 230
— de Flavigny. 78
— de M. Bonnaffé 231
Bancelle. 229
Banquier 230
BARIC. 118
BARISEL. 36
BARRY (Ancienne collection). . 112, 155, 156
BASILEWSKI (Ancienne collection), 53, 72, 87, 96, 132, 150
Basque (Le pays) 118

Baudot (Éverard).	58
Bauge (Gilles).	62
Bayeux, Stalles.	52
Beauregard (Château de).	63
Beauvais, boiseries.	42
Beguyn (Jehan).	65
Bellin (Raymond).	102
Benedetto da Rovezzano.	11
Benedetto del Bene.	88
Benoist (Claude)	66
Berceau.	210
Bernardino de Brescia	55
Bernard Salomon.	88
Berquin.	36
Berruguete.	13
Besançon, hôtel de ville. 182,	191
Besançon, musée.	169
Béthune, chaire.	36
Biart (Noël).	62
Bidau.	118
Blancpignon (Les). 71,	73
Blason de l'armoire.	160
— du banc.	230
— du cabinet.	160
— de la chaire	217
— du coffre.	124
— du dressoir 142,	148
— du lit	195
— du placet	234
— de la salle.	236
— de la scabelle	235
— de la table.	176
Blée (Nicolas).	176
Bligny (Collection de M.). . . . 64, 159,	166
Blois (Château de).	57
Blotin (Jehan).	72
Boc (Abbaye du)	47
Bois (Le), ses qualités.	9
Bois (Préparation du).	260
Bonnaffé (Collection de M.), 25, 67, 106, 127, 154, 165, 166, 194, 231,	263
Bony	45
Bordas (Jehan de).	118
Borgonhon (Les).	113
Boucher (Hughes).	66
Boullard (Jean).	40
Boullin (Arnoul). 40,	257
Bourdin (Étienne).	60
Bourdin (Michel). 58,	62
Bourdon (Jacques).	58
Bourg (Musée de).	146
Bourgogne (École de).	77
Bourgtheroulde.	51
Bredin (Éverard)	85
Brésil.	162
Bretagne (École de).	53
Bretagnolles, boiseries.	47

Bretture. 90,	99
Breuil (Abbaye du).	47
Briot (François) 86,	156
Brioude, boiseries	107
Bronze (Figures de) . . 84, 162, 169, 170,	262
Brou (Église de). 43,	205
Brou de noix.	260
Broulle (Nicolas).	62
Brulart.	40
Buffet.	137
Buis.	110
Burgos, stalles	78

C

Cabinet. 64,	157
— d'Allemagne	159
— de Besançon	169
— de Catherine de Médicis	243
— de Gauthiot d'Ancier	84
— de M. Roussel	163
— des émaux	243
— des miroirs.	243
— de toilette	244
— du baron Sellières.	167
— du roi	60
Cacquetoire. 216,	226
Cadres de Notre-Dame du Puy. . 38, 39,	42
Cambiche (Martin).	71
Canapé	233
Carlin (Jérémie) 86,	156
Caquets de l'accouchée	197
Carpi (Francesco de) 58, 60, 62,	121
Carrand (Collection de M.) 104,	192
Carreau. 233,	234
Cartoys (Mathurin).	60
Castille (Colin) 45,	128
Cèdre. 125,	259
Chabouilley	73
Chabrières-Arlès (Collection de M.), 23, 69, 87, 89, 96, 97, 98, 132, 134, 153, 154, 172, 174, 185, 187, 192, 209, 225,	235
Chaire ou chaise. . 23, 61, 105, 106, 216,	220
— à haut dossier.	217
— à molette	228
— à tenailles.	228
— brisée.	227
— de M. Chabrières-Arlès	225
— de M. Hainauer.	220
— de M. Martin Leroy	217
— de M. Émile Peyre 221,	222
— du baron Ad. de Rothschild . . .	223
— de Mme Rougier 219,	227
— percée.	225
— tournante. 222,	224
Chaise-Dieu, boiseries.	106
Chalineaux (Jacques)	66

TABLE GÉNÉRALE DES MATIÈRES

Chambord. 58
Chambre de Georges d'Amboise. 240
— de Bury. 240
— de Catherine de Médicis. . . . 242
— de Charlotte d'Albret 240
— de Charmolue. 248
— de Claude Gouffier 239
— de deuil. 242
— de la reine, au Louvre. 65
— de toile blanche. 241
— d'un paysan breton 248
— du roi, au Louvre 62
Champagne, son école. 76
Champeaux (Collégiale de). 71
Chandeliers de bois. 28, 65
Chantrel (Jacques). 62
Chapard (Gabriel). 104
Charpentiers 250
Chartres, stalles 58
Chaslit de camp. 57
Chastellain (Léonard) 65
Châtaignier. 74
Chateaubriant, château. 53
Chauvin. 36
Chavigny 47
Cheminée de l'hotel d'Yversen. . . 110, 111
Chêne. 259
Chennevière (Jacques) 86
Chennevière (Pierre) 85, 192
Chenonceaux, porte 59
Chinon, dressoir. 70
Chonart (Jehan). 113
Chossettes de lit. 211
Clairvaux, armoire. 74, 75
Clément (Pierre). 73
Clermont-Ferrand (Musée de). 106
Clermont-Lodève (François de). . . . 114
Clouet (François). 120
Cluny (Musée de). . . 53, 58, 63, 68, 74,
77, 106, 109, 120, 131, 154, 170, 176, 191, 212
Coeck (Pierre). 12
Coffre. 119
— à fest. 122
— à varchiero. 100
— blanc, à la mode d'Italie. . . . 246
— breton 54
— d'après Julliot 71
— d'Assier. 112
— de bahut 121
— de J. d'Amboise 104, 125
— de nuit. 243
— de François d'Estaing, 112, 113, 132
— de M. Barjot. 107
— de M. Basilewski. 132
— de M. Bonnaffé. 106, 127, 132
— de M. Chabrières-Arlès, 89, 132, 134
— de M. Foule 134

Coffre de M. Gavet 37, 121
— de M. E. Peyre. 128
— de M. Piet-Lataudrie. 130
— de Mme Rougier. 136
— de M. Roussel. 129, 132, 133
— de Tournoel. 106, 127
— du musée d'Angers. 134
— du musée de Clermont. 106
— du musée de Cluny. 131
— du musée de Toulouse. . . 135, 136
Coffres normands 51
Coffres picards 43
Cognet (Jehan). 71
Colin (Charles). 73
Colomb (Michel). 55
Compiègne (Musée de). 181, 190
Contenances de table 179
Cordeliers. 52, 77
Cordonnier (Les) 71, 102, 257
Cornedieu. 45
Corporation des huchiers 250
Corporation des charpentiers 250
Cortone (Domenico de). . . . 55, 57, 250
Couche, couchette. 198, 208, 209
Couchette de M. Chabrières-Arlès. . 208
— de M. le baron d'Yversen. . . 209
Cousin (Jean) 71
Coussin 215, 235
Cramoy (Estienne). 63
Crédences (Meubles dits improprement). 146
Cyprès. 125, 259

D

Dallein (Jean). 77
Damiano de Bergame. 94
Damyen (Jean). 77
Dardel (Collection de Mme). 194
Dauphiné, son école 96, 100
Debruge-Dumesnil (Ancienne collection). 166
Delaherche (Collection de M.), 42, 239, 251
Delance (Racet). 45
Delaplace (Richard). 45
Descombert (Michellet). 45
Deshourmes (Nicolas). 55
Desmottes (Collection de M.). 37
Devillage (Jehan). 58
Didier-Petit (Collection de M.). . . . 136
Dietterlin 51
Dijon (Musée de). 183, 190
— plafond. 78
— porte d'une maison. 81
— porte du palais de justice. . . 82
Domenico de Cortone 55, 57, 250
Dore (Jehan). 57
Douai (Cathédrale de). 37
Doublet. 43

280 LE MEUBLE EN FRANCE AU XVIe SIÈCLE

Doucet. 60
Draperye (Panneaux à). 51, 128
Dressoir. 26, 137
Dressoir d'Annecy. 145
— de M. Barry. 155
— de M. Basilewski . . . 53, 88, 150
— de M. Bonnaffé. 154
— de M. Carrand. 104, 150
— de M. Chabrières-Arlès, 153, 154
— de M. Gavet. 141, 149, 150
— de M. Jameron. 150, 153
— de Montbéliard. 86, 156
— de Morangier-Fabrèges. . 107, 174
— de M. Mordret. 150
— de M. E. Peyre. 139
— de Saint-Pol de Léon. 53
— de M. Salting. 154
— de M. Sennegon. 153, 154
— de M. Serres. 117, 154
— du prince Soltykoff. . . 143, 150
— de M. Spitzer, 145,150,151,152, 154
— modèle Du Cerceau. 68
— du musée de Bourg. 146
— du musée de Cluny. 154
— du musée du Louvre . . . 26, 154
Drouin 76
Dubois (Jehan). 45
Du Boullay (Collection de M.Maillet) . 131
Ducouldray (Jehan). 66
Du Cerceau. 6, 13, 28, 55, 58, 66, 68,
83, 186, 188, 204, 263
Du Hancy. 56
Dupont (Jehan). 51
Dupréau. 36
Durer (Albert). 14, 15

E

Ébène. 259
Écouen, boiseries. 63
Émaux placés dans les boiseries. . . . 243
Enfourchure (Abbaye de l'). 72
Érable. 259
Escabeau. 233, 235
— de M. Chabrières-Arlès. . . 235
Escalier de la Chambre des Comptes. . 68
Espagne (La Renaissance en). 13
Espalion, le maître-autel. 118
Estrier. 217
Étienne (Collection de M.). 67
Évreux, cathédrale. 47
Exposition de Quimper. 54

F

Falaise. 71
Faudesteuil. 216, 227

Faure (Ancienne collection de M.). . . 176
Figures de bronze. (Voir bronze.)
Flandres (La Renaissance en). 12
Flavigny, l'église. 78
Florentin (Dominique). 72, 257
Floris (Corneille). 12
Fontainebleau, le palais, 58, 60, 62, 66,
68, 70
— le cabinet du Roi, 60, 157
Formes. 47, 229
Fortin (Philippe). 51
Foulc (Collection de M.), 58, 66, 67, 72,
74, 105, 115, 134, 172, 174, 191, 193,
204, 232, 263
Fourchette, son usage. 178
Fournier (David et Noël). 65, 74
Fourreaux de lit. 211
Franche-Comté, son école. 77
Frêne. 259
Fryon. 36
Fustier 102

G

Gache (Jean). 118
Gages, château. 118
Gaillard (Collection de M.). 172
Gailley (Anthoine). 78
Gaillon. 21, 45, 46, 57
Galerie de Henri II. 62
Garde-robe (Description d'une) 244
Garrigues. 118
Gaulthier (Étienne). 86
Gauthiot d'Ancier. 84, 144, 168
Gavet (Collection de M.), 37, 68, 70,
104, 121, 131, 141, 149, 150, 153, 168,
170, 194
Gay (Collection de M.). 194
Gentil (François). 72, 257
George de Borgona. 114
Gervais. 47
Gilbert. 58
Gisors, Saint-Gervais et Saint-Protais. 52
Godet (Jehan). 102
Goltzius 13
Gonesse, buffet d'orgues. 58
Gouesnon ou Quesnon (Michellet). . . 157
Goujon (Jean), 48, 55, 63, 68, 70, 164, 166, 174
Gréau (Collection de M.). 74
Grégoire de Normandie. 52
Guerpe (Richart). 45
Guillaume. 57, 257
Guillemard (Pierre). 52
Guiramond (Jehan). 102
Guyon (Les). 72
Guyot. 36, 58
Guyrod d'Annecy, dressoir. 152

TABLE GÉNÉRALE DES MATIÈRES

H

Hainauer (Collection de M.). 220
Hallet 36
Hallevin (Jacques). 36
Hanin (Beaudoin). 36
Hardouin. . . . 42, 66, 162, 187, 210, 236
Harfleur, portes de l'église. 51
Hayeneuve (Symon de). 58
Heilles (Collection de Mme d'). 176
Hochon (Collection de M.). 172
Huart (Gilles). 88, 257
Huche 120
Huchier, origine du nom. 119
Huchiers-menuisiers 250
Huchiers d'Angers 260
— de Bordeaux 250
— de Nantes. 252, 260
— de Paris. 252, 265
— de Rouen. 250
Huchon. 36
Huet (Alexandre). 40, 65

I

Ile-de-France (École de l') 55
Italie (La Renaissance en). 15

J

Jacotin Paperocha. 102
Jacques (Maître). 261
Jambe de fer (Girard). 86
Jameron (Collection de M.). 70, 159
Jehan. 36
Jehan de Borgona. 114
Jehan de Troyes. 102
Jorlin (Pierre). 58
Jourdan (Collection de M.). 174
Journée du menuisier. 257
Julliot (Les). 71

L

La Bastie d'Urfé. 94
La Ferté-Bernard, les orgues. 58
La Forge (Collection de M.). 172
Lallemand (Jacques). 77
Lancelot (Collection de M.). 74
Lancier (Claude). 86
Languedoc et Gascogne, leur école. . . 110
Lanticque (Nicolas). 77
La Planchette (Jehan de) 66
Lardant (Jacques). 58, 62
Le Brun (Aman). 60
Leclanché (Collection de M.). 174

Le Clerc (Les). 51
Le Cygne (Adam). 77
Lefèvre (Jacques). 52
Lemaire (Pierre). 57
Lemaryé (Richart). 45
Lemasurier (Pierre). 45
Leonez (Claude). 88, 257
Le Pot (Jehan). 42
Le Rebours (Denis). 45
Le Roux (dit Picard). 43
Leroux (L'Album de M.). 262
Lescot (Pierre). 55, 62, 63
L'Estrée, l'abbaye. 47
Lètre (Noël de). 52
Lheureux (Les). 65, 70
Liesse (Jehan). 62
Lit 195
Lit de baignerie. 245
— de camp. 198
— de deuil. 199
— de parement. 198
— de repos. 77
— d'Antoine de Lorraine, 77, 201, 202, 203
— d'Argentelles 200
— Breton. 55
— de Brou. 205
— de Claude Gouffier. 206
— de MM. Desparin et Montel. . . 206
— de Du Cerceau. 68, 204
— de Jeanne d'Albret 118
— de Marie Stuart. 206
— du musée de Quimper. . . . 209, 211
— d'Urfé. 206, 207, 208
Lisieux, cathédrale 47
Loches, château. 120
Logis du gentilhomme campagnard. . . . 247
Lonlay (Stalles de). 47
Loris. 114, 263
L'Orne (Philibert de) 55, 62
Louis de Borgona. 114
Louvre, le palais. . . . 58, 62, 63, 65, 68
— la chambre du roi 62
— (Musée du). 26, 27, 62, 66, 85, 89, 98, 156, 166, 224
Lyon (Musée de). 172, 190
Lyonnais, son école. 87
Lyssorgues. 115

M

Madeleine de Troyes. 73, 74
Madrid, le château. 58
Maillart (Raoulland). 62
Maillet du Boullay (Collection de M.), 46, 134, 172
Maison. 241
Maison de bois d'Albi 110

Maisons de bois d'Ango. 44
— — de Bordeaux. 110
— — de Caen. 44
— — de Castelnaudary. . . . 110
— — de Carcassonne. 110
— — de Limoges. 109
— — de Morlaix. 53
— — de Rouen. 44
Malhac (Jehan). 118
Malhorquin (Jehan). 102, 236
Marche haute. 215, 217
Marché, modèle de marché. 256
Marguerite d'Autriche. 11
Martin (Nicolas). 51
Martin Leroy (Collection de M.), 106, 217
Menuisier, tarif. 257, 258
Menuisier, outillage. 258
Met ou Maict. 120
Metz, porte de la cathédrale. 76
Milan, stalles. 52
Millon. 65, 72, 73
Miroirs placés dans la boiserie 243
Mollet (Les). 36
Mollette, chaire à mollette. 228
Monchy (Pierre de). 36
Moncisot (Pierre). 65
Montalban (Collection de M.). 210
Montaudoin (Denis). 58
Montbéliard, dressoir. 86, 156
Montbenoit, stalles. 78, 79
Montaut 118
Montot (Balthazar). 77
Mordret (Collection de M.). . . . 70, 159
Moreau (Nicolas). 58
Moresque blanche. 90, 136
Motet (Gilles). 73
Motu (Christophe). 71
Mourette (Jean). 40
Muette, le château. 58, 62
Muy, château. 100

N

Nantouillet, boiseries. 57
Navarre. 118
Noblet (Gabriel). 73
Nord, son école. 36
Normandie, son école. 44
Notre-Dame du Puy, les cadres, 38, 39, 42
Noyer. 259, 260
Nys Massin. 36

O

Ode. 199
Orbais, stalles 72
Orlandinus Veronensis. 94
Outils. 258

P

Palais ducal de Nancy. 76, 77
Panneaux rustiques. 66
Pantaleon (Jehan Michael de) 58
Papin (Francoys) 66
Pariset (Claude) 86
Pascalis (Jehan) 113
Patine du bois 261
Pau, château 118
Peinture des meubles. 262
Pelletier (Nicolas). 51
Perréal (Jehan). 55, 88
Perret (Ambroise) 62
Peson (Étienne). 102
Petit. 40, 42
Petit-Bernard 89, 90, 92
Petitot (Guillaume) 86
Pey Troyat 118
Peyre (Collection de M.), 72, 94, 128,
139, 221, 222
Philandrier (Guillaume) 116
Philbert (Antoine) 77
Picardie, son école 37
Piccardo (Juan) 43
Pierleau (Pierre de). 62
Piet-Lataubrie (Collection de M) . . . 130
Pihourt. 53
Pilastre d'une maison de Rouen. . . . 44
Pilon (Germain). 66, 68
Pillon (Collection de Mme). 70
Pinaud (Collection de M.). 120
Placet. 133
Plafond de la salle du Palais 56
Planchers 214, 237
Poirier, bois 71
Poiron (Balthazar de). 65
Poitiers, le château. 108
— le musée 109
Pomès (Bernard). 118
Porte d'Abbeville 43
— de Clermont 108
— d'une maison de Dijon 81
— d'une maison de Nîmes. 115
— d'une maison de Lyon. 90
— du palais de justice de Dijon . . . 82
— de sacristie, à Dijon 82
— de la sacristie de Metz 76
— de Saint-Pierre d'Avignon. . . . 102
Porte-carreau. 235
Pothier (les). 71
Poy (Jehan de) 118
Prieur (Pierre) 71
Primatice (Le) 55
Provence et Comtat, leur école 98
Pucevillain (Robert de) 57
Puy (Musée du) 106

Q

Quennefietz	36
Quenouilles de lit	207, 208, 243
Quesnon ou Gouesnon	45
Quimper (Exposition de)	54
— (Musée de)	209, 211

R

Rambourg (Balthazar)	36
Raoulland (Joachim)	18
— (Vaillant)	204
Raynal (Guillaume)	118
Récappé (Collection de M.), 78, 106, 154, 156, 166, 190,	192
Réfectoire de gentilshommes	246
Règle de banc	229
Regnier (Laurent)	66
Reiset (Collection de M. le comte de)	48
Relai	157
Remard ou Renaud	66, 126, 207, 257
Renoul (Jehan)	66, 186, 256
Revoil (Ancienne collection)	170
Richier (Ligier)	76
Riggs (Collection de M.)	194
Riolle (Richault)	62
Robert (Michaud)	118
Robertet	140
Robinet	77
Rodelle (Bernard Galhar, dit)	118
Rodez, stalles	110
Roisnel (Nicolas de)	36
Romans (Jehan de)	89, 96
Ronzen (Antonio)	102
Rosso	55
Rothschild (Collection du baron Adolphe de)	171, 184, 192, 221, 223
Rothschild (Collection du baron Nathaniel de)	172, 190
Rougier (Collection de Mme), 125, 132, 134, 136, 172, 189,	219
Roulin (Hamard)	57
Roussel (Firmin)	66
Roussel (Collection de M.), 51, 87, 103, 106, 129, 132, 133, 135, 163, 165,	194
Roze (Thibault)	45
Rue, église	36

S

Sagoyne (Léon)	65
Salle	236
Salle de bains	245
Salle du Palais, plafond	56
Salle où l'on mange	241
Saincto-Chemin	58
Saint-André (École prétendue de)	47
Saint-Bertin, boiseries	36
Saint-Bertrand de Comminges	111, 117
Sainte-Cécile d'Albi	111
Saint-Didier (Collection de M. de), 170, 172, 175, 193,	194
Saint-Étienne de Troyes	73, 74
Saint-Germain-en-Laye	58, 68
Saint-Gervais et Saint-Protais de Gisors	52
Saint-Jean de Rouen	51
Saint-Jean de Troyes	71, 73
Sainte-Justine de Padoue	52
Saint-Maclou, portes	48, 50
Sainte-Marie d'Auch	111
Saint-Nicolas de Troyes	73, 74
Saint-Martin de Langres	73
Saint-Martin de Troyes	43
Saint-Pierre du Mans	58
Saint-Pierre d'Avignon	102
Saint-Remi de Troyes	74
Saint-Riquier	40
Saint-Romain	47
Saint-Sauveur d'Aix	100
Sainte-Savine de Troyes	72
Saint-Vincent de Rouen	47
Saint-Waast	37
Saint-Wulfran	40
Salting (Collection de M.)	154
Salvanh (Jehan)	116, 118
Sambin (Hugues)	80, 92, 168
Sartisor (Henri)	102
Selany (Henry)	65
Selle	233, 235
Sellette	235
Sellières (Collection du baron)	166, 167
Sennegon (Collection de M.)	153, 154
Serres (Collection de M.)	117, 154
Servier (Collection de M.)	176
Sicart (Jehan)	58
Siège	213
Siège épiscopal de Poitiers	109
Soltykoff (Ancienne collection), 70, 74, 143, 150, 152,	166
Soulages (Ancienne collection)	117
Soultrait (Comte de)	156, 168
Spitzer (Collection de M.), 46, 47, 145, 150, 151, 152, 154, 170, 172, 173, 174, 188,	193
Sprale (François)	36
Stalle (Chaire appelée)	216
Starue (Laurent)	70
Statuts des huchiers d'Angers	260
— — de Bordeaux	250
— — de Nantes	252, 260
— — de Paris	252, 265
— — de Rouen	250
Sulpice (André)	110

T

Table. 177
— à éventail. 68, 186
— à rallonges. 187
— de Gauthiot d'Ancier. . 84, 182, 191
— de M. Benoit. 194
— de M. Bonnaffé. 194
— de M. Chabrières-Arlès, 185, 187, 192, 193
— de Mme Dardel 194
— de M. Foulc 191, 193
— de M. Gavet 194
— de M. Gay 194
— de M. Riggs 194
— de Mme Rougier 189
— de M. Roussel 194
— de M. de Saint-Didier . . . 193, 194
— de M. Spitzer. 188, 193
— diverses 188
— du baron Ad. de Rothschild, 184, 192
— du baron Nath. de Rothschild . . 190
— du baron d'Yversen 192, 194
— du musée de Besançon. . . 182, 191
— du musée de Cluny. 191
— du musée de Compiègne . . 181, 190
— du musée de Dijon. 183, 190
— du musée de Lyon. 190
Tabouret. 233
Tacet ou Tacquet (Jehan). 65
Taigny (Collection de M.) 166
Talmouses, façon de chaises 226
Tannebert (Aubry) 86
Taurin (Richard) 52
Tenailles, façon de chaises 228
Terrasson (Pierre) 96

Thibaut. 42
Thiers, ses meubles. 108
Thomas (Martin). 55
Timbal (Ancienne collection) 170
Tolède, stalles 78
Torrigiano 11
Toulouse (Musée de) 135, 136, 176
Toussaint (Herluison). 72
Trevigi (Girolamo da). 11
Tripier 58
Troyes (Musée de). 74
Turpin (Jehan) 40, 257

V

Vafart (Pierre). 102
Vaillant (Raoulland) 65
Valenciennes (boiseries). 36
Van Eyck 13, 78
Vauluysant, stalles 72
Vernis. 261
Vienne, chaire épiscopale 98
Vigarny (Les). 13, 43, 78, 113, 114
Vigneron (Mathieu) 86
Viguier (Jacques) 113
Villemaure, jubé 72
Villeneuve, boiseries du château . . 107
Villeron, boiseries 57
Villers-Cotterets (Château de). . 58, 62
Vizé (Jérôme de) 118
Vriese. 13

Y

Yversen (Baron d'), cheminée. . . . 111
—   —   couchette 209
—   —   table 192, 194

TABLE DES GRAVURES

Panneau de porte de Gaillon	22	Coffre de Clermont	106
Dossier de chaire, François Ier	23	Coffre, Auvergne	107
Porte d'armoire, Henri II	25	Cheminée, à Gaillac	111
Porte de dressoir, Henri III	26	Coffre, Languedoc	112
Porte d'armoire, Henri IV	27	Coffre de Fr. d'Estaing	113
Armoire lilloise	37	Porte, à Nimes	115
Cadre de Notre-Dame-du-Puy	38	Dressoir, Languedoc	117
Cadre de Notre-Dame-du-Puy	39	Coffre du Nord	121
Porte à Abbeville	41	Coffre d'Auvergne	125
Pilastre de maison, à Rouen	44	Coffre d'Auvergne	127
Porte de Gaillon	47	Coffre d'Auvergne	128
Deux frises normandes	48	Coffre lyonnais	129
Revers de porte de Saint-Maclou	49	Coffre	130
Revers de porte de Saint-Maclou	50	Coffre de l'Ile-de-France	131
Coffre breton	54	Coffre normand	133
Porte, à Paris	56	Coffre du Languedoc	135
Haut de meuble, Ile-de-France	57	Dressoir, Auvergne	139
Porte de Chenonceaux	59	Dressoir de l'Ile-de-France	141
Dossier de chaire, Ile-de-France	61	Dressoir	143
Support de cabinet, Ile-de-France	64	Dressoir d'Annecy	145
Vantail d'armoire, Ile-de-France	65	Dressoir de Bourg	147
Vantail d'armoire, Ile-de-France	67	Blason du dressouer	148
Armoire, Ile-de-France	68	Dressoir	149
Coffre champenois	71	Dressoir bourguignon	151
Vantail de dressoir	73	Dressoir de l'Ile-de-France	152
Armoire de Clairvaux	75	Dressoir, Lyonnais	153
Porte de sacristie à Metz	76	Dressoir	155
Stalle de Montbenoit	79	Armoire normande	159
Porte, à Dijon	81	Cabinet, Ile-de-France	163
Porte du Palais de Justice de Dijon	82	Armoire, Ile-de-France	165
Vantail d'armoire, Bourgogne	83	Cabinet, Bourgogne	167
Détail d'un cabinet, Bourgogne	84	Armoire à suspendre	168
Détail d'un cabinet, Bourgogne	85	Cabinet de Besançon	169
Détails de dressoir, Lyonnais	88	Armoire lyonnaise	171
Coffre de Charly	89	Armoire lyonnaise	173
Armoire du Louvre	91	Armoire	175
Armoire lyonnaise	93	Table de Compiègne	181
Porte de maison, à Lyon	95	Table de Besançon	182
Armoire lyonnaise	97	Table de Dijon	183
Armoire provençale	99	Table, Bourgogne	184
Armoire à cavaliers	101	Table	185
Porte, à Avignon	102	Table lyonnaise	187
Boiserie auvergnate	103	Table	188
Détail de dressoir	104	Table, Ile-de-France	189
Chaire de Langeac	105	Table, Bourgogne	191

Table.	192	Chaire lyonnaise	219
Table lyonnaise.	193	Chaire	220
Lit de Nancy	201	Chaise à bras.	221
Lit de Nancy, détail.	202	Chaise sans bras.	222
Lit de Nancy, détail.	203	Chaise à bras.	223
Lit de Brou.	205	Chaise tournante.	224
Lit lyonnais	206	Chaise à bras.	225
Lit d'Urfé, détail.	206	Chaise à bras.	227
Lit d'Urfé, détail	207	Banc	231
Couchette.	208	Escabeau.	235
Couchette.	209	Salle	239
Berceau.	210	Atelier de huchier	251
Lit de Quimper.	211	Médaillon.	263
Chaire d'Auvergne	217		

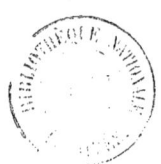

TABLE DES MATIÈRES

INTRODUCTION.	1
I. L'ART DU MEUBLE EN EUROPE	9
II. L'ART DU MEUBLE EN FRANCE.	19
III. GÉOGRAPHIE DU MEUBLE	33
Nord	36
Normandie	44
Bretagne	53
Ile-de-France	55
Champagne, Lorraine.	71
Bourgogne, Franche-Comté	77
Lyonnais	87
Provence, Comtat	98
Auvergne	103
Languedoc, Gascogne	110
IV. LE COFFRE.	119
V. LE DRESSOIR.	137
VI. L'ARMOIRE, LE CABINET.	157
VII. LA TABLE.	177
VIII. LE LIT.	195
IX. LE SIÈGE	213
X. LA SALLE	237
XI. HUCHIERS-MENUISIERS	250
APPENDICE.	265
TABLE GÉNÉRALE DES MATIÈRES.	277
TABLE DES GRAVURES.	285

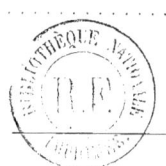

PARIS. — IMPRIMERIE DE L'ART
E. MÉNARD ET J. AUGRY, 41, RUE DE LA VICTOIRE

DU MÊME AUTEUR

Causeries sur l'Art et la Curiosité, *ouvrage couronné par l'Institut*, frontispice de Jules Jacquemart, in-8° raisin.

Inventaire de la duchesse de Valentinois, in-8°, eaux-fortes de Valentin.

Le Surintendant Foucquet, in-4° raisin. *Épuisé.*

Recherches sur les collections des Richelieu, in-8°, gravures.

Inventaire des meubles de Catherine de Médicis, in-8°, eau-forte de Rajon. *Épuisé.*

Le Catalogue de Brienne, petit in-8°. *Épuisé.*

Les Collectionneurs de l'ancienne Rome, petit in-8°. *Épuisé.*

Les Collectionneurs de l'ancienne France, petit in-8°.

Physiologie du Curieux, petit in-8°.

Dictionnaire des Amateurs français au XVIIe siècle, in-8°.

Les Propos de Valentin, petit in-8°.

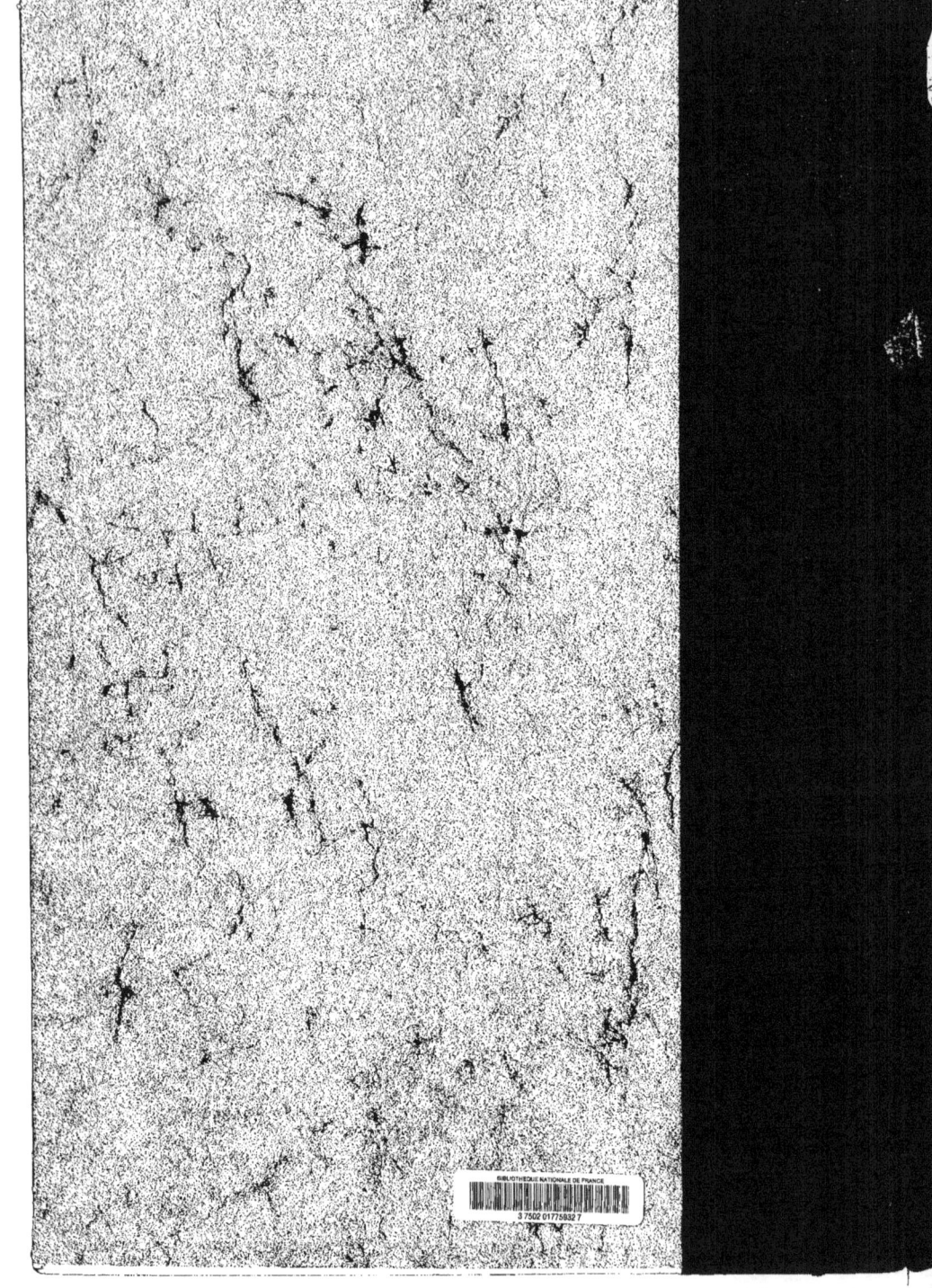

www.ingramcontent.com/pod-product-compliance
Lightning Source LLC
Chambersburg PA
CBHW050157230526
45470CB00001B/129